Pö 828
KAI

25.01.08

Basiswissen Grundschule

Band 21

Praxisbuch interkultureller Sachunterricht

von

Astrid Kaiser

mit Fotos von Uschi Dresing

für Christina Ehlers, gestorben am 05.01.2005
Sie wollte, dass interkulturelle Dimensionen im Sachunterricht
nicht vergessen werden

Schneider Verlag Hohengehren GmbH

Basiswissen Grundschule

Herausgegeben von:
Band 1 bis 18: Jürgen Bennack
Ab Band 19: Astrid Kaiser

Die Reihe „Basiswissen Grundschule" ist einem schüler- und handlungsorientierten, offenen Unterricht verpflichtet, der auf die Stärkung einer selbstständigen, sozial verantwortlichen Schülerpersönlichkeit zielt.

Gedruckt auf umweltfreundlichem Papier (chlor- und säurefrei hergestellt).

Bibliografische Information der Deutschen Nationalbibliothek

Die Deutsche Nationalbibliothek verzeichnet diese Publikation in der Deutschen Nationalbibliografie; detaillierte bibliografische Daten sind im Internet über ›http://dnb.d-nb.de‹ abrufbar.

ISBN 10: 3-8340-0151-1

ISBN 13: 978-3-8340-0151-1

Schneider Verlag Hohengehren, Wilhelmstr. 13, 73666 Baltmannsweiler

Das Werk und seine Teile sind urheberrechtlich geschützt. Jede Verwertung in anderen als den gesetzlich zugelassenen Fällen bedarf der vorherigen schriftlichen Einwilligung des Verlages. Hinweis zu § 52a UrhG: Weder das Werk noch seine Teile dürfen ohne vorherige schriftliche Einwilligung des Verlages öffentlich zugänglich gemacht werden. Dies gilt auch bei einer entsprechenden Nutzung für Unterrichtszwecke!

© Schneider Verlag Hohengehren, 73666 Baltmannsweiler 2006.
Printed in Germany – Druck: Hofmann, Schorndorf

Inhaltsverzeichnis

0	**Vorwort**	1
1	**Theoretische Grundlagen**	4
1.1	Grundlagen interkulturellen Sachunterrichts	4
1.2	Didaktische Prinzipien interkulturellen Sachunterrichts	8
1.3	Praxisnahe Handlungsansätze	12
1.4	Informationen zur Herkunftssituation	16
1.4.1	Geschichte und Herkunft von Aussiedlerfamilien	17
1.4.2	Widersprüche zwischen sozio-kultureller Herkunft von Aussiedlerkindern und neuen Erfahrungen	18
1.4.3	Aussiedlerkinder in der deutschen Schule	23
1.5	Informationen zur Herkunftssituation – Schwerpunkt türkische Migrantenkinder	25
1.5.1	Geschichte und Herkunft von türkischen Migranten	25
1.5.2	Widersprüche zwischen sozio-kultureller Herkunft von türkischen Migrantenkindern und neue Erfahrungen	28
1.5.3	Türkische Migrantenkinder in der deutschen Schule	31
2	**Unterrichtsbeispiele**	34
2.1	Schulgarten	34
2.2	Liebe geht durch den Magen: Paprika und Körner	40
2.3	Hütte bauen	42
2.3.1	Zur Entdeckung des Themas Hüttenbau	42
2.3.2	Zur pädagogischen Funktion des Hüttenbaus	42
2.3.3	Praxismöglichkeiten beim Hüttenbau	43
2.4	Wege zur eigenen Geschichte	45
2.4.1	Didaktisch methodisches Konzept zum selbst erstellten Geschichtsbuch	45
2.4.2	Zur Praxis des Geschichtsbuchs der Klasse	46
2.4.3	Bilderbuch zur Geschichte von Aussiedlerkindern	49
2.5	Tiere pflegen in der Klasse	64
2.5.1	Zum pädagogischen Wert von Tieren in der Grundschule	64

2.5.2	Zur Praxis interkultureller Sachunterricht mit Tieren	68
2.5.3	Tagesanfangsritual mit Wüstenrennmäusen	68
2.5.4	Zur Einheit von Sach- und Sprachunterricht	69
2.5.5	Weitere mögliche Tiere als Klassentiere	71
2.6	Armreifen. Technik und Arbeit als Integrationsprojekt im Anfangsunterricht des 1. Schuljahres	73
2.6.1	Sach- und problemorientierter Anfangsunterricht anstelle von Kulturtechnikenkursen	73
2.6.2	Integration: Statt Mitleid Einklinken in die Marktwirtschaft	75
2.6.3	Konkrete Arbeitsschritte	76
2.6.4	Ausblick	82
2.7	Rituale: Snegurotschka – ein Weihnachtsritual	84
2.7.1	Kulturelle Aspekte beim Weihnachtsfest	84
2.7.2	Interkulturelle Weihnachtsrituale in der deutschen Schule	85
2.7.3	Weitere interkulturelle Festtagsrituale	89
2.8	Heimat finden: Maulwurf Grabowski	91
2.8.1	Was mit Heimat gemeint sein kann	91
2.8.2	Didaktische Ansätze, um subjektiv Ich-Identität bei Heimatverlust zu gewinnen	91
2.8.3	Praktische Ansätze zur symbolisch-ästhetischen Thematisierung von „Heimat"	92
2.8.4	Didaktischer Kommentar – Probleme und Möglichkeiten	99
2.9	Den Kulturwechsel merken und ausdrücken – der biografische Ansatz	100
2.9.1	Inhaltsangabe der Bücher	100
2.9.2	Unterrichtspraktische Möglichkeiten der Arbeit mit diesen Büchern	103
2.10	Kinderbücher für Aussiedlerkinder im Anfangsunterricht!	106
2.10.1	Zur kulturellen Funktion von Kinderbüchern	106
2.10.2	Zur Arbeit mit Kinderbüchern im Unterricht mit Migrantenkindern	107
2.11	Federn – eine Projektwoche zum interkulturellen Sachunterricht im ersten Schuljahr mit Aussiedlerkindern	110
2.11.1	Ein Projektthema bahnt sich in der alltäglichen Schulerfahrung an	110

2.11.2	Projektunterricht für Aussiedlerkinder?	111
2.11.3	Vom Tierpark zur Geschichte der Schreibwerkzeuge – eine Verlaufsskizze der Praxis	114
2.11.4	Schlussbemerkungen	120
2.12	Mobilitätsbildung	122
2.12.1	Didaktische Überlegungen zur interkulturellen Mobilitätsbildung	122
2.12.2	Praxis der Unterrichtsgänge als Teil der interkulturellen Mobilitätsbildung	124
2.13	Mädchen und Jungen	126
2.13.1	Pädagogische Probleme der Geschlechterdifferenz bei Aussiedlerkindern	126
2.13.2	Pädagogische Handlungsideen zur Geschlechterthematik . . .	129
2.14	Carnival der Kulturen als Anlass für interkulturelles Lernen . .	132
2.14.1	Was ist Carnival der Kulturen?	132
2.14.2	Schritte für die Arbeit im Sachunterricht zum Carnival der Kulturen	137
2.14.3	Links Karneval/Carnival	139
2.15	Alltägliche Sachunterrichtsthemen mit interkulturellen Aspekten	140
2.16	Das Thema Ausländer	148
2.17	Methodenelemente für interkulturell-emotionales Lernen . . .	149
2.17.1	Entspannungsübungen	149
2.17.2	Elfchen als Weg, Emotionen auszudrücken	151
2.17.3	Rituale im interkulturellen Sachunterricht	155
2.17.4	Interaktionsspiele für interkulturellen Sachunterricht	157
2.18	Differenzierung im interkulturellen Unterricht	160
3	**Unterrichtshilfen**	162
3.1	Lieder. Liedersammlung zum Deutschlernen	162
3.2	Kinderbücher. Bücherliste für Migrantenkinder (mit ausgewählten Kommentaren)	169
3.3	Spielanregungsbücher zum Erlernen von Deutsch als Fremdsprache	174

3.4	Sachunterrichtlicher Sprachunterricht. Kleines Curriculum Deutsch als Fremdsprache für Migrantenkinder	175
3.5	links	178
3.5.1	Allgemeine Seiten zum Globalen Lernen	178
3.5.2	Wichtige Schuladressen und Adressen für Unterrichtsmaterial	179
4	**Literatur**	180
4.1	Unterrichtsbeispiele zur Aussiedlerthematik	180
4.2	Literatur zur Aussiedlerthematik	180
4.3	Literatur zur Thematik türkischer Migrantenkinder	181
4.4	Literatur	182

Hier.
Bin ich
Weg geh ich
Was will ich dort
Bleib

0 Vorwort

Selten bekommen schulische Probleme den ersten Rangplatz in den Nachrichten. Wenn Jugendliche Gewalt ausüben, kann dies passieren. Dies war so beim Amok-Lauf eines Jugendlichen der Gutenbergschule in Erfurt, der viele Menschen seiner Schule tötete und auch in Folge des Schulschließungsantrags einer angesichts der nicht mehr zu bändigenden Gewalt hilflosen Schulleiterin einer Berliner Hauptschule mit extrem hohem Migrantenanteil.

Derartige eskalierende Probleme um Gewalt an Schulen haben das Thema der Migration junger Menschen und fehlender Integration in unser schulisches System deutlich in den Mittelpunkt gestellt. Doch statt nach pädagogischen Lösungen zu suchen, wird überlegt, einzelne Kinder in separaten Klassen, Internaten oder gar ganz abgesperrt von anderen Menschen zu erfassen. Warum Hoffnungslosigkeit und Ausgegrenztsein zu Gewalt führen kann, wird nicht überlegt. Nur wenige Menschen erkennen, dass die Jahrzehnte lange Nichtbeachtung junger Menschen mit Migrationshintergrund zu emotionalen Katastrophen führen.

Aber auch im generellen Leistungsbereich wird deutlich, dass die Integration nicht gelungen ist. Jede PISA-Nachfolgeuntersuchung bringt neue dramatische Meldungen über das deutsche Bildungssystem. Im Mai 2006 (http://de.news.yahoo.com/15052006/268/pisa-schlechte-chancen-migranten-deutschland.html) veröffentlichte die OECD, dass Migrantenkinder in Deutschland besonders ausgeprägt bei den international vergleichenden Aufgaben versagen.

Offensichtlich scheint sich das Problem nicht durch längere Aufenthaltsdauer in Deutschland zu lösen, sondern im Gegenteil zu verschärfen.

Die Kinder aus Migrantenfamilien der zweiten und dritten Generation schneiden sogar noch schlechter bei den auf Kompetenz angelegten Aufgaben ab als diejenigen, die erst neu eingewandert sind. Es ist offensichtlich, dass die Integration erst noch geschehen muss und bislang im Bildungssystem nicht einmal ansatzweise gelungen ist. Die Möglichkeiten des integrativen Faches Sachunterricht sind nicht für dieses Ziel ausgeschöpft worden.

Hier sollen dagegen Praxismöglichkeiten vorgestellt werden, die einen integrativen Sachunterricht ermöglichen, um schon auf der Grundschulebene eine Basis für stabiles soziales Verhalten zu legen. Denn auf der Suche nach guten Praxisbeispielen werden wir kaum fündig.

Interkultureller Sachunterricht wird zwar häufig gefordert, aber selten in die Tat umgesetzt. Lediglich aus dem Jahre 1996 gibt es ein Buch von Edith Glumpler (Glumpler 1996) dazu. Zur Theorie gibt es eine Online-Arbeit von Katharina Stoklas. Ansonsten werden wir nicht fündig bei der Suche nach Literatur zum interkulturellen Sachunterricht. Es scheint fast so, als sei dies eine einfach zu lösende Frage. Wenn die Frage von Migrantenkindern für die Schule diskutiert wird, dann mehr unter der Frage der Mehrsprachigkeit (Röhner 2005).

Aber die Schule macht es erforderlich, auch über den Sachunterricht mit Kindern aus verschiedenen Kulturkreisen nachzudenken. Denn immer mehr Kinder haben einen Migrationshintergrund. Und wir wissen aus den PISA-Studien, dass gerade diese Kinder es sind, die in der Schule scheitern. Da wäre gerade der Sachunterricht, der nicht so stark über präzise sprachliche Ausdrucksweise arbeitet wie der Mathematik- oder Deutschunterricht, sondern auch nonverbale Erfahrungen und Szenen curricular integriert, von besonderem Wert. Hier finden wir allerdings kaum Literatur. Die Zeitschrift „*Sachunterricht und Mathematik in der Primarstufe*" hatte einige Jahre lang eine Rubrik zum interkulturellen Sachunterricht unter dem Titel „Ausländerkinder im Unterricht" veröffentlicht. Diese ist aber schon seit vielen Jahren eingestellt worden. 1995 erschienen die letzten Hefte. Es wirkt fast so, als habe sich der Sachunterricht aus der Debatte um Multikulturalität verabschiedet. Dennoch brauchen wir für die Praxis nähere Hinweise und Ideen für den Sachunterricht mit Kindern verschiedener Herkunftskulturen. Denn die Kinder sind real in den Klassen und brauchen spezifische Ansprache und inklusiven Sachunterricht.

Um produktiven interkulturellen Sachunterricht zu entwickeln, ist es nötig, mehr über den sozio-kulturellen Hintergrund dieser Kinder zu wissen. Diese Erkundigungen können durch ein Buch nicht ersetzt werden, denn jede Familie hat andere Erfahrungen gemacht, jeder Kulturkreis hat besondere Prägungen, die sich zudem im Wandel befinden.

Aber wir wissen, dass ein großer Prozentsatz von Kindern an deutschen Schulen – genauer: ein Drittel –, die als Migranten gezählt werden, aus den mittelasiatischen ehemaligen Sowjetrepubliken wie Kasachstan oder Kirgisien stammen. Hier soll deshalb schwerpunktmäßig am Beispiel der Aussiedlerkinder aus den GUS-Staaten deutlich gemacht werden, welche historischen Herkunftserfahrungen, kulturellen Muster und Lebensbedingungen generell bedacht werden müssen und wie daraus Konsequenzen für den Sachunterricht entwickelt werden können. Allerdings sind die vorgeschlagenen Unterrichtsideen für alle Kinder, die in anderen Regionen aufgewachsen sind und sich hier als Fremde fühlen, bedeutsam. Denn interkultureller Sachunterricht ist nicht ein Sachunterricht der Besonderung und Absonderung, sondern vor allem ein Sachunterricht der Gemeinsamkeit aller, in die aber die spezifischen Erfahrungen der einzelnen Kinder eingehen. Der Zugang zu den einzelnen Kindern ist leichter, wenn wir uns schon einmal generelle Linien der sozialen Erfahrungen vor Augen geführt haben.

Vorwort

Allerdings ist interkultureller Sachunterricht in besonderem Maß handelnder Sachunterricht. Jeder gute Sachunterricht sollte aus lerntheoretischen Gründen handelnd sein. Aber interkultureller Sachunterricht muss aufgrund der geringeren sprachlichen Sicherheit – auch wenn diese Kinder die auf Abfragesprachwissen orientierten sog. Sprachtests bestanden haben und in der Schule dabei sein dürfen – auf weniger verbalen Lernwegen basieren. Und der Sachunterricht bietet dafür genug Chancen.

In diesem Buch wird nach einigen grundlegenden didaktischen und pädagogischen Gedanken zum interkulturellen Sachunterricht zunächst eine Sammlung in meinem eigenen Unterricht erprobter Unterrichtsvorschläge vorgestellt. Deshalb ist viel von Aussiedlerkindern die Rede.

Auch neuere Ideen, wie das Vorbereiten der Teilnahme am Carnival der Kulturen durch eine Schulklasse, werden hier in ihren praktischen Möglichkeiten wie in ihren konzeptionellen Grundzügen skizziert.

Abschließend werden noch nützliche Sammlungen von Büchern für die Arbeit mit Kindern aus anderen Kulturen, mit traditionellen deutschen Liedern für Kinder, für die Deutsch Zweitsprache ist, vorgestellt.

Kommentierte Links zur Thematik des interkulturellen Lernens in der Grundschule und Literaturhinweise runden diese Sammlung ab.

Damit dieses Buch entstehen konnte, danke ich vor allem den Kindern der Sudbrackschule in Bielefeld. Uschi Dresing danke ich für die mehrjährige Begleitung meiner Arbeit und für die Fotos. Stine Albers und Iris Bruns danke ich für die kompetente Literaturrecherche, die mir eine gute Basis zum Schreiben war. Auch Thomas Boyken hat durch gründliche Textkorrektur zu diesem Buch beigetragen.

Ich wünsche allen Leserinnen und Lesern, dass es ihnen mit diesem Buch gelingt, für alle Kinder da zu sein. Und mehr auf die Biografie ihrer Kinder aus Migrantenfamilien zu schauen und den Sachunterricht auch für diese Kinder ansprechend zu gestalten.

Oldenburg, im Juni 2006

Astrid Kaiser

fremd
verstehe nichts
kann nichts erzählen
ich fühle mich stumm
allein

1 Theoretische Grundlagen

1.1 Grundlagen interkulturellen Sachunterrichts

Das Statistische Bundesamt hat im Mikrozensus von 2005 herausgefunden, dass 15 Millionen Menschen in Deutschland einen Migrationshintergrund haben, das ist etwa jeder fünfte Mensch. Diese Zahl ist deutlich höher als 7,3 Millionen Ausländer, denn auch bei den als Deutsche gezählten Bevölkerungsteilen gibt es fast 2 Millionen Aussiedler und 3 Millionen Eingebürgerte, die biografisch in ihren Familien Migrationserfahrungen tragen. Familien mit Migrationshintergrund haben deutlich mehr Kinder als diejenigen ohne Migrationshintergrund. Von daher ist bildungspolitisch die Frage des interkulturellen Unterrichts absolut im Vordergrund der Aufgaben dieses Landes (vgl. http://www.bildungsbericht.de/zeigen.html?seite=4331).

Gleichzeitig hören wir immer wieder, dass Kinder mit Migrationshintergrund diejenigen sind, die besondere Probleme in internationalen Vergleichsstudien haben. Besonders die geringere Sprachkompetenz wird als Grund angeführt, dass diese Kinder Schwierigkeiten haben, dem Unterricht zu folgen. Gleichzeitig wissen wir, dass der Sachunterricht als Fach besonders viele Chancen in sich birgt, Unterricht praktisch-handelnd zu gestalten, ohne dass ein hoher Grad sprachlicher Kompetenz erforderlich ist, um den Zielen des Unterrichts zu entsprechen. Und auch inhaltlich beansprucht der Sachunterricht, weltoffen zu sein. Er heißt aus gutem Grund schon fast 40 Jahre nicht mehr Heimatkunde, sondern Sachunterricht. Manche schlagen sogar vor, ihn Sach- und Sozialunterricht (Klafki 1992) oder Weltorientierung (Kaiser 2006) zu nennen. Neuerdings wird die Weltoffenheit noch deutlicher betont. Schon bei Ilse Lichtenstein-Rother tauchte als Fachbezeichnung „Elementare Weltkunde" auf (Lichtenstein-Rother 1977, 64). Überdies wird der Begriff „Welterkundung" (Ramseger 2004) in die Debatte eingebracht, „soziale Weltorientierung" war seit den 1980er Jahren in den Niederlanden die offizielle Fachbezeichnung. Das heißt, die gegenständliche Öffnung auf die Welt hin hat schon eine längere Tradition innerhalb der Diskurse zum Sachunterricht.

Doch die Möglichkeit, mit dem Sachunterricht einen Weg zur Integration und Förderung von Kindern mit Migrationshintergrund zu leisten, wird kaum verbreitet. Wenn wir in Handbüchern und Zeitschriften nachschlagen, finden wir selten Vorschläge für interkulturell ausgerichteten Sachunterricht. Die Bibliographie Sachunterricht (Rauterberg 2005) weist nur wenige Artikel und Bücher zur Thematik auf. Während sich mit anderen Aspekten des Sachunterrichts eine Vielzahl von Autorinnen und Autoren beschäftigen, tauchen in dieser Sammlung[1] nur wenige Namen auf: Edith Glumpler, Hanna Kiper, Joest Leopold, Sigrid Luchtenberg, Dietmar von Reeken, Hans-Peter Schmidtke, Helmut Schreier (Rauterberg 2005, 116ff.). Es wirkt so, als habe die Frage der Mehrkulturalität für die Vielzahl der zum Sachunterricht publizierenden Autorinnen und Autoren keine Bedeutung. Eine regelmäßige Rubrik zum interkulturellen Sachunterricht in der mittlerweile nicht mehr erscheinenden Zeitschrift „Sachunterricht und Mathematik in der Primarstufe" ist mit dieser Zeitschrift verschwunden. Und doch wäre gerade der Sachunterricht ein Weg, Kindern mit Migrationshintergrund Qualifizierung zu ermöglichen, ohne sie gleich von vornherein auf sprachlicher Ebene zu diskriminieren. Dies ließe sich in jedem relevanten Sachunterrichtsthema realisieren, aber auch in spezifischen Sachunterrichtseinheiten, die auf die Probleme dieser Kinder zugeschnitten sind, wie „Heimat und Fremde" oder „Geschichtsbuch der Kinder der Klasse – Rückblick in meine Vergangenheit".

In den letzen Jahren ist gleichzeitig die Debatte um Globalisierung – nicht nur im Kontext von Erfahrungen ökonomischer Krisen – stärker ins öffentliche Bewusstsein gedrungen. Dies führte etwa dazu, dass die interkulturelle Bildung sich von der auf das Inland bezogenen Ausländerpädagogik (Landesinstitut für Curriculumentwicklung 1981, vgl. zur Kritik Schmidtke 1983) löste. Jene hatte noch „auf eine rasche und möglichst reibungslose Anpassung von Minoritätenkindern an [...] Anforderungen der deutschen Schule (abgezielt)" (Glumpler 1996, 54). Nun soll der Wechsel des didaktischen Denkens zu einer allgemeinen Öffnung für die Weltprobleme in ihrer Vielfalt und ihrem Zusammenspiel unter dem Etikett „Eine Welt" führen. Dies wird als Antwort auf Globalisierung und Ungleichheit in der Entwicklung besonders zwischen Nord und Süd verstanden. Allerdings gibt es bislang nur wenige Ansätze zur Integration dieser ökonomisch-gesellschaftlichen Dimension in pädagogisches Denken. Dies belegt etwa die umfassende Studie von Ursula Carle (Carle 2000), die aus einer systematischen Analyse der Arbeitsperspektive – unter Rekurs auf die Globalisierungsdebatte – Konsequenzen für eine Theorie der Schulentwicklung gezogen hat.

Weitgehend wird interkulturelle Pädagogik und Bildung allerdings – zwar in Abgrenzung von hierarchischen Modellen – mehr im Sinne der wechselseitigen Akzeptanz verstanden: „Interkulturelles Lernen im Sachunterricht fördert die Offenheit gegenüber anderen Lebensformen und bereitet damit Kinder der Majorität und der Minoritäten auf das Zusammenleben in einer multikulturellen Ge-

---

[1] Allerdings liegt diese geringe Zahl an Artikeln und AutorInnen auch daran, dass Rauterberg nur Artikel über 5 Druckseiten gezählt hat und all die praxisnahen kürzeren Publikationen bei seiner bibliographischen Sichtung ausgeklammert hat.

sellschaft vor" (Glumpler 1996, 68). So verstanden bleibt interkulturelles Lernen im Sachunterricht lediglich eine Frage der Reflexion der unmittelbaren Erfahrungen. Denn es wird nur auf der intersubjektiven Ebene „Offenheit für die kulturelle Vielfalt kindlicher Lebenswelten" (Glumpler 1996, 69) gefordert. Es bleibt auf der sozial-interaktionistischen Ebene unmittelbarer Erfahrung und eröffnet nicht die globale Perspektive.

Hier soll in der weiteren Argumentation von einem Begriff interkultureller Bildung in weltweiter Perspektive ausgegangen werden, bei dem allerdings das Ziel der Enthierarchisierung zwischen den Kulturen im Vordergrund steht und nicht eine sich wohltätig gebende Sichtweise, bei der andere Kulturen zum Objekt werden und in eurozentristischer Perspektive gedacht wird. Vielmehr sollen alle Kulturen in ihrer jeweiligen Verschiedenheit und Spezifität gleichrangig betrachtet werden. Insofern knüpft hier der Begriff der interkulturellen Bildung an die Theorien der inklusiven Bildung an (Stengel-Rutkowski 2002), deren beider Ursprungsdiskurse Prengel (1993) bereits in ihren systemischen Verbindungen zu einer Pädagogik der Vielfalt skizziert hat. Es wird bewusst der Bildungsbegriff gewählt, um damit den allgemeinen Charakter (Klafki 1985) der Beziehung von den lernenden Subjekten zu ihrer sich verändernden Welt zu betonen. Im Verständnis von Welt werden dabei ausgehend von der eigenen Lebenswelt (zum Begriff der Lebenswelt vgl. Richter 2002, 76 ff.) gezielt auch die Weltzusammenhänge in didaktische Überlegungen integriert.

Allerdings muss bedacht werden, dass Lebenswelt als solche nicht theoretisch endgültig definiert werden kann. Diese ist immer ein Konstrukt. Aber um für die Praxis relevant zu sein, muss eine Kombination aus den Erkundigungen über spezifische lebensweltliche Bedingungen der Kinder der Klasse und dem, was an verallgemeinernden Aussagen über Lebenswelten – nicht Lebenswelt – von Kindern verschiedener Kulturräume zur Verfügung stehen. Jeweils für eine bestimmte Lerngruppe können dann immer wieder neue lebensweltliche Bedingungen Hintergrund für die pädagogischen Entscheidungen einer Lehrperson sein. Diese zu erkunden bedarf es einer Abkehr vom traditionellen Lehrplanunterricht. An erster Stelle sind Hausbesuche bei den Familien und Gespräche mit den Eltern ein wichtiger Weg, um die tatsächlichen lebensweltlichen Hintergründe näher zu erkunden. An zweiter Stelle ist ein beweglicher Werkstattunterricht sinnvoll, bei dem Kinder nicht Arbeitsblätter ausfüllen, sondern ihre Einstellungen und Vermutungen äußern dürfen. Aber für alle Kinder – egal wo sie geboren worden sind – ist das Leben in der „Einen Welt" das Ziel. An dritter Stelle ist ein Sachunterricht erforderlich, der über ästhetische Ausdrucksformen vom Malen, dreidimensionalen Gestalten, über das Schreiben Freier Texte, musikalischen Ausdruck bis hin zu theaterpädagogischen Ausdrucksformen einen Zugang zur Eigenwelt der jeweiligen Kinder ermöglicht.

In diesem Spannungsfeld zwischen individueller kultureller Vielfalt der Herkunft und der Orientierung in der Welt mit ihren globalen Problemen gilt es, jeweils die Ziele für den Sachunterricht hier und heute zu entwickeln. Da können Praxisbeispiele immer nur Anregungen sein und nicht zu imitierende Muster.

In der neueren Sachunterrichtsdidaktik wird der interkulturellen Dimension in einzelnen Schriften ein zentraler Stellenwert beigemessen (Glumpler 1996). Auch in didaktischen Werken wird die Frage der „Einen Welt" als – neben Frieden u. a. – ein zentrales Schlüsselproblem von sechs fundamentalen (Kaiser 2004, 153) betont. Im Rahmen „Politisches und Demokratie-Lernen" (Richter 2002, 166) wird unter der Perspektive „Umgang mit dem Fremden" (Richter 2002, 171) oder unter der Bezeichnung „Friedenserziehung" die Thematik „Eine Welt" als grundlegendes Beispiel fächerübergreifenden Lernens (Kiper 1997, 112) vorgestellt. Allerdings wurde dieser Inhaltsbereich bereits 1985 aus den Sachunterrichtsrichtlinien von Nordrhein-Westfalen herausgenommen (Kultusminister NRW 1985) und hat dementsprechend in den die Praxis anleitenden Schulbüchern für den Sachunterricht nur einen marginalen Stellenwert. Lediglich das aus Bundesmitteln geförderte Bremer Institut „Dritte Welt in der Grundschule"[2] bzw. in den letzten Jahren umbenannt als „Eine Welt in der Schule" bemüht sich flächendeckend, praxisnahe Materialien durch Zeitschriftenbeilagen beizusteuern. Man könnte folgern, dass dieser Bereich von der Didaktik gefordert, aber in der administrativen Praxis marginalisiert wird.

Eine bloß auf regionale Inhalte ausgerichtete Didaktik entfernt sich allerdings von in sozialwissenschaftlichen Diskursen betonten Entwicklungen wie der Ausbildung einer „Weltgesellschaft" (Stichweh 2000). Unter der didaktischen Maßgabe, dass Sachunterricht Orientierungshilfe zum Verstehen der Wirklichkeit sein soll, ist auch die Frage der interkulturellen Weltorientierung eine Frage des Grundschulunterrichts.

Ein weiterer Strang der Argumentation in der Sachunterrichtsdidaktik bezieht sich auf eine Argumentation von der Lebenswelt der Kinder (Schwier/Jablonski 2002) und lehnt von da aus eine enge räumliche Begrenzung des Inhaltsspektrums von Sachunterricht ab. Wenn wir uns einem auf eine räumlich umfassende Perspektive ausgerichteten Verständnis von Sachunterricht annähern, werden wir dies nicht ohne den Blick auf die gesellschaftlichen Globalisierungstendenzen leisten können. Zwar waren weltweite ökonomische Verflechtungen bereits im 19. Jahrhundert deutlich zu erkennen, ökonomisch-politisch haben sich diese in den letzten Jahren allerdings ausgebreitet und müssen folglich als Merkmal von Realität auch Gegenstand sachunterrichtsdidaktischer Reflexionen werden. Die wechselseitige Verschränkung und Dependenz verschiedener Länder in allen Lebensbereichen nimmt deutlich zu und die verschiedenen Lebenswelten

---

[2] (http://www.weltinderschule.uni-bremen.de/ Näheres im 3. Kapitel unter „links").

werden im Sinne einer Transnationalisierung geprägt. Weder Alltagskultur noch -produkte, weder Habitus noch Geschmack, weder Bildwahrnehmung noch Erinnerung können im Unterricht in einer regionalen Nische verbleiben, denn sowohl durch neue Medien als auch durch Warentransfer wird Kultur transportiert und werden Kulturen miteinander verschränkt. Sachunterricht kann, wenn er an der Wirklichkeit der Kinder orientiert sein will, nicht mehr ohne die Weltperspektive gedacht werden. Allerdings kann dies in didaktischer Verantwortung nicht ohne Reflexion möglicher Folgen geschehen. Von daher gilt es, didaktische Konzepte in Hinblick auf die globale Perspektive zu entwickeln. Diese ist allerdings selbst keineswegs ein widerspruchslos erfolgender Prozess.

1.2 Didaktische Prinzipien interkulturellen Sachunterrichts

Interkultureller Sachunterricht kann aus fünf unterschiedlichen pädagogischen Grundansätzen entwickelt werden.

1) Der eine ist an das Ziel der Stärkung der Persönlichkeit der Kinder mit Migrationshintergrund gebunden. Zu diesem Ansatz gehört es, an der individuellen Biografie der Kinder ansetzend zu arbeiten. Dabei sollen emotionale Kräfte angeregt und aufgebaut werden. Die Identitätsentwicklung jedes Kindes und auch die Aufarbeitung individueller Konflikterfahrungen im Migrationskontext werden hier zentral bearbeitet. Ich nenne diesen Ansatz:

Subjekt stärkende interkulturelle Pädagogik.

2) Der zweite Ansatz hilft bei der Orientierung in der neuen Welt, insofern ist er auch das lernende Subjekt stärkend, aber auch und vor allem hilfreich, um Kindern vielfältiges Wissen, sprachliche Kompetenz und konkrete Umweltorientierung zu ermöglichen. Zu diesem Ansatz gehören Lieder, die helfen, die deutsche Sprache zu lernen oder Kinderbücher, die die neuen kulturellen Kontexte anschaulich und konkret erfahrbar präsentieren. Ich nenne diesen Ansatz:

Orientierende interkulturelle Pädagogik.

3) Als dritten Ansatz unterscheide ich den Ansatz, bei dem verschiedene Kulturen miteinander verglichen werden. Kinder aus verschiedenen Herkunftsregionen stellen ihr Wissen den anderen zur Verfügung oder die Lehrperson entwickelt für alle eine gemeinsame positive Sicht andersartiger Kulturen. Die verschiedenen Kulturen werden als Gegebenheit angenommen und im Detail analysiert oder verglichen. Als pädagogischer Effekt für interkulturellen Sachunterricht wird erwartet, dass die Normalität verschiedener Kulturen in der Wahrnehmung auch zu einer wechselseitigen Wertschätzung der Kinder der Klasse führt. Ich nenne diesen Ansatz:

Interkulturelle Pädagogik als Reflexion verschiedener kultureller Bedingungen.

4) Als vierten Ansatz bezeichne ich alle unterrichtlichen Versuche, die emotionale Identifikation mit Kindern mit Migrationshintergrund zu verstärken. Das früheste Beispiel dieser Richtung ist die didaktisch kommentierte Arbeitsmappe von Rudolf Schmitt u. a. aus dem Jahre 1976 (Schmitt u. a. 1976). Dabei ging es darum, an bildlich präsentierten Einzelfällen die Migrationsgeschichte und -motive zu verstehen. Es soll vor allem soziale Nähe mit Migrantenkindern hergestellt werden[3].

Interkulturelle Pädagogik durch soziale Identifikation.

5) Als letzten Ansatz sehe ich den Sachunterricht als Fachsprachunterricht (Glumpler 1996, 29) an. Hier geht es lediglich darum, über bilinguale Materialien Kindern mit Migrationshintergrund das Lernen zu erleichtern. Da viele dieser Kinder aber bereits in der zweiten Generation hier leben, halte ich diesen Ansatz für wenig produktiv. Auch die neuere Spracherwerbsforschung belegt, dass Sprachkompetenzentwicklung nicht eine Folge des von außen gesetzten Vokabeltrainings ist, sondern die eigenaktive Auseinandersetzung der Kinder mit ihrer sprachlichen und sachlichen Umgebung voraussetzt (Röhner 2005).

Dennoch führe ich diesen Ansatz hier in der Aufzählung als eine vorhandene Variante auf:

Interkulturelle Pädagogik als bilingualer Fachsprachunterricht.

Diese fünf Ansätze sind oft konkret miteinander verwoben, dennoch sind unterschiedliche Ziele und Intentionen zu unterscheiden. Hier werden bei den Praxisbeispielen primär die ersten vier Ansätze vorgestellt.

Eine weitere Unterscheidungsebene liegt in den jeweiligen Beziehungen zwischen Pädagoginnen und Pädagogen und den Lernenden. Ich unterscheide diese Ansätze an dieser Stelle idealtypisch.

1) Hierarchische Ansätze

Da gibt es zunächst Ansätze, die die eigene deutsche Sprache und Kultur zur Norm setzen und Kinder mit anderer kultureller Herkunft an diese Norm heranführen sollten. Dieser Ansatz ist unter dem Begriff „Ausländerpädagogik" kritisiert worden (Schmidtke 1983). Im Grunde ging es dabei darum, den eigenen Kulturraum zum Maßstab zu nehmen und die – wie es damals hieß – Gastarbeiterkinder als Fremde zu definieren, die es gilt, mehr oder weniger gönnerhaft, in der jeweiligen Schulklasse aufzunehmen. Sie waren aber schon von der Perspektive als außen stehend betrachtet worden. Die Kehrseite dieser Medaille wäre eine Verherrlichung von Migrationsschicksalen und Menschen mit Migrationshintergrund. Diese Seite schwingt partiell in Ansätzen zur sozialen Identifikation

---
[3] Glumpler berichtet aus ihren eigenen Unterrichtserfahrungen mit diesem Material, dass sich diese Einzelfälle nicht generalisieren lassen und dass Kinder aus Migrantenfamilien sich nicht mit diesen spezifischen Fällen identifizieren wollten und konnten (Glumpler 1996, 35).

mit. Egal ob Abwertung oder Idealisierung – in beiden Fällen wird ein hierarchisches Verhältnis zwischen verschiedenen Menschengruppen gedanklich aufgebaut.

2) Gleichberechtigungspostulat

Ein weiterer Ansatz wäre es, eine Gleichberechtigung gedanklich zu konstruieren (vgl. Nieke 2000). Danach soll interkulturelles Lernen nicht einseitig auf die kulturelle Majorität und nicht auf die Migrantengruppen bezogen konzipiert werden, sondern beide Seiten gleichberechtigt aufnehmen. Vergleichende Ansätze verschiedener Kulturen würden unter diese Gedankenrichtung fallen. Der Anspruch ist dabei, eine Gleichwertigkeit aller Kulturen auch in der Wahrnehmung der Lernenden herzustellen. Da dieses ein hoher Anspruch ist, ist er in der Realität auch nur schwer durchsetzbar und kann im Extrem zum Gesundbeten führen.

3) Relativierende und reflektierende Ansätze

Gerade weil es so schwierig ist, die eigenen Grenzen und Beschränkungen im Umgang mit dem Fremden zu überwinden, haben sich einige Autorinnen und Autoren zu einer moderaten Position bekannt. Sie wollen eine Balance herstellen, wissen aber, dass dies nur schwer zu erreichen ist. Besonders einprägsam kommt dies in der Formel „vorurteilsbewusste Arbeit" (Preissing/Wagner 2003) zum Ausdruck. Hier wird am Beispiel der Kindertagesstättenarbeit deutlich gemacht, dass Vorurteile gegenüber anderen Nationalitäten nicht wegzuretuschieren sind, sondern bewusst in der pädagogischen Arbeit reflektiert werden müssen. Es sollen also nicht die Augen vor der Realität zugehalten werden, wie auf dem Titelbild jenes Buches, sondern hingeschaut werden, auch wenn es den eigenen Intentionen widerspricht.

4) Bereicherungsperspektive

In der Praxis haben sicherlich an vielen Orten Lehrerinnen und Lehrer erkannt, welche besonderen Fähigkeiten und Kenntnisse so manches Kind aus anderen Kulturräumen in die Klasse einbringt. Da ist das türkische Mädchen, das hohe Verantwortung in der Sorge für jüngere Geschwister hat und entsprechend auch gut Helfersysteme bei der freien Arbeit organisieren kann. Im Rahmen der Diskussion über interkulturellen Sachunterricht wurde der Aspekt der Bereicherung des Unterrichts erst in den 1980er Jahren explizit formuliert (Glumpler 1990, Kiper 1987). Bei der Bereicherungsperspektive geht es darum, die kulturell besonderen Kenntnisse, Wahrnehmungsweisen, Verhaltensmuster oder Einstellungen als Anregung für alle Kinder zu sehen und damit den Horizont möglicher Lernprozesse in der Klasse vielfältiger zu gestalten.

5) Inklusiver Sachunterricht – Nichtthematisierung von Differenz

Der letzte gedankliche Weg in dieser Reihe wäre ein Sachunterricht, bei dem die verschiedenen Kulturen nicht separat thematisiert werden, sondern die Sache im Vordergrund steht. Im Rahmen der verschiedenen Lernanregungen zum jeweiligen Sachunterrichtsthema werden verschiedene kulturelle Erfahrungen eingebracht. Man kann diesen Weg auch als Sachunterricht im Kontext bezeichnen. Dieser Weg erlaubt eine andere Sicht von Interkulturalität als die direkten Thematisierungsversuche, weil hier sachlich begründet verschiedene Zugangsweisen, Erfahrungen und Perspektiven um das Thema ranken, ohne die Verschiedenheit der Kulturen zu dramatisieren. Hier geht es weder um die Suche nach Unterschieden noch nach Gemeinsamkeiten (Glumpler 1996, 50, 51).

Eine Variante dieses Ansatzes ist das transkulturelle Lernen (Stoklas 2004), das in Anlehnung an Welsch als Gegenkonzept gegen kulturelle Fixierungen formuliert wurde. Mit diesem Begriff ist implizit eine kulturelle Heterogenität auf individueller wie gesellschaftlicher Ebene gemeint und damit eine Auflösung der starren hierarchischen Definition des Eigenen und Fremden, wie sie in ausländerpädagogischem Denken noch stark mitgeschwungen ist.

In die Richtung sollte sich m.E. der Sachunterricht verstärkt weiter entwickeln. Insbesondere im naturwissenschaftlichen Sachunterricht gibt es viele verschiedene kulturelle Erfahrungen einzubringen im Sinne des Bereicherungsansatzes. Hier hat forschendes Lernen auch die Funktion, weitere Erkenntnisse zu eröffnen, denn „interkulturelles Lernen im Sachunterricht erfordert Offenheit der Unterrichtsformen für forschendes Lernen auf der Grundlage fachgemäßer Arbeitsweisen" (Glumpler 1996, 70).

Seit der Salamanca-Erklärung von 1994 durch die UNESCO gilt weltweit die Zielvorstellung, die Bildungsprozesse für alle gemeinsam zu gestalten. Wörtlich heißt es in dieser Erklärung: „Das Leitprinzip, das diesem Rahmen zugrunde liegt, besagt, dass Schulen alle Kinder, unabhängig von ihren physischen, intellektuellen, sozialen, emotionalen, sprachlichen oder anderen Fähigkeiten aufnehmen sollen. Das soll behinderte und begabte Kinder einschließen, Kinder von entlegenen oder nomadischen Völkern, von sprachlichen, kulturellen oder ethnischen Minoritäten sowie Kinder von anders benachteiligten Randgruppen oder -gebieten"[4].

Inklusiv heißt, dass alle im gemeinsamen Bildungsprozess eingeschlossen werden und nicht zwei Gruppen konstruiert werden, die es einander anzunähern gilt. In diese Richtung sollte sich interkultureller Sachunterricht entwickeln. Ein Sachunterricht, der für alle Kinder relevant ist und die verschiedenen Lernvoraussetzungen mit berücksichtigt. Dies heißt in erster Linie, dass ein derartiger Unterricht handlungsorientiert ist, damit eine gemeinsame inhaltliche Basis für

---
[4] Quelle: http://www.unesco.ch/biblio-d/salamanca.htmtoc3.1.

alle geschaffen wird – unabhängig davon, ob sie aus diesem oder jenem Sprachkontext stammen.

Gleichzeitig gibt es durch konkrete Handlungsaufgaben und Experimente oder durch ästhetisch präsentierte Naturphänomene besonders vielfältige Gelegenheiten des Sprechens. Auch die Sprachentwicklung kann durch einen derartigen Sachunterricht nachhaltig gefördert werden. Dies gilt insbesondere, wenn ein handlungsorientierter und kommunikativer Sachunterricht (Kaiser 2004) im Mittelpunkt steht, bei dem vielfältige Aushandlungsprozesse zwischen den Kindern angeregt werden. Ihre Qualifizierung im semantischen Bereich wird durch einen Sachunterricht, der vielfältige Materialien und Prozesse des Handelns fördert, besonders gestärkt.

Auch das Instruktionsverständnis wird in komplexen sachunterrichtlichen Handlungskontexten besonders gefördert, da die Instruktionen jeweils auch beim Handeln visualisiert[5] werden. Untersuchungen haben gezeigt, dass Migrantenkinder besondere Probleme haben, Präpositionen in der deutschen Sprache angemessen zu verstehen und zu verwenden (Rösch 2005).

Allerdings darf bei aller Betonung von Verschiedenheit und Heterogenität nicht vergessen werden, dass es primär darauf ankommt, für alle Kinder die gleichen Bildungschancen anzustreben und gemeinsame Erlebnisse und Erfahrungen zu schaffen. So gesehen ist das Modell des inklusiven Sachunterrichts ein wesentliches Muster, die Verschiedenheiten der Kinder deutlich zu sehen und sie doch nicht übermäßig zu bewerten, sondern die gemeinsamen Lernerfahrungen als oberste Priorität anzusehen[6].

1.3 Praxisnahe Handlungsansätze

Verständigungsprobleme mit ihrer Lebenswelt haben alle Kinder im Migrationskontext – ob sie nun selber aus einem anderen Land kommen oder in der zweiten Generation hier geboren wurden – sie sind immer auch in sozialen Umbrüchen und suchen Sicherheit. Um die Kommunikationsfähigkeit dieser Kinder in ihrer (neuen) Lebenswelt zu sichern, ist es unerlässlich, die deutsche Sprache zu erlernen. Gleichzeitig darf dies nicht in der Weise geschehen, dass die Kinder quasi kolonialisiert werden und ihrer eigenen Geschichte beraubt werden. Deshalb ist es sinnvoll, den Sprachunterricht nicht losgelöst vom Leben der Kinder als reine Sprachstrukturenpaukerei zu betreiben. Und in der Tat legen manche Schulbücher für Deutsch als Fremdsprache nahe, schematisch Verben zu konjugieren und Substantive zu deklinieren. M.E. lässt sich die Notwendigkeit des Fremd-

---

[5] So gilt es beispielsweise, das Teelicht unter das Glas zu stellen oder das Streichholz neben die Flamme zu halten etc.
[6] Eine derartige primäre Orientierung am gemeinsamen Lernfortschritt war in der DDR wesentlich und hat auch heute noch im Denken von Lehrpersonen aus den neuen Bundesländern einen hohen Stellenwert (vgl. Pfeiffer 2006).

Theoretische Grundlagen

sprachenunterrichts, wiederholt bestimmte Sprachmuster zu hören und zu sprechen, auch mit der pädagogischen Aufgabe der Eingliederung in dieses Gesellschaftssystem verbinden. Ich selbst habe im Anfangsunterricht (vgl. Kaiser 1989a) vor allem sechs verschiedene Methoden zur Integration von kultureller Neuorientierung und Sprachlernen erprobt, die ich im Folgenden kurz skizziere:

a) Arbeit an einem selbst gemachten Foto-Geschichtsbuch (vgl. Kaiser 1989b)

Alle Kinder bekommen Fotos aus ihren Herkunftsregionen und von ihrer jetzigen Lebens- und Wohnsituation und entwickeln von sich aus die Motivation, dazu zu sprechen; anfangs werden ihnen einfache Kommentarsätze zu den Bildern vorgegeben, die sie wegen des motivationalen Gehaltes der Fotos gern in verschiedenen Situationen wiederholen. Dieser Ansatz ermöglicht es, sowohl seine eigene Biografie auszudrücken wie auch an jener der anderen Kinder teilzunehmen.

b) Lieder singen

Es werden Lieder mit einfachen Satzbaumustern, die dem realen Sprachgebrauch entsprechen, gemeinsam gesungen und vorher durch Bilder, Gestik oder Handeln in der Bedeutung erklärt; Kinder wünschen die häufige Wiederholung und üben so verschiedene Sprachmuster in steigender Schwierigkeit.

c) Erweiterung der Kommunikationsfähigkeit mit konkreten Objekten

Es werden differenzierte Sammlungen von verschiedenartigen Gegenständen (z. B. zum Themenbereich Kleidung, Wasser [Wasserhahn, Wasserrohr, mit Wasser gefüllte kommunizierende Röhren, aufblasbare Schwimmfiguren …], Feuer [Streichholzschachtel, Asche in einer Plastikdose, Kerze …] etc.) in der Klasse angelegt; die Kinder können damit offene Versuche planen und erproben. Sie lernen gleichzeitig beim handelnden Umgang mit den Objekten ihren Wortschatz zu erweitern.

d) Umgang mit Kinderbüchern

Kinderbücher repräsentieren in besonderem Maße das neue kulturelle Umfeld der Migrantenkinder. Bücher mit einer Bildfolge, aus denen der Handlungsverlauf nonverbal erschlossen werden kann, sind eine wichtige Grundlage für differenzierten Sprachunterricht, wenn den Büchern ein einfacher Neutext, der dem Lernstand der fremdsprachigen Kinder entspricht, unterlegt wird, den die Kinder selbst bei entwickeltem Sprachvermögen ergänzen und ausbauen können. Bücher haben ebenso wie Fotos und Lieder den sprachpädagogisch wichtigen Vorteil, einen hohen Aufforderungsgrad für ständige Wiederholungen zu bieten.

Besonders fruchtbar scheint es mir zu sein, wenn subjektiv-therapeutische Momente und eine nicht-kolonialisierende Weise der Anregung zur Auseinandersetzung mit dem neuen kulturellen Umfeld gleichzeitig vermittelt werden, wie es m. E. besonders gut in bestimmten Kinderbüchern [z. B.: L. Murschatz: Der Maulwurf Grabowski; R. Buckley/E. Carle: Die Schildkröte Miracula; U. Scheffler/S. Brix-Henker: Krähverbot für Kasimir] möglich ist, in denen die Thematik des Verlassens des gewohnten Hauses mit einer in den Geschichtenkontext eingebundenen Präsentation unseres kulturellen Umfeldes verknüpft wird.

Sprachunterricht wird nur dann wirklich erfolgreich sein, wenn er die kulturellen Brüche und Konflikte aufarbeitet und den Kindern tatsächlich soziale Orientierungshilfen bietet.

e) Sprachmuster in konkretem Handlungskontext lernen

Weniger zur Übung als zur Einführung neuer Sprachmuster und Kommunikationssituationen sind konkrete Handlungssituationen geeignet, die in der gemeinsamen Vorbereitung die Hemmschwelle vor den großen Anforderungen herabsetzen können. Das gemeinsame Einkaufen bietet zum Beispiel vielfältige elementare Erprobungssituationen von Dialogen und ist gleichzeitig ein konkretes Erfahrungsfeld, in dem den Kindern Hilfe gegeben wird, sich vom westlichen Konsumsog ein wenig kritisch zu distanzieren, indem etwa für gemeinsam geplante Naturkostbuffets eingekauft wird, die zeigen, wie schmackhaft auch solch ein nicht konfektioniertes Essen sein kann.

Wenn wir es für unerlässlich halten, dass diese Kinder wesentliche Sprachmuster in konkretem Sachkontext lernen, dann ergibt es sich fast von selbst, dabei auch auf die große Naturerfahrung und -liebe vieler Kinder mit Migrationshintergrund zurückzugreifen. Natur spricht alle Kinder an und diese insbesondere. Es ist ein klassisch inklusiver Themenbereich. Am Beispiel von Untersuchungen in der Natur, während Unterrichtsgängen und beim Beobachten und Analysieren von Pflanzen bzw. beim Pflegen von Tieren in der Schule sind vielfältige Sprachlernanlässe gegeben, ohne dass es zu ermüdenden Sprachübungen kommen muss.

M.E. sind beim Sprachlernen im Sachkontext zwei Lernformen zu unterscheiden, nämlich:

a) die explorative Lernform
Hierbei können situativ in offenen Lernsituationen neue Vokabeln und die Motivation, bestimmte Sachverhalte in der neuen Fremdsprache anderen verständlich mitzuteilen, gelernt werden. Derartige situativ ansprechende Lernsituationen können eine generelle Erweiterung des passiven Sprachschatzes mit sich bringen. Für diese Lernsituation sind konkrete Handlungssituationen geeignet,

bei der bei gemeinsamer Vorbereitung die Hemmschwelle vor den großen Anforderungen der Realsituation herabgesetzt werden kann. Das gemeinsame Arbeiten im Schulgarten bietet zum Beispiel vielfältige elementare Erprobungssituationen von Dialogen und ist gleichzeitig ein konkretes Erfahrungsfeld, in dem den Kindern Hilfe gegeben wird, sich vom hiesigen Konsumsog ein wenig kritisch zu distanzieren. Sachlich notwendige Vorbereitungen (z. B. Planung des Samenkaufs) antizipieren partiell sprachlich die Kommunikationsanforderungen in der Realsituation, erleichtern das Verständnis und geben den Kindern durch die Sprachwendungen ihrer Lehrperson oder weiter fortgeschrittener Kinder erste Sprachmuster vor. In derartigen offenen Situationen können jedoch nur erste Versuche zur Versprachlichung von den Kindern geleistet werden.

b) die sachbezogen strukturierte Übungsform

Sinn dieser Form ist es, dass die Kinder jeweils spezifische Sprachmuster in anschaulichen Übungssituationen lernen, d.h. auch wiederholt aktiv zu sprechen üben.

Diese Form kann sicher nicht durchgängig in sinnvollem Kontext praktiziert werden, aber auch hierfür gibt es sinnvolle Übungsformen, wenn beispielsweise alle Kinder für den Obstsalat jeweils eine andere Obstart auf dem Markt verlangen oder immer wieder andere „Kundinnen und Kunden" fragen, wie die gewünschte Ware aussehen soll.

Wenn diese Möglichkeit nicht gegeben ist, lassen sich aber vielfältige spielerische Formen entwickeln. Auch Lieder – sofern sie sprachdidaktisch sinnvoll ausgewählt werden (s. u.) – geben viel Anlass zu motiviertem Wiederholen.

Die verschiedenen geübten sprachlichen Einzelstrukturen fließen dann wiederum in weitere offene Lernsituationen ein, so dass das sprachliche Anforderungsniveau dort allmählich steigt. Diese hier unterschiedenen Phasen sind also nicht als Stufenfolge einzelner Unterrichtsstunden zu verstehen, sondern können immer wieder in der konkreten Unterrichtssituation ineinander übergehen.

Ideal wäre es, möglichst viele Unterrichtsinhalte zu finden, in denen die explorative Sprachlernform und die sachbezogene strukturierte Übungsform eng miteinander verknüpft sind und beide Formen immer wieder sachlich erforderlich sind. M.E. sind diese Lernformen sehr gut bei der Pflege und Beobachtung von Tieren im Klassenraum zu verbinden.

Die pädagogische Bedeutung dieser hier kurz vorgestellten Methoden steht und fällt damit, inwieweit dabei inhaltlich den sozialen Umstellungskonflikten der Kinder wichtige Orientierungshilfe gegeben wird. Diese kann auch darin liegen, innere Stabilität aus der Rückerinnerung an die eigene Vergangenheit – wie bei den Fotos aus den Herkunftsregionen – zu ziehen.

f) Größere Sachunterrichtsvorhaben gemeinsam gestalten

Interkultureller Sachunterricht kann nur gelingen, wenn es vielfältige Möglichkeiten der Interaktion und Kommunikation zwischen den beteiligten Kindern gibt. Hier eignen sich Vorhaben oder Projekte besonders, die über einen längeren Zeitrahmen gehen, einen hohen Anteil konkreter Handlungsaufgaben enthalten und doch viel Anlass zu Gesprächen bieten.

Die Anlage und Pflege eines Schulgartens erscheint mir eine besonders fruchtbare Aufgabe zu sein, die allen Kindern große Lernerfahrungen über ökologische Zusammenhänge, über Veränderungen im Jahreslauf, über Entwicklung und Umformung vom Samen zur Frucht bieten. Noch umfassender wäre es, gemeinsam als Schule – falls entsprechendes Gelände zur Verfügung steht – eine Streuobstwiese (vgl. Weusmann 2006) anzulegen und langfristig darin immer wieder neue handelnde Erfahrungen zu sammeln. Auch das Halten und Pflegen von Klassentieren gehört zu diesen größeren Sachunterrichtsvorhaben.

Diese Vorhaben und Schritte sind für alle Kinder wertvoll. Sie bergen für Kinder mit Migrationshintergrund besondere Chancen, im Sachunterricht sich mit ihrer Situation auseinander zu setzen, mit anderen im sinnvollen Kontext kommunizieren zu lernen und durch handelndes Lernen schrittweise zum Sprechen zu gelangen.

Insgesamt gilt es für den interkulturellen Sachunterricht, dass er inklusiv im allgemeinen Sachunterricht entwickelt wird, also kein exotischer Gegenstand ist, sondern wesentliche Inhalte des Sachunterrichts präsentiert. Nur sollte dabei die interkulturelle Perspektive eingeschlossen sein. Dies heißt, dass insgesamt keine Helfermentalität vorherrschen sollte und auch nicht eine idealisierende Distanz hergestellt werden sollte. Vielmehr geht es beim interkulturellen Sachunterricht darum, dass im allgemeinen Sachunterricht die besonderen emotionalen, sprachlichen und sozialen Förderbedarfe von Migrantenkindern produktiv am jeweiligen Sachthema implizit aufgegriffen werden. Gartenarbeit ist beispielsweise für alle Kinder ein wichtiges Thema und enthält in sich besonders förderliche Momente des Heimischwerdens wie auch des Anknüpfens an agrarische Produktionsweisen in den Herkunftsregionen gerade für Kinder mit Migrationshintergrund.

1.4 Informationen zur Herkunftssituation

Insgesamt kann davon ausgegangen werden, dass mehr als 30 % aller Schülerinnen und Schüler in deutschen Schulen einen kulturellen Hintergrund haben, der sie als Migrantenkinder bezeichnen lässt (Baumert/Schümer 2001). Sie haben in ihren ersten Lebensjahren Erfahrungen mit einer oder mehreren Sprachen gemacht, die nicht deutsche Sprachen sind. Die Majorität dieser Kinder stammt aus Polen, Rumänien und den GUS-Staaten, Kasachstan, Russland (insbesondere Ural-Region und Sibirien), Usbekistan, Kirgisien und Tadschikistan. Sie werden wegen der besonderen gesetzlichen Behandlung auch als Aussiedler bezeichnet. Insgesamt muss davon ausgegangen werden, dass Kinder aus diesen Herkunftsregionen knapp 35 % aller Kinder an deutschen Schulen sind (Baumert/Schümer 2001). Lediglich 16 % der Kinder mit Migrationshintergrund haben Erfahrungen mit türkischer Sprache und dem entsprechenden Kulturraum (Baumert/Schümer 2001). Deshalb soll die Gruppe der Aussiedlerkinder in diesem Buch besonders stark hervorgehoben werden.

1.4.1 Geschichte und Herkunft von Aussiedlerfamilien

Als Aussiedler werden diejenigen Menschen gezählt, die nach der Definition des Bundesvertriebenengesetzes von den deutschen Minderheiten in ehemaligen Ostblockstaaten abstammen[7]. Die nationale Herkunft ist das zentrale Kriterium. Grundlage ist ein Gesetz aus dem Jahre 1953. Erst seit 1997 ist der Nachweis von ausreichenden deutschen Sprachkenntnissen erforderlich.

Die Geschichte der Auswanderung dieser deutschen Minoritäten reicht ins 16. Jahrhundert zurück. Anfang des 16. Jahrhunderts wurden viele Handwerker und Kaufleute für den Aufbau Moskaus benötigt. Iwan der Schreckliche warb dafür Deutsche an. Gegen Ende des 18. Jahrhunderts traten in Deutschland periodische Hungersnöte auf. Starke religiöse Ausdifferenzierung und Verfolgung war in vielen Regionen verbreitet. Gegen Ende des Siebenjährigen Krieges 1763 mit seinen verheerenden Folgen verlockte unter diesen Bedingungen das Dekret der aus Deutschland stammenden russischen Zarin Katharina II. vom 22.7.1763 viele verzweifelte Menschen. Dort wurde versprochen, wenn man sich freiwillig in den kaum bevölkerten Regionen Russlands niederlassen wolle, könne man mit diversen Privilegien rechnen, nämlich Religionsfreiheit, Befreiung vom Militärdienst, Selbstverwaltung auf lokaler Ebene mit Deutsch als Sprache, finanzieller Starthilfe und 30 Jahre Steuerfreiheit. Insbesondere aus Hessen, der Pfalz und dem Rheinland, aber auch aus Bayern und Baden kamen ansiedlungswillige Familien, etwa 30.000 Menschen insgesamt, in die menschenleeren russischen Wälder, um neues Land vor allem im Wolgatal urbar zu machen und eine sichere Existenz aufzubauen. In den nächsten Jahrzehnten entstanden große deutsche Siedlungen in den Wolgagebieten, im Schwarzmeergebiet, sowie in der Nähe von Sankt Petersburg.

Es dauerte Jahrzehnte, ehe diese Familien gegen Ende des 18. Jahrhunderts trotz der schwierigen und wenig vertrauten Bedingungen zu angemessenem Wohlstand gelangen konnten. Die Bevölkerung stieg bis 1850 auf ca. 165.000 Personen an. Doch die Aufbauzeit wurde durch politische Wirren und Unter-

---
[7] Zur politischen Problematik des Aussiedlerbegriffs, der beispielsweise nicht auf deutschstämmige Einwanderer aus Südamerika angewendet wird, vgl. K. A. Otto 1989.

drückung gestört. Angleichungsgesetze und Russifizierung um 1871 störten den Aufbau einer deutschen Provinz. 1871 wurden die Privilegien der Deutschen unter Alexander II. aufgehoben. Die meisten blieben jedoch trotzdem und so lebten 1897 in Russland 1.8 Millionen Deutsche. Es erfolgte sogar ein beträchtlicher neuer Einwanderungsschub aus Deutschland.

Die Bevölkerung war bis zum Beginn des ersten Weltkrieges auf über 2 Millionen Menschen angewachsen. Im Krieg wurden sie dann als Feinde betrachtet und Repressalien in Form von Diffamierung, Umsiedlung und Zerstörung der deutschen Kultur ausgesetzt. Ab 1917 verbesserte sich die Situation der deutschen Bevölkerung durch die Proklamation der „Gleichberechtigung aller auf ihrem Staatsgebiet lebenden Völker" durch die Sowjetregierung.

Erst 1924 erhielten die Wolgadeutschen den Status einer autonomen Provinz. 1932 litten viele an der landesweiten Hungerkatastrophe. Mit Ausbau der Macht Stalins setzten bereits deutliche Diskriminierungen wieder ein, Verhaftungen und viele Todesurteile für Deutsche waren verbreitet. Der staatliche Terror wuchs im zweiten Weltkrieg und führte nach dem Angriff Deutschlands auf die Sowjetunion zu massenhaften Zwangsdeportationen von über 1 Million Menschen nach Sibirien. In der „Trudarmee" (Arbeitsarmee) waren sie bis zu 15 Jahren zu Arbeitsdienst gezwungen. Viele überlebten diese Zeit nicht.

1955 wurde das Dekret „Über die Aufhebung der Beschränkungen in der Rechtsstellung der Deutschen und ihrer Familienangehörigen, die sich in Sondersiedlungen befinden" erlassen und es erfolgte die Entlassung aus den Lagern, jedoch ohne Anspruch auf alten Besitz. Rechtlich wurde der Status ab 1948 als dauerhafte Verbannung gewertet. Erst 1955 wurden diese Sondersiedlungen aufgehoben. Nun war Ansiedlung in neuen Gebieten des Landes – mit Ausnahme des angestammten Wolgagebietes und der Schwarzmeerküste – möglich. Somit zogen sie in andere Gebiete des Landes, insbesondere in die dünn besiedelten mittelasiatischen Sowjetrepubliken. Vor dem zweiten Weltkrieg lebten 89% von ihnen und nachher nur noch 17% im europäischen Teil der Sowjetunion. Nach der Rehabilitation durch ein Dekret von 1964 wurden die ersten Aussiedelanträge nach Deutschland genehmigt. Diese Zahl wuchs Mitte der 1980er Jahre beträchtlich.

1.4.2 Widersprüche zwischen sozio-kultureller Herkunft von Aussiedlerkindern und neuen Erfahrungen

Aus deutscher Perspektive wurde meist nur der Zustrom an Menschen, nicht deren Geschichte gesehen. Denn in vielen Städten des Landes tauchten seit Ende der 1980er Jahre immer häufiger Menschen auf, die sich selbst als deutsch bezeichneten, aber kaum die deutsche Sprache beherrschten. In der Presse wurden sie anfangs als „befreite Mitbürger" gefeiert, aber bald als „soziale Lasten" der Kommunen immer weniger geschätzt. Mittlerweile sind die behördendeutsch als „Spätaussiedler" getauften Einwandererströme aus dem Osten nicht nur bloße

Daten aus der Presse, sondern können in fast jeder bundesdeutschen Schule persönlich erlebt werden. Ihre Familiennamen wie Dick, Penner, Friesen, erinnern noch an die Herkunft. Ein zunehmender Anteil der Aussiedler stammt aus „Russland", genauer gesagt zumeist aus Kirgisien, Kasachstan und anderen mittelasiatischen Republiken. Sie glauben, Deutschland sei ihre Heimat, weil ihre Vorfahren vor Jahrhunderten von dort ausgesiedelt waren und fühlen sich in den Landschaften Mittelasiens weniger zu Hause. Die für unser touristisches Auge attraktiv anmutenden exotischen mittelasiatischen Regionen mit ihren weiten Steppen, hohen Bergen und tiefen Seen waren für die Ur-/Großeltern der Kinder nicht das traumhaft schöne Herkunftsgebiet der Tulpen, sondern die Hungersteppe, in die sie zur Stalinzeit zu hunderttausenden in Waggons eingesperrt zwangsweise über den Umweg Sibirien deportiert wurden.

Die Kinder dieser Menschen kommen in ein für sie sehr fremdes Land, das sie als ihre Heimat nach den Vorstellungen ihrer Eltern bezeichnen sollen – und doch ist es ihnen fremd. Sie kommen nicht nur 5000 km weit her aus den asiatischen ehemaligen Sowjetrepubliken, sondern haben dort eine spezifische Herkunftskultur erhalten, die dem 18. Jahrhundert näher ist als der Moderne.

Auch wenn diese Einwandererfamilien politisch und von der Selbstdefinition der Eltern her als Deutsche geführt werden, so haben sie doch jahrzehnte- bis jahrhundertelang in ländlicher Abgeschiedenheit eine von Deutschland separate kulturelle Entwicklung vollzogen, in die viele Sitten und Gebräuche ihrer neuen Umgebung Eingang gefunden haben. So bewirten Sowjetdeutsche, die mehrheitlich auch heute ihre Lebensmittel in Eigenproduktion herstellen, ihre Gäste vom Angebot der Speisen her mehr wie die gastfreundlichen Russen in Form von verschiedenen gleichzeitig dargebotenen üppigen Häppchen und nicht nach deutscher Tradition in Form aufeinander folgender Gänge. Sie legen auch nicht – wie es in Deutschland Sitte ist – den Teppich auf den Fußboden, sondern hängen ihn in Anpassung an mittelasiatische Normen selbst in engen bundesdeutschen Übergangsheimzimmern an die Wand. Und auch wenn sich die Eltern als Deutsche begreifen, sprechen die aus Polen und der ehemaligen Sowjetunion stammenden Kinder bei der Ankunft in Deutschland kaum mehr als „Guten Tag".

Russische Volkskultur wiederum war und ist verpönt und hatte in den mittelasiatischen Herkunftsregionen der „Russlanddeutschen", Kasachstan, Kirgisien und Usbekistan ohnehin einen minoritären Stellenwert. Die Kultur dieser bisherigen Nachbarvölker wiederum wird von den strenggläubig mennonitischen oder baptistischen Eltern der Kinder gänzlich abgelehnt. Nicht ohne Grund haben die meisten deutschstämmigen Kinder dort auch keinen Kindergarten besucht.

So betrachtet erscheint es als eine maßlose Überforderung, von diesen Kindern nun individuell zu verlangen, dass sie sich an diese Welt in Deutschland schnellstmöglichst anpassen. Denn diese Kinder haben in ihrer bisherigen Lebensumwelt viele positive Erfahrungen gesammelt, diese Welt in sich aufgenommen, haben darin Freude empfunden und Freundschaft erlebt.

Für Aussiedlerkinder ist gerade wegen der paradoxen kulturellen Herkunft, nämlich tatsächlich in der Herkunftsregion verwurzelt zu sein und dieses aufgrund der Selbstdefinition als Deutsche nicht wahrnehmen und zugeben zu dürfen, eine Pädagogik im Sinne bikulturellen Anknüpfens an die Traditionen der Herkunft – anders etwa als bei griechischen, portugiesischen, kurdischen oder türkischen Kindern von ArbeitsmigrantInnen – nicht angebracht. Die generelle Motivation der Familien ist auf Assimilation gerichtet, wobei das Motiv „deutsch wie die Deutschen zu sein" gerade bei religiös streng gebundenen Mennoniten und Baptisten aus der ehemaligen Sowjetunion in der konkreten Situation in Westdeutschland dann wieder starke Brechungen erfährt. Gerade wegen der vielfältigen identitätszerstörenden Brüche und Widersprüche ist das Vertrautmachen mit der neuen Kultur eine besonders heikle pädagogische Aufgabe.

Denn die Eltern der Kinder glauben, die Aussiedlung nach Deutschland sei eine Rückkehr in die alte Heimat Deutschland, also an eine Fortsetzung des Alten. Viele sowjetdeutsche Kinder weinen aber der vertrauten mittelasiatischen räumlichen Freiheit nach und sehen eher das Ende gekommen. Die Kinder, die im hohen Konsumstandard ihr Glück sehen, betrachten diesen neuen Anfang außerhalb der Schule und sehen in der Schulzeit eher ein Hindernis für einen derartigen Neuanfang.

Allerdings tragen die Kinder trotz unterschiedlicher Lebenserfahrungen auch die emotionalen Probleme der Eltern, einschließlich der diffusen Ängste, mit sich. 200jährige Flucht (ursprünglich waren die jetzigen Einwanderer aus Hunger und Furcht vor religiöser Verfolgung von Minderheitenreligionen in den deutschen Fürstentümern dem Aufruf von Katharina der Großen zur Aussiedlung ins Wolgagebiet gefolgt), immer wieder zunichte gemachte Versuche der Niederlassung, ständig neue Not und Anstrengungen sich und der Familie eine gute Existenz zu schaffen, sind die historischen Erfahrungen, die diese Kinder in ihrem Gefühlsschatz mitbringen.

„Aussiedlerkinder" aus der ehemaligen Sowjetunion und Rumänien kommen fast ausschließlich aus ländlich-bäuerlichen Verhältnissen. Neben der Berufsarbeit in der Kolchose oder Fabrik haben Vater und Mutter eine kleine Landwirtschaft zur Versorgung mit allen wichtigen Lebensmitteln betrieben, in der die Kinder wichtige Erfahrungen gesammelt haben, die hierzulande den meisten Konsumkindern fehlen. Auch aus Polen stammende Einwandererfamilien haben sich durch Eigenproduktion von Eiern, Tomaten oder Kaninchenfleisch über so manche Versorgungsengpässe hinweggeholfen. Das Leben der Kinder, insbesondere in den dörflichen Ansiedlungen Kasachstans und Kirgisiens, aus denen die meisten Sowjetdeutschen stammen, umfasste einen weiten Raum, der wenig durch Straßenverkehr gestört war, aber dafür Platz für Spiele in der

Kindergruppe bot. Selbst Dorfstraßen waren keine Strecken, deren Betreten aus Sicherheitsgründen den Kindern verboten werden musste, sondern boten matschige Vertiefungen zum Buddeln, Grasstreifen zum Beobachten herumstreifenden (Feder-)Viehs oder lehmige Kuhlen für Murmelspiele (z. B. mit Geflügelwirbelknochen). Der ländliche Raum um das Dorf herum bot insbesondere für die Jungengruppen, die tagsüber ohne direkte elterliche Aufsicht in der Fernaufsicht von Oma/Großtante Zeit zum Herumstreunen hatten, genug Entfaltungsmöglichkeiten. Nicht von ungefähr können schon 6jährige Kinder aus dieser Region in Windeseile aus heruntergefallenen Ästen eine Hütte zusammenbauen.

Aber nicht nur der Handlungsraum hat sich drastisch für diese Kinder geändert. Auch die Bedürfnisse kehren sich mit der Ankunft in Westdeutschland um. Waren die deutschstämmigen Familien – insbesondere in der ehemaligen Sowjetunion – relativ betrachtet noch ausgesprochen wohl situiert, so gerieten sie hier, trotz mehr zur Verfügung stehender Kaufkraft, in eine relative Mangellage. Dort besaßen die meisten Sowjetdeutschen ein eigenes Haus, das sich in der Gepflegtheit der Ausstattung deutlich von den Häusern anderer Nationalitäten abhob. Mit viel Fleiß wurden aus Altglasscherben orientalische Verzierungen in den Hausputz eingelegt, mit handwerklichem Geschick gefertigte Holz- und Glasarbeiten verschönerten das Hausinnere. Der Besitz eines privaten PKWs, eine Rarität in der Sowjetunion, war für viele Sowjetdeutsche Realität und die Kinder erinnern sich an schöne Wochenendfahrten in die Gebirgsketten von Altai und Tienschan – unweit der chinesischen oder afghanischen Grenze – oder an die tiefen Bergseen Mittelasiens.

Aussiedlerkinder aus der ehemaligen Sowjetunion haben bislang nicht in so hohem Ausmaße eine „konsumistische Anschauung" der Welt gewonnen, sondern haben das pädagogische Ideal eines eigentätigen Lebens in unmittelbaren Erfahrungen mit Menschen, Pflanzen, Tieren und Sachen bereits weitgehend erreicht. Insbesondere in mennonitischen sowjetdeutschen Familien, in denen das Fernsehen, ein Standardartikel des „sowjetischen Warenkorbes", aus religiösen Gründen verpönt war, waren Kinder nicht den Verlockungen der medial vermittelten Reizüberflutung ausgesetzt.

Weitgehend intakte Sozialstrukturen, die immer wieder bei Festen, dem Bau eines Hauses, der Aufnahme neuer Gemeindemitglieder oder anderen Familienereignissen für alle Kinder konkret erfahrbar waren, gaben den Kindern die Sicherheit, sich nach außen der umgebenden Natur hinzuwenden. Die oft lähmenden emotionalen Probleme, die Kindern hier aus unbewältigten Familienkatastrophen erwachsen können, sind diesen Neuankömmlingen aus dem Osten noch weitgehend unbekannt. Für sie liegen die psychischen Probleme in anderen Bedingungen, wie der relativ geringen individuellen Beachtung und der Übersiedlung in eine Gesellschaft mit hohem Individualisierungsgrad, die räumliche Freizügigkeit in der Herkunftsregion und die räumliche Enge in der neuen Lebensumgebung.

Nun sehen die Kinder übervolle Läden mit glitzernd verpackten Süßigkeiten und möchten soviel haben und bekommen relativ wenig – aber doch genug, um in Windeseile die Zahngesundheit zu ruinieren. Die bunt glänzenden Autos lassen den heimischen Moskwitsch oder Schiguli in grauer Tristesse erscheinen. Das Neue wird zur Norm und gleichzeitig scheinen die Konsummöglichkeiten unerschöpflich. Eine vorsichtige kritische Konsumerziehung wird unerlässlich, wenn Kinder nicht haltlos in den hiesigen Konsumsog geraten sollen.

Aber auch die normativen Systeme der Erwachsenen geraten ins Wanken und damit auch die sozial-emotionale Geborgenheit der Kinder. Wurden bisher in kleinen Randsiedlungen mit verwandtschaftlicher Verbundenheit in sibirischen, kasachischen, kirgisischen oder tadschikischen Ortschaften puritanische Lebensnormen gepflegt, so springt plötzlich an jedem Zeitschriftenkiosk die nackte Verführung ins männliche Auge. Unter 6jährigen Schuljungen kursieren bald nach der Ankunft im „Gelobten Land" ausgerissene Seiten aus Porno-Heften. Auch die für dieses Alter untypischen, sehr heftigen, sexuell getönten körperlichen Attacken der Jungen gegen die Mädchen geben zu denken. Sexualerziehung ist einerseits von den elterlichen Normen keine Schulsache und wird doch eine alltägliche Notwendigkeit.

Auch von der räumlichen Umgebung sind deutliche Diskrepanzen zu überwinden. Während in den ländlichen Regionen auf nicht asphaltierten Straßen Haustiere und Schlammkuhlen eine natürliche Verkehrsberuhigung darstellen, werden Kinder hierzulande mit außerordentlich dichtem Verkehr konfrontiert, der gewohnte Bewegungsräume abrupt abschottet.

Über viele Generationen sind die Vorfahren von Aussiedlerfamilien mit belastenden Situationen konfrontiert worden. Es gab Vertreibung, Tod, Hunger, Not, Anstrengungen beim Aufbau einer Existenz und ständig harte Arbeit zu erdulden. Derartige schwere Erfahrungen, die die Familien in ihrer früheren Heimat gemacht haben, sind im Fühlen der Familien tief verankert und übertragen sich auch auf die Emotionen der Kinder.

Für die Kinder – insbesondere aus der ehemaligen Sowjetunion – sind diese Widersprüche eine harte psychische Hypothek. Sie, die es gewohnt waren, frei durch die Steppe zu streunen, während Vater und Mutter ganztags außerhäuslich erwerbstätig waren, wird der Erkundungs- und Expansionsdrang jäh gestoppt. Sie sind durch Verkehr auf den Straßen und räumliche Enge in den Unterkünften in ihrem motorischen Erkundungsdrang stark beeinträchtigt und müssen gewohnte Handlungsweisen aufgeben. Erschwerend kommt hinzu, dass die Familien insgesamt durch diese vielen kulturellen und sozialen Brüche instabil geworden sind und den Kindern oft nicht genug psychischen Halt vermitteln können.

Drei Angelpunkte scheinen mir dabei besonders bedeutsam zu sein:
1) Die Kinder haben einen abrupten, für sie unverständlichen Einbruch in ihrer Biografie erfahren. Ein produktives Aufarbeiten der individuellen Herkunftsgeschichte ist dringend erforderlich.

2) Die Identität der Kinder ist durch den ständigen Umgebungswechsel während der Übersiedlung und ihre neue noch nicht genau definierte Minoritätenposition stark beeinträchtigt worden. Eine Stärkung ihres Selbstvertrauens ist entscheidend wichtig für ihre weiteren Integrationschancen.

3) Die Kinder sind in eine neue, veränderte normative Umgebung geraten, auf die sie innerlich nicht vorbereitet sind. Ein genaueres Kennenlernen und eine kritische Aufarbeitung dieser neuen Lebenswelt ist wichtig, um selbst nicht nur der Faszination der neuen Umgebung zu unterliegen.

Interkultureller Sachunterricht heißt auch, die Persönlichkeit dieser Kinder besonders zu stützen. Soziales und emotionales Lernen ist ein wesentlicher Bestandteil eines Sachunterrichts zu Zeiten von Migration auch in der zweiten Generation.

1.4.3 Aussiedlerkinder in der deutschen Schule

Zwar ziehen in den letzten Jahren immer weniger Aussiedlerfamilien nach Deutschland, dennoch kann sich durch politische Veränderungen diese Situation schnell ändern. Außerdem bleiben Kerne spezifischer Sozialisation auch länger erhalten. Insofern bleibt es wichtig, die besonderen Sozialisationsprozesse auch dieser Migrantengruppe sehr genau zur Kenntnis zu nehmen, um an deren positiven Kompetenzen ansetzend Pädagogik zu gestalten.

In der Schule scheint die Vorgeschichte einer fast vorindustriellen Kindheit des Aufwachsens im Großfamilienverband manchmal noch durch, wenn die Kinder neue Räume – sei es die Schulturnhalle, die Stadtbibliothek, einen Park oder die Straße – in fast grenzenlosem Erprobungsverhalten sich anzueignen beginnen. Kein Klettergerät, keine Ecke, keine Frucht und leider auch nicht die Bordsteinkante sind Anlass zu warten, sondern Aufforderungen zur handelnden Erkundung und Nutzung. Dies macht die Arbeit für GrundschullehrerInnen außerordentlich schwer, auch wenn es gleichzeitig faszinierend ist zu sehen, wie sehr diese Kinder sich mit ihrer Umwelt im Einklang befinden und nicht von Grenzsetzungen im Kopf sich selbst von ihr trennen.

Während die neue Welt, zuerst nur äußerlich anzusehen, als Konsumwelt den Aussiedlerkindern entgegentritt, erfahren sie in der deutschen Schule erstmals auch einen neuen Sozialraum. Nicht das Wort des Predigers oder Vaters hat hier das entscheidende Gewicht, zu dem es kein Widerwort geben darf, sondern die Lehrkräfte verlangen mehr oder weniger persönlich überzeugt, dass die Kinder demokratisch mit zu entscheiden haben.

Bei älteren SchülerInnen bedeutet die Disziplinierung durch die sowjetische, rumänische oder polnische Schule einerseits eine Anpassungsleistung an geregelte Umwelt, andererseits versetzt selbst der autoritärste Stil diese Kinder in Unsicherheit, weil sie soviel Lockerheit in der Schule wiederum nicht gewohnt sind.

Das Erlernen von demokratischen Regeln ist eine weitere schwere Aufgabe, die bei Kindern aus autoritär-patriarchalen Familienverbänden nur sehr langsam gelingen kann. Deshalb ist es gerade bei Klassen mit Aussiedlerkindern unabdingbar, ein lebendiges Schulleben zu entwickeln, bei dem vielfältige Aktionsfelder für gegenseitiges Abstimmen und Abstimmungen gegeben sind.

Gelegenheit zu körperlichem Expansionsverhalten haben sie kaum in den engen Wohnungen. Ansonsten herrschen Lärm und räumliches Eingezwängtsein im von den Eltern ersehnten Reich der Freiheit. Pädagogisch bedeutet dies, verloren gegangene Bewegungs- und Entfaltungsräume, so gut es überhaupt geht, ein wenig zu ermöglichen. Aber gleichzeitig ist die körperliche Unversehrtheit der Kinder bei der hiesigen Verkehrsdichte zu schützen. Verkehrserziehung ist für Kinder, die weite Schulwege zurückzulegen haben, das erste Gebot. Solange der Unterschied von Bürgersteig und Straße nicht ins Unterbewusste der Kinder gekommen ist, solange bleibt ihr Leben in einer Herrenfahrerkultur besonders gefährdet.

Doch das Herumstreunen in der Landschaft in den ländlichen Herkunftsregionen hat vor allem produktive Lernerfahrungen mit der Natur hervorgebracht.

So ist es bei diesen naturverbunden aufgewachsenen Kindern nicht verwunderlich, dass sie eine hohe Sensibilität für das natürliche Leben zeigen. Jeder gefällte Baum ist für sie ein trauriges Problem, bei dem sie sich derart berührt fühlen, dass sie sich um sprachlichen Ausdruck – bei den anfänglich bescheidenen sprachlichen Mitteln eine recht komplizierte Aufgabe – bemühen. Jedes heruntergefallene Vogelei ist es wert betrachtet und bedauert zu werden. Natur ist für diese Kinder nicht eine Sache zum „darauf Treten", sondern ein Teil ihrer eigenen Lebensumwelt.

Diese Kinder, die meist eine großfamiliennahe und peer-group-bezogene Kindheit erlebt hatten und dieser per Flugzeugstart entrissen worden sind, importieren soziale Kompetenzen, die hierzulande bereits begraben liegen. So konnte ich in Aussiedlerförderklassen immer wieder beobachten, dass es in offenen Lernsituationen schwer ist, den individuellen Wortschatz in der neu zu erlernenden deutschen Sprache bei einem einzelnen Kind zu überprüfen. Wenn eine Lehrperson dies versucht, dann deuteten die anderen Kinder auch förderlich gemeinte diagnostische Überprüfungen in der Weise, dass es darum geht, den Überprüften zu helfen. Dies lief in einer sehr kooperativen Weise ab und nicht in dem Sinne, dass andere sich nun bei der Lehrperson hervortun wollten, sondern ganz leise und heimlich auf Russisch oder Polnisch, damit nicht herauskommt, dass man sich gegenseitig hilft. Diese Züge sozialen Ausgleichs finden wir immer wieder dann, wenn es darum geht, alle Kinder gleich zu versorgen. Wenn ihr/e Lehrer/in irgendwelche kleinen Formen materieller Zuwendung (sei es auch nur einzelne Weintrauben im Sprachunterricht anzubieten) verteilt, dann wacht die Gruppenverantwortung bei allen Kindern darüber, dass dabei nicht einzelne Kinder zu kurz kommen.

Diese sozialen Qualitäten geraten aber bald unter den Druck massiver Vorbehalte, die diesen Kindern in Deutschland in der Öffentlichkeit entgegen kommen. Vor allem die vielen Widersprüche und Probleme, denen sie hier ausgesetzt sind, tragen dazu bei, dass diese sozialen Kompetenzen immer weniger bemerkbar sind. Pädagogische Bemühungen zur Stabilisierung dieser Kinder scheinen mir vorrangig erforderlich zu sein, um wenigstens einige Momente der mitgebrachten Kompetenzen dieser Kinder in unserer primär an Konkurrenz orientierten Gesellschaft zu bewahren.

1.5 Informationen zur Herkunftssituation – Schwerpunkt türkische Migrantenkinder

Kinder mit türkischem Hintergrund bilden eine große Population in deutschen Schulen. Mit über zwei Millionen Mitgliedern stellt sie die größte ethnische Minderheit innerhalb der rund sieben Millionen zugewanderter Menschen in Deutschland dar (Uslucan 2003, 1). Die weitaus meisten als Ausländer in Deutschland bezeichneten Menschen stammen aus der Türkei (1,878 Mio. 2003). Ihr Anteil an der Gesamtzahl der Migranten liegt bei 25,6 % (Der Fischer Weltalmanach 2005, 123). Deshalb sollen hier zum Verständnis ihres sozio-kulturellen Hintergrunds einige Grundlinien skizziert werden.

1.5.1 Geschichte und Herkunft von türkischen Migranten

1.5.1.1 Migrationsverläufe

Migrationsbewegungen gab es auf der Welt seit Beginn der historischen Erinnerung. Expansionszüge etwa von Phöniziern, Griechen und Normannen sind schon lange bekannt. Völkerwanderungszüge von Ostgoten, Wandalen oder Mongolen haben Europa verändert. Solange es um den primären Sektor der Ökonomie ging, wurden Territorien zur landwirtschaftlichen Nutzung erobert. Mit Herausbildung von Lohnarbeitsverhältnissen zur Zeit der Industrialisierung entstanden individuelle und doch gleichgerichtete Arbeitsmigrationsströme. So sind Anfang des 20. Jahrhunderts viele Menschen aus Polen im Ruhrgebiet angekommen. Eine Einwanderung im großen Maßstab begann in neueren Zeiten in Europa in den 1950er und 1960er Jahren im Zuge der Arbeiterrekrutierungsprogramme. Ziel war die Unterstützung des Wiederaufbaus und der Wirtschaftsentwicklung nach dem zweiten Weltkrieg mit dringend benötigten Arbeitskräften. Bereits am 30. Oktober 1961 wurde das „Abkommen zur Anwerbung türkischer Arbeitskräfte" zwischen der Bundesrepublik und der Türkei geschlossen (Kaya 2001, 8). In den ersten elf Jahren nach dem Deutsch-Türkischen Anwerbeabkommen wanderten 654.465 Türkinnen und Türken aus, davon 83% in die Bundesrepublik (David 2001, 14). Dieser Prozess der Anwerbung und folgender Migration dauerte bis November 1973 (David 2001, 13). Damals bezeichnete man die Migranten als Gastarbeiter. Es wanderten meist junge (zwischen 25 und 39 Jahre) und gesunde männliche Arbeitskräfte nach Deutschland ein. Von 1974 bis Mitte der 1980er Jahre gab es im Zuge der Familienzusammenführung noch weitere nennenswerte Migrationsbewegungen und die Bezeichnung für die gesamte Subgruppe wurde von einem „Willkommen" suggerierenden Begriff in einen ausgrenzenden, „ausländische Arbeitnehmer", umdefiniert. Mit der endgültigen Niederlassung dieser Personengruppe wurde die formalisierte Bezeichnung „(Arbeits-)Migrant" üblich (David 2001, 15).

Die Migrationsbewegungen aus der Türkei waren nicht nur im Interesse der ökonomischen Entwicklung in Deutschland. Auch für die Türkei war die Entsendung von Arbeitskräften zur Bekämpfung von Armut und Arbeitslosigkeit im eigenen Land wichtig. Außerdem erhoffte man sich positive Auswirkungen auf die Devisenlage des Landes (David 2001, 13). Aus der individuellen Perspektive kamen vorwiegend Männer in den 1960er Jahren nach Deutschland, um den Lebensunterhalt der Familie zu sichern, ihre wirtschaftliche Situation positiv zu verändern und dadurch einen sozialen Aufstieg zu erreichen (David 2001, 16).

1.5.1.2 Historisch-politische Hintergrunderfahrungen von Migrantenfamilien

Nach dem Wahlsieg der Demokratischen Partei 1950 wurde *Mahmud Celal Bayar* Staatspräsident und *Adnan Menderes* Ministerpräsident. Mit einem religiös fundierten agrarwirtschaftlichen Förderprogramm gewann *Menderes* besonders bei den Bauern viele Anhänger. Auf der anderen Seite förderte Inflation, zeitweilige Verknappung von Lebensmitteln und auch von Industriegütern die Unzufriedenheit besonders der städtischen Bevölkerung. Dies wurde verstärkt durch eine massive Unterdrückung der Opposition und Pressezensur. Die daraus erwachsende oppositionelle Bewegung und Missstimmung kulminierte im Mai 1960 in Studentenunruhen, die am 27.5.1960 zum Militärputsch unter General *Cemal Gürsel* führten. Nach der Verabschiedung einer neuen Verfassung (19.7.1961) wurde *Gürsel* Präsident (Brockhaus Bd. 22, 498). In Folge zunehmender politischer Auseinandersetzungen, die von sozialrevolutionären Organisationen angeführt wurden, kam es 1971 zum Sturz der Regierung durch die Armee (Brockhaus Bd. 22, 498). In der Folgezeit gab es verschiedene gewaltsame Aktionen aus wechselnden Richtungen – bis schließlich ein Drittel des Landes unter Kriegsrecht gestellt wurde (Brockhaus Bd. 22, 498). Derartige autoritäre Maßnahmen führten aber nicht zur Unterdrückung des Widerstands. Am 12.9.1980 putschte die Armee erneut, das Parlament wurde aufgelöst, eine Reihe von Politikern verhaftet und die Verfassung schließlich außer Kraft gesetzt (Brockhaus Bd. 22, 499).

1.5.1.3 Regionale Rekrutierung der aus der Türkei stammenden Migranten

Gemeinhin wird behauptet, die Mehrheit der türkischen Arbeitsmigranten seien nach Deutschland aus Anatolien gekommen. Die „Deutsche Verbindungsstelle", die im Auftrag deutscher Unternehmen vor Ort geeignete Personen anwarb, arbeitete aber mehr nach der Devise, Personen aus dem industrialisierten Westen und Nordwesten des Landes auszuwählen (Kaya 2001, 8). Ein Drittel dieser Menschen war sogar Facharbeiter. Untersuchungen haben gezeigt, dass es sich in den Anfangsjahren meist um die 'Weiterführung' einer schon angefangenen Binnenmigration handelte, d. h. die Migranten waren zunächst in der Türkei von einem ländlichen Gebiet in eine Großstadt gezogen, ehe sie dann nach Deutschland auswanderten. Die große Mehrheit der ersten türkischen Migrantengeneration in Deutschland stammt letztlich ursprünglich aus ländlichen, nicht industrialisierten Gebieten der Türkei, in denen islamisch-patriarchiale Gesellschaftsnormen und Werte vorherrschen (David 2001, 16). Wesentlich für die Einschätzung der Biografie der Familien ist aber die doppelte Migration, von der jede einzelne Brüche nach sich zieht.

Erst ab 1970 wuchs der Anteil von Migranten, die direkt aus anatolischen Gebieten in die Bundesrepublik einwanderten. In Befragungen wurden zumeist ökonomische Gründe als Migrationsmotiv angegeben (David 2001, 13). Denn in der Türkei war der Lebensstandard sehr viel niedriger als in Deutschland. Besonders im weniger entwickelten Osten des Landes gab es Probleme des Überlebens mit landwirtschaftlicher Produktion durch häufige Dürren. Dort waren aber von derartigen Katastrophen viele Menschen betroffen, allein 40 % der Erwerbsbevölkerung arbeitete im kaum industrialisierten Osten in der Landwirtschaft (Schülerduden 2001, 429).

1.5.1.4 Lebensverhältnisse von Migranten nach der Migration nach Deutschland

Die Mehrheit der Türken, die zu 99 % von der Religion islamisch orientiert ist, zog also in ein kulturell fremdes Gebiet mit der Migration nach Deutschland (Der Fischer Weltalmanach 2005, 433).

So wie in allen Migrationskontexten waren die anfänglichen Lebens- und Wohnbedingungen sehr beengt. Das Kölner Dokumentationszentrum DOMIT beschreibt an einem exemplarischen Beispiel: „dass vier Quadratmeter im Sechs-Personen-Zimmer mit einem Tisch, einem Stuhl und einem Spind pro Person die neuen Lebensräume in Deutschland stellten. Räume, die eine provisorische Unterbringung mit Herd, Dusche und Toilette als Gemeinschaftsgüter vorsahen und als Baracke, teilweise mit Stacheldraht umzäumt, auf Firmengelände angesiedelt waren" (Kaya 2001, 8). Für diese spezifischen beengten Verhältnisse, gerade bei den türkischen „Gastarbeitern", waren auch spezielle rechtliche

Bedingungen verantwortlich. Im Gegensatz zu den Arbeitsmigranten etwa von der Iberischen Halbinsel oder aus Italien waren diejenigen aus der Türkei einem zwei Jahre dauernden Rotationsprinzip ausgesetzt, während dessen es auch keine Familienzusammenführung gab. Sie waren in befristeten Verträgen beschäftigt, für die es keine Verlängerungsmöglichkeit gab. Für die Familien – zumeist waren es Frauen und Kinder –, die in der Türkei blieben, entwickelten sich aus der Trennung unterschiedliche Belastungssituationen. Denn in einem patriarchalen System ist es für Frauen besonders schwer, ohne ihren Mann den Alltag als Familienvorstand zu bewältigen (David 2001).

Nach diesen zwei Jahren Einarbeitungszeit wurden diese Arbeitskräfte aus der Türkei wieder durch neue ersetzt und mussten in die Heimat zurückkehren. Von Integration war nicht die Rede, sie war auch nicht beabsichtigt. Aber auch die türkischstämmigen „Gastarbeiter" hatten sich nicht mit dem Bleiben auseinander gesetzt. Die Arbeitsphase wurde genutzt, um möglichst viel Bargeld zu sparen und zur Existenzgründung in der alten Heimat anzulegen. Oft wurde mehr als 50 % des Lohnes gespart und an die in der Türkei verbliebenen Familien geschickt (Kaya 2001, 8). Vielfach lebten sie in kargen Wohnheimen oder wurden von privaten Vermietern in Gruppenunterkünften untergebracht. Entsprechend der geringen Verweildauer am Arbeitsplatz blieben die Löhne relativ niedrig. Zunehmend waren auch Frauen unter diesen Migrationsarbeitenden. So waren im ersten Jahrzehnt der Migration bis 1973 20 % der in Deutschland Arbeitenden aus der Türkei weiblich (Kaya 2001, 8), die insgesamt schneller die deutsche Sprache lernten und eher die Massenunterkünfte verließen (Kaya 2001, 8).

Erst in den 1970er Jahren wurde deutlich, dass die Arbeitsmigration keine kurzfristige Zwischenlösung bleiben konnte, sondern weiterhin andauern würde. In dieser Zeit wurden erste Integrationsbemühungen gemacht, allerdings war bereits die durch das Rotationsprinzip in der ersten Generation geschaffene Haltung auch in den folgenden Migrationsgenerationen noch stark präsent und schuf das Bewusstsein auf beiden Seiten, dass Integration nicht gewollt sei (Uslucan 2003, 3). Mit Aufhebung der Rotationspflicht entschieden sich immer mehr Arbeitsmigranten aus der Türkei, nicht in ihr Herkunftsland zurück zu ziehen, sondern in Deutschland zu verbleiben (Weidacher 2000, 68). So setzte allmählich die Familienzusammenführung ein. Die restlichen in der Türkei verbliebenen Familienangehörigen zogen aus den vorwiegend ländlichen Regionen nach. Sie waren oft ohne Schulabschluss und beherrschten weder das Lesen noch das Schreiben (David 2001, 18).

1.5.2 Widersprüche zwischen sozio-kultureller Herkunft von türkischen Migrantenkindern und neue Erfahrungen

Für interkulturellen Unterricht ist es wichtig, auch die generellen Trends im Denken und Wahrnehmen zu kennen. In diesem Zusammenhang ist eine Untersuchung des Zentrums für Türkeistudien von hohem Interesse. In dieser Studie haben 47 % der befragten Türken in Deutschland das Statement bejaht: „Wir müssen aufpassen, dass wir nicht wie die Deutschen werden" (Zekri 2005, 15). Damit wird bereits eine deutliche innere Distanz ausgedrückt. Gleichwohl genießt Deutschland als Staat unter diesen Menschen ein hohes Ansehen. Die Identifikation geht sogar so weit, dass etwa 50 % Menschen aus der türkischstämmigen Bevölkerung Deutschlands auf die Frage ihres Verhaltens im Fall eines militärischen Angriffs durch Libyen oder Irak (also ebenfalls islamische Länder) zur aktiven Verteidigung Deutschlands beitragen würden (Çerçi 2003, http://www.kinderaerzte-lippe.de/jugendl.tuerkischer.herkunft.html). Die früher noch dominierenden landsmannschaftlichen Gruppen haben in den türkischen Familien weniger Einfluss als in früheren Jahren (Uslucan 2003, 5). Allerdings bleibt die andere religiöse Orientierung in Deutschland für viele Menschen aus der fast ausschließlich muslimischen Türkei bedeutsam (Ermagan 2005, 1). Stärker präsent bleiben die traditionellen Bilder von Familie und Geschlechterbeziehungen. Die türkischen Familien sind auch heute noch nach patriarchalischen Mustern geprägt. Dies ist eine zunehmende Quelle von Konflikten, weil Bindung und Lösung aus tradierten Familienverhältnissen bei den einzelnen Familienmitgliedern unterschiedlich ausgeprägt ist und in unterschiedlichen Zeitrhythmen erfolgt (Çerçi 2003, http://www.kinderaerzte-lippe.de/jugendl.tuerkischer.herkunft.html). Die Handlungsmuster zur privaten Konfliktlösung sind brüchig, weil sie nicht konsistent aus einem gemeinsamen kulturellen System, sondern aus gegensätzlichen Systemen genommen werden und aus den Erfahrungen verschiedener Generationen gespeist werden (Türkische Gemeinden in Schleswig-Holstein e. V. 2001, 4). Gleichzeitig genießen die Mütter ein hohes Ansehen in der Familie und dürfen als Ansprechpersonen in pädagogischen und sozialen Fragen nicht unterschätzt werden. Allerdings sind diese durch Arbeitslosigkeit auch wiederum vielfach isoliert (Türkische Gemeinden in Schleswig-Holstein e. V. 2001, 3).

Überhaupt ist das familiäre Unterstützungssystem insgesamt viel stärker ausgeprägt als in Deutschland, das auf eine lange Tradition mit einem staatlichen Sozialsystem zurückblicken kann (Nauck/Kohlmann 1998). Wechselseitige Unterstützung und soziale Fürsorge sind Kompetenzen, die auch in den neueren Generationen deutlich an die nachfolgenden Familienmitglieder vermittelt werden.

Die Kinder stehen im Konflikt zwischen schulischen und familiären Verhaltensanforderungen. Für die Kinder entsteht aus der unsicheren normativen Familiensituation mehr normativer Druck und Kontrolle ihres Verhaltens, als er in weniger instabilen Verhältnissen in der Türkei sich herausbilden würde (Uslucan 2003, 1–2). Das Erziehungsverhalten der Eltern ist – wie auch bei deutschstämmigen Familien – wesentlich vom Bildungsniveau der Eltern abhängig. Dieses ist angesichts einer bis 1998 in der Türkei bestehenden nur fünfjährigen Schulpflicht eher rigide und weniger an permissiven und liberalen Normen orientiert (Uslucan 2003, 2). Die starke Orientierung an Kontrolle und Überbehütung steht für die Kinder im Widerspruch zu hohen schulischen und beruflichen Erfolgserwartungen (Uslucan 2003, 2). Diese Unvereinbarkeit kann charakterisiert werden im Motto für das Alltagsverhalten: „Passe dich geistig der deutschen Kultur an, bleibe aber emotional deiner Herkunft treu!" (Uslucan 2003, 2). Allerdings ist auch das Erziehungsverhalten im Land der Migration im Wandel und ändert sich in jeder Familie spezifisch. Wesentliche Bedingungen für den Wandel sind sprachliche, soziale und kognitive Kompetenzen, weniger der ökonomische Status (Nauck/Özel 1986, 304). Soziale Kontakte und Bildungsprozesse der jeweiligen Familienmitglieder haben in diesem Wandel ein besonderes Gewicht (Nauck/Özel 1986, 304). Diese Brüchigkeit gilt auch für die Enkelgeneration der ehemaligen „Gastarbeiter", also die zweite und dritte Generation (David 2001,16). Auch diese halten noch an strengen Erziehungs- und Lebensvorstellungen aus dem Herkunftsland fest.

Die Erziehung von Mädchen und Jungen erfolgt nach streng stereotypen Geschlechternormen. Ein offener Umgang mit Sexualität ist aufgrund strenger Tabus nicht einfach, sexuelle Aufklärung in der Familie ist selten zu finden. Besonders Mädchen unterliegen starkem normativem Druck. Der gute Ruf ist dabei ein hoher Normanspruch und wird eindeutig als abhängig von tradierten Rollenvorschriften definiert.

Die Ehre der Familie gilt es zu erhalten, was in extremen Einzelfällen auch zu Gewalttaten – besonders bei türkischen Jugendlichen (Çerçi 2003, http://www.kinderaerzte-lippe.de/jugendl.tuerkischer.herkunft.html) – führt, die durch die unterschiedlichen Systeme in Identitätskrisen geraten können. Türkische Jungen dagegen genießen sehr viel mehr sexuelle Freiheiten.

Die Familien der türkischen Jugendlichen sind häufig traditionell-patriarchisch geprägt. Mädchen und Jungen werden in Richtung der traditionellen Geschlechtsrollen erzogen. Sexualität wird tabuisiert. Eine sexuelle Aufklärung durch das Elternhaus findet zumeist nicht statt (vgl. Milhoffer 2000, 168).

Die türkischen Mädchen wünschen sich eine Sexualerziehung durch eine Lehrerin, die in geschlechtshomogenen Gruppen stattfindet. Sie würden gerne mehr über den eigenen Körper wissen, haben oft Probleme, über die sie sich nicht trauen zu sprechen und fühlen sich häufig durch Sex in Medien verunsichert. Viele empfinden es als eine Benachteiligung, dass sie im Haushalt mehr als Jungen gefordert werden. Sie finden in ihren Eltern seltener als deutsche Kinder Ansprechpartner, denen sie Kummer anvertrauen können (vgl. Milhoffer 2000, S. 175).

1.5.3 Türkische Migrantenkinder in der deutschen Schule

Für türkische Kinder gilt wie für alle Migrantenkinder, dass sie zwischen zwei Sprachräumen aufgewachsen sind und damit einerseits an Erfahrungen reicher sind, aber auch unter sprachlichen Defiziten leiden können, weil ihnen in der deutschen Sprache differenzierte Sprachmuster fehlen. Dies kann zu geringerem Selbstwertgefühl und weniger Interesse an Unterrichtsgesprächen führen, weil diese Kinder die Nuancen des unterrichtlichen Ablaufs gar nicht oder nur rudimentär verstehen. Dies kann zur Folge haben, dass sie in einer auf formelle Leistung ausgerichteten Institution, wie der Schule, weniger Anerkennung erfahren. Emotionale Probleme werden besonders von Jungen leicht durch körperliche Auseinandersetzungen (Aggression gegen andere) zu kompensieren versucht (Uslucan 2003, 2–3). Die schon beschriebenen Brüche zwischen den Normen von Familie und Schule können das Selbstwertgefühl und die Lernmotivation beeinträchtigen (Uslucan 2003, 2).

Die in sozialer Hinsicht außerordentlich produktive, intensive Familienbindung stört allerdings auch die soziale Kontaktpflege türkischstämmiger Kinder. Besonders Mädchen werden durch strenge Regeln von einer Öffnung hin zu Gleichaltrigen anderer kultureller Herkunft abgehalten. Dies kann zu Identitätsproblemen führen, weil ihnen der soziale Halt der Peer-Group fehlt (Göhler 1990, 118).

Kinder mit Migrationshintergrund aus der Türkei haben es insgesamt sehr schwer, eine deutsch-türkische Identität herauszubilden.

Selbst Kultusministerinnen gebrauchen Bezeichnungen, die fehl orientiert sind, wenn sie vom Ziel Deutsch-islamischer Identität sprechen (http://www.spiegel.de/unispiegel/schule/0,1518,417103,00.html). Gerade die Definition dieser Kinder primär über die Religionszugehörigkeit trifft ihre Lage nicht. Kinder sind zuerst Kinder und haben bestimmte Erfahrungen in ihrem Leben gemacht, sind aber nicht als Träger dieser Religion einengend zu betrachten.

Bekannt ist, dass viele Kinder türkischer Herkunft mit Eintritt in die Schule über geringe Sprachkenntnisse in Deutsch verfügen, selbst wenn sie bereits in Deutschland geboren wurden. Die Kinder besuchen selten vorschulische Institutionen wie Kindertagesstätten oder Spielkreise (Johé-Kellberg 2002, 7). So wurde in einer Untersuchung in der Stadt Hamburg festgestellt, dass mehr als 40 % dieser Kinder über keine oder nur schwache Deutschkenntnisse in der Grundschule verfügen (Türkische Gemeinden in Schleswig-Holstein e.V. 2001, 2).

Auch die Tradition der Elternmitwirkung in der Schule entstammt nicht dem kulturell-historischen Erfahrungsraum dieser Familien. In der Türkei ist Elternkontakt mit der Schule nicht üblich, von daher stößt diese Erwartungshaltung des deutschen Schulsystems auf Elternkooperation auf wenige Vorerfahrungen (Sezer 1990, 211). Es gibt dort auch im konsekutiven Schulsystem nicht entsprechende Wahlmöglichkeiten für Eltern. Dort folgt automatisch nach der fünfjährigen Grundschule die dreijährige Mittelschule. Weitere Zweige werden nicht angeboten und müssen dementsprechend auch nicht von den Eltern ausgewählt werden (Özkara 1990, 139). Hinzu kommt, dass nur wenige Informationen über das deutsche Schulsystem bestehen, die verstärkt mit Ängsten vor Bürokratie aktive Elternarbeit behindern (Türkische Gemeinden in Schleswig- Holstein e.V. 2001, 3).

Die Wohnverhältnisse türkischer Familien sind sehr beengt und werden durch die Kinderzahl zusätzlich verschärft. Viele wohnen mit mehreren Kindern in einer Zweizimmerwohnung. Das eigene Kinderzimmer ist keine Norm und ökonomisch schwer zu bewerkstelligen. Dies hat zur Folge, dass die Spielmöglichkeiten sich primär auf die Straße beschränken und dass wenig Platz und Zeit zum Erledigen der Hausaufgaben besteht (Kühne, http://www.kindergartenpaedagogik.de/1199.html). Diese schulischen Pflichten werden zusätzlich erschwert, weil durch den geringen Bildungsstand der Mütter diese Kinder nicht wie viele ihrer Klassenkameradinnen und -kameraden auf die häusliche „Schattenschule" der Mütter (vgl. Kaiser 1985) zurückgreifen können. Viele Mütter beherrschen kaum die deutsche Sprache und können als Analphabetinnen nicht beim Entziffern der Hausaufgaben helfen – geschweige denn bei der Lösung (Özkara 1990, 156). Eine Gettoisierung der Migranten aus der Türken in der Bundesrepublik Deutschland verhindert zudem den Kontaktaufbau und auch das Kennenlernen schulischer Anforderungen (Özkara 1990, 155). Erschwerend kommt hinzu, dass permanenter Fernsehkonsum eine Lärmkulisse für schulisches Arbeiten darstellt (Kühne ebd.). Aber auch der eigene Konsum der Kinder ist überdurchschnittlich. 77% der Kinder benennen das Fernsehen als tägliche Freizeitbeschäftigung, auch wenn sie angeben, dass sie sich lieber mit Freunden treffen oder Musik hören bzw. Sport treiben (Türkische Gemeinden in Schleswig- Holstein e.V. 2001, 3).

Allerdings darf angesichts dieser Tendenzen auch nicht die Fehlorientierung vollzogen werden, die türkischen Familien zu stereotypisieren. Gerade wegen der Brüche gibt es vielfältige Kompromisse zwischen traditionellen Normen und neuer gesellschaftlicher Umgebung, die aus dem Blick geraten könnten, wenn wir nur die generellen Tendenzen verallgemeinern. Denn es gibt nicht „die Türken" in Deutschland und auch nicht „die türkischen Familien" in Deutschland (Uslucan 2003, 7). Ganz abgesehen davon, werden pauschalisiert auch Kurden, die aus der Türkei kommen, mit Türken identifiziert, auch wenn das Verhältnis dieser beiden Gruppen außerordentlich brisant und angespannt ist.

Nicht alle Konflikte aus der Migration stellen Probleme und Entwicklungsbarrieren dar, sondern können auch produktive Entwicklungsmöglichkeiten eröffnen.

Gerade die Diskrepanzen der Kulturen können, wenn sie bewusst gemacht und reflektiert werden, auch produktiv bereichernd für die Persönlichkeitsentwicklung sein (Uslucan 2003, 3–4).

Wenn die Heterogenität von Lerngruppen pädagogisch ernst genommen wird, können diese Kinder auch eine Bereicherung für die Aufnahmekultur darstellen, weil aus aktuellem Anlass Toleranz, kommunikative Flexibilität, die Öffnung für Fremdes und Kooperation gelernt werden muss und kann. Dies kann auch zur Veränderung der Schulkultur führen.

Gerade die wichtigen Ziele des sozialen Lernens wie Ambiguitätstoleranz, Rollenflexibilität und Rollendistanz werden durch die Auseinandersetzung mit Migrantenkindern eher gelernt, weil es dafür erfahrungsnahe Lernanregungen und eine entsprechende Lernumgebung alltäglich gibt.

Somit kann – wenn die pädagogischen Chancen kompetent aufgegriffen werden – auch zur Identitätsentwicklung aller Kinder aus diesen Widersprüchen und Brüchen der Migrationsgeschichte ein Anlass zu lernen werden, mit Heterogenität und Differenz umzugehen (Uslucan 2003, 6) und sich auf Neues und Unvertrautes einzulassen.

Die Welt zu entdecken ist eine wesentliche Aufgabe des Sachunterrichts und wird durch diese Bedingungen gefördert.

2 Unterrichtsbeispiele

2.1 Schulgarten

2.1.1 Didaktische Begründung

Kinder mit Migrationserfahrung kommen häufig aus ländlichen Gebieten oder aus städtischen Randsiedlungen, in denen Subsistenzwirtschaft auf engstem Raume versucht wird. Gemüseanbau wird in unmittelbarer Nähe des Wohnraumes angestrebt, um die geringen Einkünfte der Familien durch Eigenproduktion von Lebensmitteln aufzubessern. Von daher haben Kinder mit Migrationshintergrund oft eine reichhaltige Erfahrung im Pflanzenanbau, an die sich produktiv im Unterricht anschließen lässt.

Noch bedeutsamer ist die symbolische Seite des Gartenbaus. Kinder können beim Gärtnern in der Schule symbolisch erfahren, wie wohl es tut, wieder Boden unter den Füßen zu spüren und heimisch zu werden. Dann kann man die eigenen Produkte, die man gesät oder ausgepflanzt hat, wachsen und gedeihen sehen. Man ist auch als kleines Grundschulkind wichtig, weil man echte Lebensmittel herstellt.

2.1.2 Bildungswert der Gartenarbeit im interkulturellen Sachunterricht

Während die ersten Schulgärten zur Zeit der Philanthropen vor allem der Anschauung für naturkundlichen Unterricht dienten, wurde vor allem durch Kerschensteiner (1854-1932) das praktische Handeln als bedeutsam erachtet. Dieser Gedanke des nützlichen Tuns aus der Arbeitspädagogik bietet gerade für Migrantenkinder produktive Chancen, denn sie können sich handelnd entfalten, ohne zu stark von Sprachproblemen beeinträchtigt zu sein. Umgekehrt gibt gerade die praktische Arbeit im Garten viele Anlässe, mit anderen Kindern zu kommunizieren. Noch wichtiger allerdings ist die Seite der Erzeugung eines nützlichen Produktes, seien es Kartoffeln, Kressekeimlinge, Erdbeeren, Salat, Erbsen, Radieschen oder gar Beeren von Sträuchern und Obst von der Streuobstwiese (Weusmann 2006). Diese gemeinsam mit viel Mühe und unter vielen Kooperationsanstrengungen erzielten Arbeitsergebnisse haben für Kinder aber auch therapeutische Funktion. Sie sind nicht die Bittstellenden oder Randständigen, sonder diejenigen, die selber ein wenig für ihre Ernährung sorgen können. Nicht der ökonomische Nutzen der Gartenarbeit als solcher ist wichtig, sondern in seiner psychologischen Funktion für die Selbstwertentwicklung aller Kinder. Es ist von unschätzbarem Wert, gerade für Kinder mit instabiler Biografie – und Migrationsbiografien sind selten stabil, sondern verlaufen in Brüchen – wenn sie tatsächlich ihre Eltern und sich selbst mit Lebensmitteln versorgen können, deren Produktion ihnen zudem Spaß bereitet hat.

Selbstverständlich sind damit auch weitere Aspekte des Bildungswerts von Schulgartenpädagogik verbunden, wie die unmittelbare Naturerfahrung in einer technisierten Welt, ästhetisch sinnliche Erlebnisse oder das Beobachten ökologischer Zusammenhänge. Überhaupt lassen sich integrative Lernprozesse am Schulgarten entfalten, denn praktisches Handeln ist mit ethischen Entscheidungen und Bewertungen, emotionalen Sinneserfahrungen, naturwissenschaftlichen Erkundungen und Versuchen und schließlich ökonomischen Fragen der Verwertung oder gar Vermarktung von Produkten eng verbunden.

2.1.3 Konkrete Handlungsmöglichkeiten

Oft wird als Argument gegen die Schulgartenarbeit gesetzt, es gäbe an der jeweiligen Schule gar kein Gartengelände. Dieses Argument geht an den Möglichkeiten vorbei, die eine Schule tatsächlich hat. Denn Platz für ein Beet ist in der kleinsten Ecke. Auch aus alten Autoreifen lassen sich auf einem voll asphaltierten Schulhof Beete aufstapeln. Drei aufeinander gelegte alte Reifen reichen als Umrandung und müssen innen nur noch mit Gartenerde gefüllt werden.

Hier sollen nun einige Möglichkeiten vorgestellt werden, wie im Reifenbeet, trotz minimaler Rahmenbedingungen, produktive Schulgartenarbeit entwickelt werden kann.

a) Kartoffelacker in der Schule

   Zutaten: Saatkartoffeln, Gewürze, Speiseöl
   weiterhin benötigt: Beet, Spaten, Messer, Umluftbackofen, Kochtopf, Schaumlöffel, Kartoffelreibe

   So wird es gemacht: Im April wird der Boden gut gelockert. Die Saatkartoffeln werden mit dem Messer halbiert. Pro Reifenbeet werden je vier Saatkartoffelhälften einige Zentimeter unter die Oberfläche gesteckt. Im Sommerhalbjahr kann beobachtet werden, wie die Pflanzen allmählich wachsen und Früchte tragen. Hier ist die Frage von Oberfläche und Untergrund sehr spannend. Denn viele Kinder finden die manchmal fliederfarbenen oder weißen Blüten viel interessanter und halten die sich im August herausbildenden grünen, wie Tomaten aussehenden Früchte, für die eigentlichen Produkte. Doch dieses Nachtschattengewächs ist für den praktischen Nutzen unter der Erde bedeutsam. Eine vorsichtige kleine Probegrabung kann belegen, dass sich an den unterirdisch wachsenden Keimen kleine Knollen herausbilden. Bei Trockenheit muss zusätzlich gegossen werden. Doch allmählich im September beginnen die Pflanzen braun zu werden und zu verdorren. Im Oktober ist dann die Kartoffelernte. Es sollten kleine Gartenspaten genommen werden, um möglichst tief die Knollen heraus zu graben.

a1) Reibekuchen

Die geernteten Kartoffeln sollten dann zu verschiedenen Gerichten verarbeitet werden. Eine für Kinder sehr attraktive Speise ist der Reibekuchen, allerdings ist das Erhitzen von Öl in der Bratpfanne und das Frittieren der Reibekuchen für eine Schulklasse nicht einfach zu leisten.

a2) Kartoffelchips

Effektiver ist es, die frisch geernteten Kartoffeln zu säubern und gemeinsam in hauchdünne Scheiben zu schneiden. Danach werden verschieden Gewürze bereitgestellt. Die Kinder können riechen und minimale Mengen schmecken und danach entscheiden, welches Gewürz sie für ihre Kartoffelchips wählen wollen. Dann werden Backbleche mit Öl eingefettet und die Kartoffelscheiben nebeneinander auf den Blechboden gelegt. Die Kinder müssen sich nun genau merken, welche Kartoffelscheiben sie mit ihrer Idealgewürzmischung bestreut haben. Dann werden die Backbleche in einen Umluftbackofen geschoben. Durch die Glasscheibe kann beobachtet werden, wie die Bräunung der Chips langsam voranschreitet. Wenn die Chips sich nach genug Flüssigkeitsentzug allmählich stark krümmen, ist es Zeit, den Backofen auszuschalten und die Bleche heraus zu ziehen. Die Kinder werden diese selbst gemachten Chips mit Begeisterung essen. Danach können sich Gespräche anschließen, dass Chips als solche nicht als ungesund bezeichnet werden können, sondern dass nur die vielen Konservierungsstoffe und Zusatzstoffe bei fertig gekauften Chips das Problem sind. Während Natur belassene Chips aus frischen Kartoffeln eher als gesunde Lebensmittel bezeichnet werden können.

a3) Pommes Frites

Ähnlich wie bei den Kartoffelchips werden die Kartoffeln gesäubert und geschält. Jetzt aber in längliche Streifen geschnitten und in einen Topf mit kochendem Öl vorsichtig mit dem Schaumlöffel hinein gelegt. Nicht lange dauert es, bis die Pommes frites eine dunklere Färbung annehmen.

b) Sprösslingsbeete

Zutaten: Kressesamen, Senfsamen, Alfalfa-Samen, Leinsamen, Kichererbsensamen
Weiterhin erforderlich: Beet, Schere zum Abschneiden der jungen Pflanzen

So wird es gemacht: In den gelockerten Boden des Beetes werden die Samenkörner dünn in Reihen ausgesät. Die Saattiefe sollte der Größe des einzelnen Samenkorns entsprechen. Die Samenkörner werden vorsichtig mit etwas Erde zugedeckt. Zuvor werden sie ein wenig gegossen, um das Keimen der Samenkörner zu beschleunigen.

Der Anbau von schnell keimenden Sprösslingen eignet sich für den Einstieg in die Gartenarbeit. Manche Samen – wie die Kresse – brauchen nur vier Tage bis sichtbar kleine grüne Blätter am Sprössling zu sehen sind. Diese verschiedenen kleinen Grünpflanzen eignen sich als Zutat für Salat oder Kräuterquark, allein sind sie oft zu würzig für den Geschmack von Grundschulkindern.

Aber die Freude, dass das eigene Säen so schnell tatsächliche echte Pflanzen hervorbringt, verstärkt das Gefühl der eigenen Kompetenz und Selbstwirksamkeit.

c) Radieschen

Zutaten: Radieschensamen

So wird es gemacht: In den gelockerten Boden des Beetes werden die Radieschensamenkörner dünn in Reihen ausgesät. Die Saattiefe sollte der Größe des einzelnen Samenkorns entsprechen. Die Samenkörner werden vorsichtig mit etwas Erde zugedeckt. Zuvor werden sie ein wenig gegossen, um das Keimen der Samenkörner zu beschleunigen.

Anstelle von Radieschensamen kann natürlich auch versucht werden, Erbsen oder Möhren anzubauen. Allerdings dauern diese anderen Gemüsesorten deutlich länger von der Keimung bis zur Ernte und reichen in das nächste Schuljahr hinein.

d) weitere Gärtnereiprodukte:

Neben Radieschen eignen sich auch Bohnen und Beifuß als Samen. Beifuß ist ein in Mittelasien verbreitetes Gewürz für Suppen, das für Kinder aus dieser Region heimatliche Düfte bereitet.

Daneben stellen auch Pflanzen, wie Salat, Kohlrabi, Kohl oder Blumenkohl Möglichkeiten dar, das Wachsen des eigenen Setzlings im Schulgarten zu beobachten.

2.1.4 Mögliche Probleme

Gartenarbeit ist konkretes Tätigsein. Alle Kinder wollen dabei mitmachen. Von daher ist es sehr schwierig, zu Beginn zu organisieren, dass alle Kinder gleichzeitig tätig sein können. Dies verlangt eine hohe Strukturierung der Arbeit. Es muss vor allem geplant werden, was diejenigen tun, die nicht am Beet einsäen oder umgraben. Denn die Gartenfläche ist in der Regel begrenzt, aber nicht die Tätigkeitslust der Kinder. Auch die Emotionen werden durch derart hoch besetzte Lernaktivitäten angeregt. Entsprechend schmerzlich sind dann psychische und physische Schmerzen beim Berühren etwa von Brennnesseln. Um zu zeigen, was alles bei der Planung der Gartenarbeit geleistet werden muss, stelle ich hier einen Ausschnitt meines Tagebuches mit einer Aussiedlerförderklasse vor (Kaiser

1989a). Darin habe ich den ersten Tag meiner Gartenarbeit in einem seit Jahren verwahrlosten ehemaligen Schulgartengelände mit allen Schwierigkeiten und Fehlplanungen geschildert. An diesem Beispiel wird m. E. deutlich, wie stark belastend derartige positive Impulse auch wirken können.

> „14.4.1989
> Heute war die anstrengendste Zeit der Woche – ausgerechnet in der von mir am meisten herbeigesehnten Gartenarbeitszeit. Nach vielem Hin- und Her zwischen Diesterwegschule und Wichernschule bekam ich heute in der großen Pause schließlich den Schlüssel fürs Gartentor ausgehändigt und fing gleich in der dritten Stunde an, dort zu arbeiten. Aber es wurde auch harte pädagogische Arbeit, weil die Kinder so übereifrig ans Werk gingen, dass es gar keine Grenzen gab. Obgleich ich die wenigen Überreste eines früheren Gartens, die Selleriestauden, den Rhabarber und die Zwiebelblumen als tabu erklärt hatte, waren sie binnen Kürze Opfer des Tätigkeitsdranges meiner Kinder. Ich war richtig sauer, obgleich es draußen nicht leicht ist, Erklärungen für alle gleichzeitig abzugeben. Außerdem war der schulische Gerätepark – eine Harke und ein Spaten – außerordentlich mager. Gut dass ich von Uschi soviel zur Verfügung gestellt bekommen habe. Dennoch war es für alle zu wenig und die heiß begehrten Spaten waren heftigst umstritten und ich hatte mehr Schlichtungs- als Anleitungsfunktion. Bei der großen Attraktivität der Gartengeräte war es dann völlig unmöglich, einzelnen übrig gebliebenen Kindern klar zu machen, dass sie nun mit der Hand das hoch gegrabene Unkraut – mit dem hohen Brennesselanteil – auflesen sollen. So blieb diese Arbeit an mir hängen. Dann gab es Probleme mit den Kindern, die trotz meiner Warnungen doch Brennnesseln berührt hatten. Außerdem war der Garten so groß, dass ich den Kindern nur sehr schwer klar machen konnte, dass sie bitte nur in den beiden sonnengünstigsten hinteren Beeten zu arbeiten haben, wo sich ohnehin einige Platzhirsche - Roberto, Edi, Michael, Robert – niedergelassen hatten. Am effektivsten war schließlich auch die Gruppe um Andrej, die sich daran gemacht hatte, die seitliche Fläche unter den Sträuchern fein zu harken. Das sah hinterher schon recht ordentlich aus. Trotz eifrigen Scherbensammelns blieb nach einer Schulstunde Gartenarbeit noch allerhand Müll liegen. Irgendwie finde ich es aber doch passend, dass wir verkommenes, von anderen liegen gelassenes Land für uns urbar zu machen versuchen und es dabei sehr schwer haben. Das ist auch die Geschichte der Herkunftsfamilien – vom Wolgasumpfland bis zur Hungersteppe. Wir sind auch noch weit entfernt von der Möglichkeit einzusäen, weil wir immer nur punktuell kleine Flächen umgegraben haben. Nur Marias ausdauernder Fleiß wurde diesmal auch belohnt, denn sie grub mit der kleinen Pflanzschaufel so eifrig am Rande, dass sie einen Kugelschreiber und eine unzerstörte silberne Weihnachtskugel fand. Effektiver war das Auswertungsgespräch hinterher in der Klasse. Ich hatte das Gefühl, dass die Kinder sich freuen etwas zu schaffen und dass sie mit den Frusterlebnissen, wie aus Kindersicht eigentlich ungerechtfertigt schimpfende Lehrerin (weil einige Kinder auf den Zaun geklettert sind und zu den Kindern vom zum Gartengrundstück benachbarten griechischen Gymnasium, die aus dem Fenster herauslehnten und abfällige antipolnische Bemerkungen fallen ließen, geguckt haben), Loch im Strumpf, dreckige weiße Schuhe, Brennnesselschmerzen, Ärger über die, die den Spaten weggenommen haben etc.,

gut zurechtgekommen sind. Wir werden also weitermachen, auch wenn ich zwischendurch fürchtete, dass das ganze für mich zu stressig wird. Aber jetzt weiß ich ja auch, was ich besser machen werde. Ich werde erst mal morgen ein paar Kinderspaten dazu kaufen, dann werde ich immer Paare für ein Grabwerkzeug vorweg einteilen, damit dann klar ist, dass ein Kind von beiden auch für das andere die Wurzeln aufsammelt. Außerdem werde ich mit den Kindern am Projektor einen Gartenplan machen, damit alle dann bescheid wissen, was wir wozu noch machen müssen. Ich werde auch die Bio-Box 1 mitnehmen, damit noch die Möglichkeit besteht, die vielen gefundenen Regenwürmer durch die Lupe zu betrachten, Knospen von der Hecke aufzumachen und zu betrachten und überhaupt etwas zu tun. Bisher habe ich in der Klasse auch kein Kind zum Nichts-Tun verdonnert. Warum soll ich draußen aufhören zu differenzieren?" (Kaiser 1989a, 135).

Dieses Beispiel zeigt recht eindrücklich, dass gerade die Differenzierung der Gartenarbeit eine besonders schwierige Aufgabe ist, damit diese Aufgabe für alle Kinder anregend wird und nicht zu Frustrationen führt. So wie generell für guten Unterricht (Meyer 2004) gilt, dass alles sehr genau strukturiert sein muss, ist dies bei der Gartenarbeit besonders augenfällig.

Sie ist deutlich schwieriger zu organisieren, gibt aber viel klarer Auskunft über den Entwicklungsstand der einzelnen Kinder, wie der folgende Tagebuchtext zeigt:

„18.4.1989

Eugen zieht sich immer noch stark zurück. Heute im Garten hatte er ganz unlustig am Tor gestanden, obgleich schon einige attraktive Grabgeräte zur Verfügung standen. Bei der Gartenarbeit polarisiert sich die Motivation deutlicher als in der Klasse. Einige (Helene, Joanna, Maria, Roberto, Michael, Robert, David, Arthur) schuften total, andere punktuell, andere (Natascha) gucken lieber heraus. Wir haben mittlerweile ein kleines Beet fertig (Weizen, Radieschen, Kresse, Erdbeerpflanzen, Sellerie). Wir haben vorher einen Gartenplan gemacht und eingeteilt, in welche Reihe was einsät. Anders scheint es nicht zu gehen. Wir haben auch konkrete Grenzbretter um das Beet gelegt, um unser neues Beet vor Fußtritten zu schonen. Das funktionierte auch ganz gut. Überhaupt lerne ich es allmählich, die Gartenarbeit weniger stressig zu organisieren, auch wenn natürlich Unterricht in der Klasse ungleich einfacher bleibt" (Kaiser 1989a, 139f).

Gerade die Beobachtung von einzelnen Kindern ist von unschätzbarem Wert für angemessene Pädagogik. Dafür bietet die Gartenarbeit außerordentlich gute Anlässe.

Literatur für weitere Anregungen zur Gartenarbeit in der Grundschule:

Weusmann, Birgit: Projektbuch Streuobstwiese. Baltmannsweiler 2006.

2.2 Liebe geht durch den Magen: Paprika und Körner

Eine der frühesten Zuwendungsmöglichkeiten, die ein Mensch in seinem Leben erfährt, ist die Ernährung. Über das Stillen empfangen Säuglinge sinnlich erfahrbar mütterliche Liebe und Zuwendung. Umgekehrt ist Vernachlässigung von Kindern oft damit verbunden, dass Kinder unterernährt werden.

Etwas in der von sinnlichen Erfahrungen abgehobenen Institution Schule essen zu dürfen, ist schon eine besondere Erfahrung. Gerade Migrantenkinder, die zwischen zwei Kulturen schwanken und nach Halt suchen, brauchen diese sinnlich-konkreten Zuwendungsmöglichkeiten. Deshalb ist es von unschätzbarem Wert, wenn sie auch in der anonymen schulischen Institution mit Essen versorgt werden.

Für den Sachunterricht kann diese Versorgung durch Nahrungsmittel mit Zielen der Gesundheitserziehung optimal verbunden werden, indem frische, Natur belassene Lebensmittel als positive Erfahrung präsentiert werden. Ich halte dabei das Prinzip der Verknappung für besonders produktiv. Wenn von den zum Teil fremdartigen Lebensmitteln nur wenig zur Verfügung steht, steigert sich, wie bei anderen echten marktwirtschaftlichen Mechanismen, die Attraktivität.

Im Folgenden werden einige besonders einfache Möglichkeiten vorgestellt, wie in den Sachunterricht eingebaut auch die Versorgung mit Lebensmitteln durch die Lehrperson möglich ist.

a) Geröstete Sonnenblumenkerne
   Zutaten: Sonnenblumenkerne, Backofen oder Tischgrill
   In vielen Kulturen rund um den Mittelmeerraum und in Mittelasien ist die Sonnenblume als Ölpflanze sehr verbreitet und der Geschmack von Kernen sehr vertraut. Wenn in der Schule ein Backofen oder Tischgrill zur Verfügung steht, können diese kurze Zeit in der Hitze geröstet werden. Der Duft erfüllt den Klassenraum sehr angenehm und weckt den Appetit.

b) Rote, gelbe und grüne Paprika
   Zutaten: eine rote, eine gelbe, eine grüne Paprika, drei scharfe Messer, drei Teller
   Die Paprikas werden gemeinsam gewaschen und in jeweils sehr kleine Schnitzel geteilt und auf separate Teller gelegt. Nun beginnt das Spiel: Die Kinder müssen auf Deutsch sagen, was sie jeweils haben möchten. Dabei ist es der Gruppe und der Lehrperson überlassen, je nach Sprachstand ganz einfache Wörter („ein rot") oder kompliziertere Wendungen zu verlangen („Ich möchte bitte ein langes Stück gelbe Paprika"). Unmittelbar nach der deutschsprachigen Formulierung bekommen Kinder das jeweils gewünschte Stück Paprika zu essen. Wenn nicht zu viele Stücke insgesamt zur Verfügung stehen, steigert sich die Attraktivität der einzelnen Stücke.

c) Buntes Brot
Zutaten: Brotscheiben, Butter, Quark, Frischkäse, Paprikakäse, Käsescheiben, Paprikastreifen, Radieschenscheiben, Gurkenstreifen, grüne entkernte und ggf. gefüllte Oliven in Scheiben, Mandarinenstückchen, Mandeln, Nüsse, kleine Blattstückchen von Lollo Rosso, Tomatenscheiben von kleinen Flaschentomaten, Messer und Frühstücksbrettchen
Vor dem Belegen des Brotes müssen die Hände sehr gründlich gewaschen werden.
Die Kinder dürfen danach jeweils eine kleine Brotscheibe auswählen und diese mit Butter, Käse oder Quark bestreichen. Die Aufgabe ist es, ein lustiges Gesicht oder Muster mit den Salat- bzw. Gemüsescheiben oder -stücken auf dem Brot zu garnieren. Dabei können Gesichter, abstrakte Muster oder Tiere als Motive gewählt werden.
Wenn die Garnierung fertig ist, sollte das Produkt den anderen Kindern gezeigt und erklärt werden. Erst danach darf dann mit Genuss gegessen werden.

d) Frühstücksausstellung
Zutaten: ein Teller, um das Essen der Woche besonders zu präsentieren
Zu jedem gemeinsamen Frühstück gibt es das Essen der Woche. Dies kann eine Radieschenscheibe oder ein Saft, eine Olive oder ein Weintraube sein. Wichtig ist, dass dieses Essen der Woche gemeinsam ausgesucht wird und dass reihum jedes Kind ein Vorschlagsrecht hat. Es muss nicht unbedingt typisches Essen bzw. Trinken der jeweiligen Herkunftskultur sein, es kann ganz nach Wunsch ausgesucht werden. Das gemeinsame Essen bleibt während der gesamten Frühstückszeit auf dem Teller. Am Schluss darf das Kind, das dieses Essen vorgeschlagen hatte, entscheiden, wer es nun aufessen darf.

Es lassen sich noch viele Varianten des gemeinsamen Essens in der Schule vorstellen. Wichtig ist, dass dabei eine gemeinschaftliche Atmosphäre geschaffen wird und dass alle Kinder sich wohl fühlen und auch gesunde naturbelassene Lebensmittel in der Gruppensituation zu schätzen lernen. Jedes Stückchen Genuss, das Kinder in der Schule bekommen, hilft, sich in dieser Institution versorgt zu fühlen und die Wahrnehmung für alles, was die Schule anzubieten hat, zu öffnen.

2.3 Hütte bauen
2.3.1 Zur Entdeckung des Themas Hüttenbau

Das Thema Hüttenbau als wichtiges Thema für den Sachunterricht mit Kindern mit Migrationshintergrund habe ich nicht selber erfunden. Vielmehr haben mir Aussiedlerkinder aus einer Förderklasse, die ich unterricht hatte, dieses Thema von sich aus vorgestellt. Denn während unserer Gartenarbeit in einem noch weitgehend verwahrlosten ehemaligen Schulgartengelände entwickelten die Kinder quasi als Rollenspiel die Aufgabe, Hüttenbau zu spielen. So habe ich es damals im Tagebuch dokumentiert:

„3.5.1989
Heute haben wir begonnen, die Pflanzen im Garten einzupflanzen. Dazu haben wir zwei weitere Beete, eines sogar mit gutem Humusboden, kultiviert. Ein Großteil der Klasse arbeitete mit den Geräten aus dem roten Koffer bei den Baumstümpfen. Als ich meine Grab- und Pflanzarbeit unterbrach, um mit den anderen Sprachübungen (kürzer, länger, kurz, am längsten) an ihren abgeschnittenen Zweigen, abgeschabten Pilzen etc. zu machen, entdeckte ich, dass die Kinder nicht mehr l' art pour l' art mit Messer, Pinzette und Präpariernadel Pflanzen untersuchten, sondern ein wunderschönes Spiel erfunden hatten. Sie bauten sich nämlich „ein Haus". Die gesäuberten Baumstümpfe waren die Tische, weiche Blätter im Untergehölz waren die Grundlage für Bettstellen. Ich fand meine formalen Sprachübungsintentionen plötzlich schrecklich klein kariert. Die Kinder hatten eine viel wichtigere Aufgabe in Angriff genommen, nämlich für sich gemeinsam ein Haus zu bauen und es liebevoll einzurichten. Jungen und Mädchen waren gleichermaßen daran beteiligt. Sie erzählten ganz liebevoll und detailliert von ihrem Tun. Mein ursprünglich mit der Gartenarbeit verfolgtes Ziel, dass die Kinder Gelegenheit erhalten, Fuß zu fassen, wurde durch die Fantasietätigkeit der Kinder weit übertroffen. Sie haben sich selbst gemeinsam ein Kinder-Zuhause geschaffen. Schade, dass die Pflanzen so schnell in die Erde mussten, sonst hätte ich mir das noch genauer angesehen und erklären lassen. Umgekehrt war dies durch die selbst geschaffene Differenzierungsaufgabe die für mich angenehmste Gartenstunde" (Kaiser 1989a, 160).

Diese Erfahrungen vertieften sich. Immer mehr Kinder meiner Klasse machten beim Hüttenbau mit, immer differenzierter wurden die Aufgaben, die im Rollenspiel dabei vollzogen wurden.

2.3.2 Zur pädagogischen Funktion des Hüttenbaus

Je mehr ich die hoch motivierten Aktivitäten der Kinder aus dieser Aussiedler-Förderklasse beobachtete, umso deutlicher wurde mir, welch mehrfacher pädagogischer Sinn in diesem Vorhaben liegen kann.

Zum einen ist der Hüttenbau ein Anknüpfen an frühere Erfahrungen in Kasachstan und anderen Regionen, wo die Kinder die Möglichkeit hatten, frei in der Steppe herumzulaufen und sich selber zu beschäftigen. Bei den vielen auf den weiten Flächen herumliegenden Zweigen ist es nicht verwunderlich, dass daraus besondere Anregungen zum Hüttenbau erwachsen sind. Aber der Hüttenbau übt auch generell Faszination auf Kinder aus. Sie können sich behaust und groß fühlen, weil sie über eine eigene Behausung verfügen. Aber auch symbolisch bedeutet eine Hütte für Kinder mit Migrationshintergrund etwas Besonderes: Sie können sich ein eigenes Zuhause schaffen und damit aus eigenen Kräften die Heimatlosigkeit durch die Migration und das Schwanken zwischen verschiedenen Orten überwinden.

Emotional haben Hütten einen unschätzbaren Wert für alle Kinder und insbesondere für Kinder mit einer Migrationsbiografie – sei es die eigene oder die der Elterngeneration. Denn eine Hütte bedeutet, dass man Sicherheit suchen und finden kann. Ein Haus bietet Schutz vor den Unbilden der Welt und schafft Geborgenheit. Diese selber schaffen zu können, erzeugt besondere Sicherheit.

2.3.3 Praxismöglichkeiten beim Hüttenbau

Um Hütten zu bauen, gibt es viele verschiedene Möglichkeiten. Das Wichtigste ist, dass es eine Fläche im Freien gibt. Diese Flächen müssen für einen solchen Zweck rechtlich zur Verfügung stehen. Es ist also mit den Eigentümern im Vorfeld zu verhandeln, ob auf diesem Grundstück ein Hüttenbau erlaubt ist. Aber auch ohne diese Freiflächen ist es möglich, Hütten zu bauen und sie im Keller der Schule aufzustellen.

Variante A: Das Papphaus

Gebraucht werden: ca. 10 Bambusstangen von ca. 1 m Länge, große Pappverpackungen von Möbeln („IKEA-Kartons"), haltbare Fasern (Hanf, Sisal oder Bindfaden), Schere

So wird es gemacht: Große Flächen der Pappverpackungen werden als Wände ausgeschnitten. Etwa 2 cm vom Rand werden oben und unten mit der Schere Löcher in die Pappe gebohrt. Durch diese Löcher werden die Bindfäden oder Fasern gezogen, um die Bambusstäbe gelegt und mit den Bambusstäben verbunden. Es kann ein viereckiges, fünfeckiges oder sechseckiges Haus geplant werden. Wenn die Außenwände stehen, kann noch eine Tür oder ein Fenster hinein geschnitten werden. Am Schluss wird eine besonders große Pappe als Dach zurechtgeschnitten. Das Dach wird vorsichtig über das Haus gelegt und die Stellen markiert, wo die Bambusstäbe ans Dach stoßen. Nun werden runde Öffnungen an den markierten Stellen in die Dachpappe geschnitten. So kann das Dach vorsichtig über das Haus gestülpt werden, bis die Bambusstangen Haus und Dach miteinander verbunden haben.

Variante B: Die Reisighütte

Gebraucht werden: Reisig, Äste und Zweige, ein Baumstamm als Stütze, Bambusfaser oder Bindfaden

So wird es gemacht: Die Äste werden schräg aufragend in den Boden gestellt und vorsichtig mit Fasern oben beim Zusammenstoßen verbunden. Als Querverbindung werden Zweige über die Äste gelegt und verbunden. Kleine Reisigteile dienen als Abdichtung der Lücken zwischen den einzelnen Ästen. Die Kinder können eine Öffnung zum Hineinkriechen frei halten und die Reisigzweige spitz zulaufend sich gegenseitig abstützen lassen.

Variante C: Die Bretterbude

Gebraucht werden: Alte Bretter aus Abrissschuppen oder anderen Resten, Nägel, Hammer

So wird es gemacht: Die Kinder dürfen auf einem Grundstück, das ihnen zur Verfügung steht, aus Brettern eine Bude zusammenzimmern. Ich habe dies mit einer 4. Grundschulklasse gemacht. Die Planungen wurden immer wieder ad hoc verändert. Am Ende war ein ansehnliches Gebäude entstanden. Die Fotos dieses Vorhabens sind in der virtuellen Lernwerkstatt http://www.lesa21.de/ beim Thema „Bauen" unter den Bildern mit der Unterschrift „Die Klasse 4a aus Lohra baut sich auf einer Wiese eine eigene Spielhütte" zu finden.

Variante D: Ein Weidentipi

Gebraucht werden: Messer, Bindfaden, viele lange frisch abgeschnittene Weidenzweige, mindestens 1,5 Quadratmeter Land.

So wird es gemacht: Im Frühling werden mit dem Messer viele lange frische Weidenzweige abgeschnitten. Es wird eine schöne Stelle im Schulgarten oder auf dem Schulgelände mit weichem Untergrund ausgesucht. Die Weidenzweige werden kreisförmig in den Boden gesteckt. Das Weidenzelt wird oben mit dem Bindfaden zusammen gebunden, dass ein spitz zulaufendes Zelt entsteht. Es können auch kleinere Weidenzweige als Querverbindung zur Stabilisierung der Weidenhütte eingeflochten werden. Wenn das Weidenzelt stabil ist, kann noch ein Eingang hinein geschnitzt werden und vielleicht aus Holzklötzen und Brettern Tisch und Hocker hinein gestellt werden.

Nach einer Zeit schlagen die Weidenzweige aus und bekommen Blätter.

Es sind natürlich je nach Möglichkeit noch unendlich viele andere Varianten des Hüttenbaus möglich, die wie eines Baumhauses.

Wichtig ist bei allen diesen Praxisbeispielen, dass Technikkompetenzen entfaltet werden und gleichzeitig Kooperation eingeübt wird. Diese Qualifikationen sind für alle Schülerinnen und Schüler von großer Bedeutung. Und für Kinder mit Migrationshintergrund ist dabei ein besonderer Erfahrungsschatz des Geborgenseins gegeben, den sie besonders brauchen.

2.4 Wege zur eigenen Geschichte …

2.4.1 Didaktisch methodisches Konzept zum selbst erstellten Geschichtsbuch

Immer mehr Untersuchungen machen deutlich, wie wichtig die biografische Perspektive für Grundschulkinder ist (vgl. Seitz 2005). Dies ist umso bedeutsamer, je mehr Brüche ein Kind in seinem Leben oder in seiner Familiengeschichte zu tragen hat. Und Kinder aus nicht deutschsprachigen Herkunftsfamilien haben eine Identität zwischen zwei Lebenswelten und brauchen in besonderem Maße eine einfühlsame Aufarbeitung dieser Brüche. Insbesondere ist oft ein Zwiespalt zwischen den Eltern und der Kindergeneration zu finden, weil die Kinder sich schneller der neuen Umwelt und ihren kulturellen Normen adaptieren. Kinder brauchen die Sicherheit der Erwachsenen. Wenn sie sich teilweise im Denken und Wahrnehmen, im Wollen und Fühlen von ihren Eltern lösen und sich stärker den Erwartungen der neuen Umwelt anpassen, erzeugt dies einen besonderen inneren Zwiespalt. Dies erschwert den Aufbau einer stabilen Identität.

Deshalb ist es für Kinder mit Migrationshintergrund – wie auch für alle anderen – von besonderer Bedeutung, wenn die eigene Geschichte dokumentiert und nicht verdrängt wird.

Es ist schwirig die Herkunftskultur von Kindern aus Aussiedler- und anderen Migrantenfamilien eindeutig zu erfassen. Denn jeder Lebensweg ist anders. Viele Familien haben im Herkunftsland schon eine längere Migrationsbiografie von abgelegenen ländlichen Regionen hin zu größeren Metropolen, wie Istanbul oder Ankara, hinter sich.

Bei Aussiedlerkindern ist die Herkunft besonders kompliziert zu definieren, da die eigenen Familien auch eine spezifische Distanz zur umgebenden russischen bzw. mittelasiatischen Kultur hatten. Auch zu den unmittelbaren Nachbarn herrschte bei den Eltern Spannung bis hin zu Ablehnung. Von daher kann nicht von einem generellen Leiden an der räumlichen Entfremdung gesprochen werden. Die Kinder haben allerdings diese gedanklichen Grenzen in ihren alltäglichen Aktivitäten auch wieder durchbrochen und positive Beziehungen zu ihrem Umfeld aufgebaut. Sie vermissen die Freundschaft und glücklichen Erlebnisse einerseits, spüren andererseits, dass die Eltern dieses Gebiet freiwillig verlassen haben. Ihre Vorfahren, also bereits die Generation der Großeltern der Kinder, erlebten ihre Heimat als „Hungersteppe". Sie hatten viele Entbehrungen und Zwangsverschleppungen zu ertragen und konnten gegenüber diesem Land nicht ungebrochene Liebe aufbauen.

Aber auch aktuelle Brüche schaffen emotionale Belastungen. So ist die strenge Religiosität in der neuen Umgebung nicht mehr so zu leben wie in den Herkunftsregionen. Bei mennonitischen und baptistischen Aussiedlerfamilien bedeuten die Verlockungen der Konsumwelt auch ein Abbrechen der asketischen religiösen Orientierung. Dies alles schafft vielfältige Spannungen und Konflikte in allen Generationen und vor allem zwischen ihnen, denn gerade Kinder sind leichter durch farbige Angebote zu verlocken.

Damit lockert sich aber auch die religiöse Bindung, die diesen Familien bislang Stabilität geboten hatte. Der abrupte Einschnitt in der Biografie erzeugt bei Kindern Orientierungslosigkeit bis hin zur Traumatisierung. Menschen neigen dazu, derartige unangenehme Erlebnisse möglichst schnell zu verdrängen. Dadurch wirken sie aber im Unterbewussten umso massiver als emotionale Störung weiter. Den inneren Konflikt lösen Kinder oft durch Verleugnung ihrer Herkunftserfahrungen. Die russische Sprache als Symbol dafür wird übermäßig abgelehnt, obgleich sie die Erstsprache ist und die Verständigung in Deutsch noch sehr schwierig ist. Innerpsychische Konflikte können aber nur durch eine produktive Aufarbeitung der Vergangenheit gemildert werden. Deshalb ist die Betrachtung der individuellen Herkunftsgeschichte außerordentlich fruchtbar.

Dabei sind zwei Richtungen der Auseinandersetzung gleichermaßen wichtig, der Blick in die Vergangenheit der Familien mit der Zeit der Übersiedlung und die aktuelle Minoritätenposition. Auf beiden Seiten gibt es emotionale Einschränkungen und Belastungen, die die Identität beeinträchtigen. Dagegen ist es erforderlich, das Selbstvertrauen und die Ich-Identität aller Kinder zu stabilisieren, um ihre Integrationschancen zu entwickeln.

Egal, ob Kinder persönlich die alte Umgebung verlassen mussten oder dies als Angehörige der zweiten oder dritten Migrationsgeneration nur vom Hörensagen kennen, so bleiben doch die emotionalen Konflikte bestehen. Bei den einen ist es der Schock der Umsiedlung oft ohne Vorwarnung, weil Kinder selten in die Entscheidungen von Erwachsenen involviert werden. Noch schwieriger ist es, wenn nur noch emotionale Bruchstücke aus der Vergangenheit aus zweiter Hand transportiert bei den Kindern ankommen. Dann können sie kaum noch auf die eigene Erfahrung zurückgreifen und erleben doch die Unsicherheit ihrer neuen Lebenswelt in Deutschland.

Es gibt also generell keine geschlossene fremdländische Herkunftskultur. Deshalb muss die individuelle Biografie ernst genommen werden und pädagogisch in den Mittelpunkt gestellt werden, denn nur die eigene Biografie – und nicht eine synthetische – kann den Kindern Halt geben. Glumpler nennt deshalb dieses Thema „Heimaten" (Glumpler 1996, 99).

2.4.2 Zur Praxis des Geschichtsbuchs der Klasse

Eine ganz einfache Methode ist es, eine Wandzeitung[1] herzustellen, bei der zum Foto jedes Kindes der Klasse auch ein oder mehrere Bilder hinzugefügt werden,

---

[1] Dieser Vorschlag wird bei Glumpler (1996, 100) unter der Bezeichnung „die eigene Heimat vorstellen" skizziert.

die erinnerungsträchtig sind. Dies müssen nicht unbedingt reale Fotos sein. Ich habe in meiner Praxis einfach eine große Sammlung von ausgeschnittenen Bildern und von Fotos zusammengestellt. Jedes Kind durfte sich davon ein Bild aussuchen und versuchen zu erzählen, was daran so bedeutsam ist bzw. schlicht, was darauf zu sehen ist.

Eine etwas anspruchsvollere Variante ist die Arbeit mit einem Foto-Geschichtsbuch der Klasse. Ein Ringordner ist dafür besonders gut geeignet, um zusätzlich immer wieder neue Seiten farbigen Fotokartons einzuheften, auf denen die jeweiligen Bilder festgemacht werden.

Konkret ist der Ablauf ähnlich wie bei der Wandzeitung. Jedes Kind bekommt zunächst eine Seite Fotokarton in der Größe des Ringordners, sowie Fotos und ausgeschnittene Bilder von Herkunftsregion und von seiner jetzigen Lebens- und Wohnsituation. Alle Kinder dürfen aussuchen, welche Fotos bzw. Bilder sie auswählen wollen und entwickeln von sich aus die Motivation, dazu zu sprechen. Anfangs werden ihnen einfache Kommentarsätze zu den Bildern vorgegeben, die sie wegen des motivationalen Gehaltes der Fotos gern in verschiedenen Situationen wiederholen (vgl. Kaiser 1989b).

Sinn dieser Aufgabe ist es, jedem Kind Anhaltspunkte zu geben, damit die Kinder die eigene Herkunft, die Erinnerungen an die Herkunft, d. h. auch sich selbst, nicht aufgeben. Die später dazu geschriebenen kommentierenden Texte sollen Anregung dafür sein, dass sich Kinder allein, in Gruppen oder Schulklassen mit ihrer Migrationsgeschichte bzw. Herkunft auseinandersetzen und beginnen, die vielfältigen Brüche und Erinnerungen in Worte zu fassen.

Denn nur dann ist es möglich, mit der emotionalen Überforderung fertig zu werden, wenn sie von innen nach außen gekehrt wird. Die Geschichte der Kinder gehört zu ihrer Identität und darf ihnen nicht genommen werden. Diese hier vorgestellten Unterrichtsanregungen sollen dazu beitragen, den Kindern ihre eigene Geschichte vor Augen zu führen, damit sie in ihrer inneren Wahrnehmung bleiben darf und nicht abgespalten werden muss.

Von daher ist es ein wesentliches Ziel eines selbst erstellten Fotobuches, die emotionale Stabilität zu erreichen. Um die Verbindung von Biografie und Leben herzustellen, empfiehlt es sich, ein derartiges Geschichtsbuch in vier Teile zu gliedern, nämlich

1) den „Vorgeschichtsbuchteil" (alles, was früher war),
2) Ich-Bilder,
3) Bilder der jetzigen Wohnsituation,
4) Bilder der gemeinsamen neuen Erfahrungen.

Zu 1) *Vorgeschichtsbuchteil*

In diesem Abschnitt einer Wandzeitung oder eines gemeinsamen Buches werden Bilder aus den Herkunftsregionen aller Kinder gesammelt und so gut es geht kommentiert. Die dabei verwendeten Bilder können Fotos, Kopien von wertvollen Originalen der Familien oder ausgeschnittene Bilder sein.

- a) Auswahl
  Wichtig ist, dass jedes einzelne Kind wirklich Verbindungen zu dem jeweiligen Bild hat. Es muss das Bild aus eigener Entscheidung auswählen. Die Impulsfrage dazu kann sein: „Was kennst du gut?"
- b) Vorstellen
  Im nächsten Schritt stellt jedes Kind sein ausgewähltes Bild den anderen Kindern vor, hält es fest und verbindet dabei schon körpersprachlich eine Verbindung zur eigenen Person.
- c) Einbinden
  Mit einfachen Worten und/oder Gesten wird gezeigt, was an diesem Bild wichtig ist. Alle müssen dieser Präsentation Respekt zollen und sehr aufmerksam zuschauen. Wer kann, darf schon ausführlich über die eigene Vergangenheit sprechen.

Im zweiten Schritt können auch Bilder von der Umsiedlung, seien es Flugzeugbilder, Züge, Bahnhöfe, Übergangslager oder andere markante Bilder ausgewählt und präsentiert werden.

Zu 2) *Ich-Bilder*

Jedes Kind wünscht sich, in der Schule empfangen zu werden und als Person ernst genommen zu werden. Ein wichtiger Indikator dafür ist ein Foto von jedem Kind, das möglichst am ersten Tag aufgenommen worden ist, damit das Kind sich bald als aufgenommene Person sehen kann. Die Kinder sollten ihre Namen selber darunter schreiben. So wird das Schreiben als persönlich wichtig wahrgenommen.

Zu 3) *Bilder der jetzigen Wohnsituation*

Um eine Orientierung im Stadtviertel zu erreichen, ist ein gemeinsamer Unterrichtsgang zu den Häusern, in denen die Kinder der Klasse wohnen, ein wichtiger Schritt. Wegpläne können dabei gezeichnet werden. Wichtiger ist allerdings auch, dass diese Häuser von außen fotografiert werden. Die Kinder bezeichnen diese Fotos meist mit dem Satz: „Das ist mein Haus". Kein Kind ist unberührt vom Gebäude, in dem es selber wohnt. Von daher ist dies ein außerordentlich intensiver Sprachanlass.

Zu 4) Bilder der gemeinsamen neuen Erfahrungen

Im vierten Teil des Buchs werden Fotos des gemeinsamen Lebens und Schullebens der Klasse festgehalten. In diesen Teil gehören Bilder der gemeinsamen Erfahrungen der Schülerinnen und Schüler. Unterrichtsgänge, Beobachtungen von Einrichtungen, wie der Bäckerei, Erfahrungen beim gemeinsamen Handeln, wie dem Einkauf oder der Gartenarbeit, Erkundungen in wichtigen Institutionen, wie der Stadtbibliothek, Beobachtungen an wichtigen außerschulischen Lernorten, wie dem Baum der Klasse im nächstgelegenen Park etc. sollten immer wieder durch Fotos dokumentiert werden.

Wenn die Fotos aufgeklebt werden, sollte genug Platz für schriftliche Kommentare gelassen werden. Kinder können ihre Kommentare der Lehrperson diktieren oder – bei stärkerem Fortschreiten der Schreibkompetenz – auch selber beschriften. Dabei werden die Erinnerungen immer wieder hervorgeholt und intensiviert. So werden vielfältige Erfahrungen auch intensiv verarbeitet. Dies ist ein hoch motivierender Anlass, variierend zu sprechen. Um die Ergänzungsmöglichkeiten schon von vornherein zu planen, ist es sinnvoll, einen Ringordner zu wählen, bei dem beliebig oft neue Tonkartonseiten eingeordnet werden können.

Neben den beiden öffentlichen Formen der Wandzeitung und des gemeinsamen Fotobuches der Klasse gibt es auch die Praxisvariante des Ich-Heftes jeweils für jedes Kind. Die letzte Variante hat den Vorteil, dass sehr viel mehr Erinnerungen festgehalten werden, es bleibt aber weniger kommunizierbar, sondern mehr in den Händen der einzelnen Kinder. Die Sprachübungsfunktion ist damit geringer zu entwickeln.

2.4.3 Bilderbuch zur Geschichte von Aussiedlerkindern

Im folgenden Abschnitt wird ein komplettes Bilderbuch mit originalen Fotos aus den Herkunftsregionen der Aussiedlerkinder aus der ehemaligen Sowjetunion, insbesondere aus Kirgisien, Kasachstan und Usbekistan vorgestellt. Die Fotos wurden von Uschi Dresing auf einer Reise in die Herkunftsgebiete aufgenommen. Dieses Bilderbuch kann als Unterrichtsmaterial im Unterricht oder als Freiarbeitsmaterial zur Differenzierung eingesetzt werden. Die Texte zu diesem Fotobilderbuch haben Aussiedlerkinder[2] selber formuliert. Gerade mit diesen authentischen Texten erscheint es mir besonders sinnvoll zu sein, auch mit anderen Lerngruppen zu arbeiten, weil die Emotionen dieser Kinder gerade durch die einfache und zuweilen noch holperige Sprache besonders deutlich zum Tragen kommen. Das Bilderbuch gliedert sich in 25 Abschnitte:

---

[2] Ich danke Helene, Anna, Vitalij, Jewgenij, Dimitrij, Natascha, Andrej, David, Gertrud, Robert, Maria und Eduard für die Mühen, diese Bilder für andere Kinder zu erklären.

Abb. 1

1. Das sind Kinder aus Russland. Sie sind in Deutschland.

Abb. 2

2. Das ist unser Russland. In der Schule war es gut. Die Schule da war anders. Da war es schwieriger in Mathe. Die Lehrer waren nicht so gut. Es gab viele Birken und viel Wald in Russland. In den Klassen haben wir nicht so viel gemalt und immer geschrieben. Da haben wir viele lange Diktate geschrieben.

Unterrichtsbeispiele 51

Abb. 3

3. Das ist eine Schule. Die sind in der Schule. Die lachen. Das ist ein russisches Mädchen. Das ist ein kirgisisches Mädchen.

Abb. 4

4. Der Junge versteckt sich. Das ist die Straße in Russland, vielleicht wollen ihn die anderen Jungen schlagen.

Abb. 5

5. Das war wo die Leute Häuser gebaut haben. Da haben immer die Jungen gespielt und die Arbeiter haben immer geschimpft, weil die immer was kaputt gemacht haben. Johann sagt: Ich habe zu Hause beim Bauen geholfen. Die Straße ist alles schmutzig. Ohne Schuhe und ohne Socken gehen wir da und spielen. Wir machen ein Haus mit kleinen Mädchen und Jungen. Dann werden wir ganz schmutzig und müssen unter die Dusche. Mutti sagt: „Alles schmutzig, ganz schnell unter die Dusche!" Alle Kinder gehen zum Duschen und kommen dann zurück. Dann spielen sie mit Seil im Haus und springen. Wenn es dunkel ist, gehen alle nach Hause.

Unterrichtsbeispiele 53

6. Oh, das ist in Russland. Da sind Schafe und Statuen. Die Schafe sind schwarz oder weiß. Die Schafe fressen Gras. Die Statuen sind dunkelgrau. Ich sehe die Berge. Dort oben sehe ich Schnee. Ich war in Russland in den Bergen. Dort bin ich immer gerutscht. Da hat meine Tante gewohnt. In den Bergen sind schöne Blumen und Wasser. Da waren solche Blumen, so gelbe. Wenn Kinder krank sind und husten, dann machen sie Tee daraus, dann husten sie nicht.

Abb. 6

7. Das ist Ludmillas Oma. Sie denken: „Dies ist ein schönes Land. Wir wollen aber nach Deutschland".

Abb. 7

Abb. 8

8. Das ist in Russland in einer Schule oder im Kindergarten. Die haben schöne Kleider bei Festen angezogen. Im Kindergarten haben wir die Lieder auf Russisch gesungen. Da war auch der Hase, der Bär, die Königin als Kostüme, wenn Weihnachten war. Dann hat der Weihnachtsmann und Snegurotschka uns Geschenke gegeben. Wir haben so ein Spiel gemacht. Die Hasen haben sich versteckt und gerufen: Weihnachtsmann, Weihnachtsmann.

Abb. 9

9. Das ist mein Auto. Das ist ein Schiguli. Die Straße ist matschig. Sie war nicht so wie in Deutschland. So war das – die Straße und die Häuser. Die Autos mussten so wackelig fahren. Es ging immer rauf und runter. Die Straße war immer dreckig. Die Autos kamen manchmal nicht raus, weil die Straße so rutschig ist. Da gab es auch Unfälle.

Unterrichtsbeispiele 55

Abb. 10

10. Das ist Andreas' Haus. Opa und Oma und Haus und Russland. Da wohnen Menschen in Russland. Meine Oma hat auch in so einem Haus gewohnt. Der Opa hat immer die Schweine gefüttert und gekocht, Suppen, Kartoffeln und Fisch. Dann sind wir zu meiner Oma gegangen, dann hat sie gebacken.

Abb. 11

11. Deutsche Kinder in Russland. Sie haben russische Kleidung. Das sind Bruder, Schwester und Schwester. Das ist vielleicht ihr Zimmer. Die können im Zimmer mit Puppen spielen und der Bruder mit Autos. Die Kinder denken, die Mutter kauft uns was – Brot oder Butter oder Puppen.

Abb. 12

12. Ich sehe drei Kinder. Das ist in Russland. Sie stehen und gucken. Sie wollen nach Deutschland. Da ist es gut, viele Bonbon. In Russland gibt es keine Bonbons. Der Opa sagt: „Ja, hier ist alles gut, siehst du!" Er fragt: „Willst du nach Russland fahren, aber ich will nicht dahin fahren – nur gucken".

13. Das war bei uns so. Das ist eine kalte, eine warme ... Das ist für warmes Wasser. Das kommt für die Heizung. Im Winter ist es kälter als in Deutschland. Da war immer Schnee. Die Kinder konnten einen Schneemann bauen oder rutschen. Wir haben in Russland immer Packen gespielt, wir haben mit Schnee geschmissen. Wer er fängt, hat gewonnen.

Abb. 13

Unterrichtsbeispiele 57

Abb. 14

14. Das habe ich viel gesehen, aber ich weiß nicht, was das ist.

Abb. 15

15. Das ist unser Auto in Russland. Papa kennt den Motor. Da geht nichts kaputt. Dann fahren wir zur Tante.

Abb. 16

16. Kindergarten in Russland. Da können wir essen, spielen, schlafen. Da haben wir auch die Buchstaben gelernt und ein bisschen geschrieben. Dann sind wir auch spazieren gegangen oder ins Kino oder in den Wald. Da haben wir auch geschaukelt, mit Puppen oder Auto gespielt.

Abb. 17

17. Das ist ein Kindergarten. Da sind viele Betten, da haben alle Kinder geschlafen. Bisschen spielen, dann essen, dann schlafen, dann aufstehen, dann alles backen, dann essen und dann kommt Mutter und nimmt alle Kinder nach Hause. Alle Kinder werfen mit Kissen. Ich habe geweint und die anderen Mädchen auch. Die Jungen haben alle nur gelacht. Auch beim Frühstück haben sie nicht alles gegessen und auf andere geworfen. Nachher kommt die Mutter, dann gehen wir nach Hause.

Unterrichtsbeispiele 59

Abb. 18

18. Ich sehe einen Mann und eine Frau in Kirgistan. Die Frau hat die Hände gefaltet. Sie hat Angst. Alle schießen da, wo sie wohnt. Sie nicht, aber andere. Der Mann hat keine Angst, er steht so und lacht.

Abb. 19

19. Ich sehe hier 2 Frauen und einen Mann in der Küche. Die Frau, die steht, hat Angst. Sie denkt an Kirgistan. Sie wollen nach Deutschland, sie wollen nicht tot sein.

Abb. 20

20. Ich sehe eine Frau. Sie ist in Nowosibirsk oder Kasachstan? Sie geht nach Hause.

Abb. 21

21. Ich sehe vier Jungen. Sie sitzen, wo alle Männer arbeiten. Sie machen Häuser und da wohnen dann alle Leute. Ich habe da auch mit meiner Kusine, meinem Bruder und meiner Schwester gesessen. Wir haben Äpfel und auch Kirschen oder Aprikosen gegessen. Viele Äpfel waren im Garten. Alle haben genommen und gepflückt. Ein Junge hat einen Apfel geworfen. Er ist an den Kopf von einem anderen Jungen gekommen. Es blutete. Er hat schnell die Mutter gerufen. Die hat alles verbunden. Er war 10 Jahre alt und ist nie in die Schule und in den Kindergarten gegangen. Er hat auch ein Mädchen mit Steinen beworfen. Das Mädchen hat auch geblutet.

Unterrichtsbeispiele

Abb. 22

22. Das ist in Kirgisia. Da sind Schweine.

Abb. 23

23. Das ist ein Hof. Die Mutter macht viel. Dann gibt es Essen. Das schmeckt gut. Sehr gut.

Abb. 24

24. Das ist ein Kindergarten. Alle Kinder spielen, springen, laufen im Kindergarten. Da ist ein Bild. Das sind Kosmonauten. Die Kinder spielen im Kindergarten. Sie freuen sich. Mich hat mal ein Kind gefragt, wo ich wohne. Sie hat gelacht: „Wir wohnen in einer Stadt und haben uns noch nie gesehen." Mein Opa und Oma haben zu Hause auf Deutsch gesprochen. Ich habe gesagt: „Ich kann nicht verstehen! Im Kindergarten spreche ich russisch." Oma hat gesagt: „Du musst deutsch lernen. Du fährst nach Deutschland!" Und hier kann ich gut verstehen.

Abb. 25

25. Eine Gans ist böse. Sie beißt Kinder. Gut, da sind die Häuser.

Abb. 26

26. Hier geht alles kalt.

2.5 Tiere pflegen in der Klasse

2.5.1 Zum pädagogischen Wert von Tieren in der Grundschule

Sicherlich ist es für alle Kinder der heutigen „Asphaltgeneration" (Hilldén 1991) wichtig, den Umgang mit Tieren in der Schule zu erleben, darüber zu staunen und naive Freude zu entwickeln. Denn dies sind Erfahrungen, die viele Kinder nicht mehr in ihrer gegebenen Lebenswelt bekommen. Einige Autoren halten die Liebe von Kindern zu Tieren unter der Terminologie „Biophilie-Hypothese" (Gebauer/Harada 2005) sogar für eine anthropologische Konstante. Das heißt, dass angenommen wird, dass dieses für alle Kinder ein normales Verhalten ist, Tiere bzw. Lebendiges in besonderem Maße zu lieben. Für Migrantenkinder aus ländlichen Gebieten bedeutet der Umgang mit Tieren, dass „heimatliche" Gefühle reaktiviert werden. Ihre vertrauten Erfahrungen der landwirtschaftlichen Subsistenzproduktion zählen plötzlich wieder und müssen nicht verschämt verschwiegen werden.

Generell ist das Interesse an Tieren bei Grundschulkindern hoch. Jedes Lernen mit Tieren ist besonders ansprechend und fördert generell die Lernbereitschaft.

Aber gerade für Kinder mit Deutsch als Zweitsprache hat diese Thematik eine besondere Relevanz, denn Tiere werden aufmerksam beobachtet, da die Kinder bereits vorher differenzierte Sacherfahrungen mit ihnen gemacht haben. Dies fördert das Interesse, die eigenen Beobachtungen auch adäquat sprachlich auszudrücken und nicht auf dem nominalen Ein-Wort-Satz-Niveau stehen zu bleiben. Es gibt aber auch noch andere wichtige Funktionen der Tierhaltung für den interkulturellen Sach- und Sprachunterricht, die ich hier thesenartig vorstelle:

1) Kennenlernen neuer Lebensbedingungen

Tiere ermöglichen es, einen interessanten neuen Lebensraum und andere Lebensgewohnheiten als die eigenen kennen zu lernen. Somit sind Tiere eine leicht erfassbare fremde Natur bzw. Kultur. Sie geben den Anlass, von der eigenen Lage zu abstrahieren und sich auf die Bedingungen anderer Lebewesen einzulassen.

2) Breites Inhaltsspektrum

Sachunterricht mit Tieren hat vielfältige Aspekte und Themen. So sind damit auch fundamentale Erfahrungen wie Liebe, Tod, Trauer oder Sorge verknüpft. Gleichzeitig werden ökologische Fragen konkret erkennbar. Das Umweltbewusstsein kann durch eine derartige Daueraufgabe nachhaltig positiv gefördert werden.

Fächerübergreifendes Lernen und Arbeiten ergibt sich aus der Sache heraus und muss nicht künstlich geplant werden. Die Verbindungen zu Deutsch und Mathematik lassen sich bei der Planung der Futtermengen beim Aufschreiben von Einkaufslisten oder Verhaltensregeln sehr gut entwickeln.

3) Veränderung des Zeitrhythmus

Tiere in der Schule haben einen eigenen Zeitrhythmus, sie bringen Natur in die Schule und durchkreuzen den rigiden Stundenplan. Sie können nicht in Fächerkästchen eingeordnet werden, sondern erfordern eine Einheit von verändertem Unterricht und verändertem Schulleben.

4) Intensives emotionales Lernen

Tiere provozieren Emotionen, Kinder tendieren dazu, Säugetiere am Fell zu streicheln. Ihr Verhalten erweckt emotionale Reaktionen, die bis hin zur Begeisterung gehen. Dies hat zur Folge, dass generell Emotionen stärker in der Schule mobilisiert werden, was den Kindern, die einen besonderen Förderbedarf am Aufarbeiten ihrer biografischen Brüche und der dabei hervorgekehrten Emotionen haben, besondere Lernanlässe eröffnet.

5) Förderung des Selbstwertgefühls durch Übernehmen von Verantwortung

Tiere müssen regelmäßig gepflegt werden, dies erzieht in einem sinnvollen Kontext zu Verantwortung. Gerade für Kinder mit Migrationshintergrund ist diese Verantwortung von hohem Wert, weil sie bei nicht gut verarbeiteter Migrationsbiografie eher dazu neigen, sich selbst als schwach zu sehen. Wenn sie Stärke gewinnen können, indem sie in die Pflicht genommen werden, sich um ein Tier zu kümmern, bedeutet dies auch Stärkung der Person. Sie sind diejenigen, die Fürsorge leisten und pflegen. Der Rollentausch vom unsicheren Kind hin zu dem Tier Schutz spendenden Menschen ist in den Aufgaben der Tierpflege angelegt. Kinder lernen so sachlich notwendige Disziplin und Rücksichtnahme auf die Bedürfnisse des Tieres.

6) Ehrfurcht und Staunen vor dem Wunder des Lebens

Tiere sind wie jedes Lebewesen ein Wunder. Dies zu sehen und zu erkennen, stärkt eine positive Sicht der Welt und damit die eigene Ich-Identität. Der eigene Kummer wird kleiner, wenn ein Kind Freude an der Welt hat.

7) Kooperation und Sozialerfahrung

Es kostet viel Zeit und Mühe, Tiere zu halten und zu pflegen. Von daher ist ein gemeinsames Pflegen notwendig. Dabei wird Kooperation erlernt, die Absprachen, die getroffen werden, müssen gelingen, damit das Tier entsprechend versorgt wird. Gleichzeitig kann die Freude am Tier geteilt werden und so Gemeinschaft erlebt werden. Auch der Kontakt und die Kommunikation mit anderen Klassen werden durch das Halten von Tieren stark gefördert.

8) Flexibler Unterricht

Tiere in der Schule verändern den Sachunterricht. Es können nicht vorpräparierte Arbeitsblätter aneinandergereiht werden, sondern das Lebewesen in der Klasse provoziert zu nicht immer vorhersehbaren Fragen. Beweglicher Unterricht und eine Öffnung des Unterrichts ist die methodische Seite dieses Vorhabens. Didaktisch wird der Sachunterricht von der immer noch vorherrschenden kognitiven Begriffsetikettierung erweitert zu ästhetischen, sozialen, emotionalen und praktisch-handelnden Lerndimensionen (vgl. Witte 1991).

9) Guter Sprachlernanlass

Tiere sind von Natur aus beweglich und geben Anlass für ständig wechselnde Verhaltensbeschreibungen, bei denen vor allem ein größeres Spektrum von Bewegungsverben, eine Vielzahl an Präpositionen zur lokalen Bezeichnung und bei mehr als einem Tier einer Art – was ohnehin sachlich sinnvoll ist – ergibt sich die ständige Differenzierung der Aussagen von Plural und Singular (z. B.: „Ein Fisch schwimmt hinter dem Stein. Zwei Fische tauchen unter die Glocke."). Es erfolgen also nicht nur vielfältige Sprechanlässe, sondern es gibt auch vielfältige Möglichkeiten der Sprachdifferenzierung beim systematischen Umgang mit Tieren.

10) Günstige Sprachlernbedingungen

Tiere in der Schule werden in der Regel in Käfigen (bzw. selbst gemachten Behältnissen bei beispielsweise Schnecken), Terrarien oder Aquarien gehalten, um für die Kinder und die Tiere in den Arbeitszeiten Ruhe zu ermöglichen. Diese begrenzte räumliche Tierhaltung erfordert, dass nur wenige Kinder genau am Käfigrand beobachten können und erzeugt die sachliche Anforderung, das Beobachtete den anderen sprachlich mitteilen zu müssen.

11) Tiere als Problemlöser

Gerade die vielfältigen Rituale, die mit Tieren möglich sind, haben für die Erziehung eine wichtige Funktion. Kinder wissen bald sehr genau, zu welchen Zeiten Pflege oder Beobachtung möglich sind. Es lassen sich auch Geburtstagsrituale schaffen, bei denen das Geburtstagskind das Tier in der Hand halten kann oder mit dem Tier fotografiert wird. Tieren können Kinder auch Kummer „mitteilen" und erhalten durch das weiche Fell oder die zarten Berührungen Trost. Selbst bei Streitsituationen lohnt es sich, das Tier als symbolischen Streitschlichter einzusetzen, indem jede Seite der Konfliktparteien dem Tier die eigene Version des

Ablaufes mitteilt. Dies hat entlastende Funktion für beide und trägt dazu bei, dass der aufgeregte Pegel der Emotionen moderiert wird.

12) Tiere für die Jungenpädagogik

Insbesondere für das Lernen von Empathie und Sorge, von Feinfühligkeit und offenem Eingestehen von Gefühlen, was Jungen in unserem Kulturkreis besonders schwer fällt, eignen sich Tiere außerordentlich, diese vorerst wenig geübten Emotionen zu äußern.

Die pädagogischen Gründe für die Tierhaltung sind umfassend. Es muss allerdings auch bedacht werden, dass die Verantwortung im Vorfeld geklärt ist, nämlich wie viel Verantwortung bei der Lehrperson bleibt und wie viel an die Kinder übergeht. Insbesondere die Zeitplanung muss so gestaltet werden, dass der zeitliche Mehraufwand einkalkuliert wird und mit dem pädagogischen Gewinn ausgeglichen wird. Angesichts vieler zunehmender Allergien muss rechtzeitig geklärt werden, ob ein Kind aus der Klasse auf dieses Tier allergisch reagiert. Um Kinder zu schützen, sind klare Hygienemaßnahmen einzuführen, wie Händewaschen nach jedem Fellkontakt mit dem Tier. Auch die jeweilige Rechtslage im Bundesland zur Tierhaltung in der Schule muss im Vorfeld abgeklärt sein. Es gibt schuladministrative Entscheidungen, die das Halten sämtlicher Wirbeltiere untersagen, so dass dann nur Schnecken, Regenwürmer und andere Tiere zu den Haustieren der Klasse gewählt werden können.

Gerade für Migrantenkinder aus ländlichen Gebieten, die aus ihrer Herkunftsregion intensive Naturerfahrungen gerade mit Haustieren gemacht haben, ist es wichtig, dass in der Schule auch vertraute Erfahrungen aufgegriffen werden. Diese Kinder müssen sich so nicht nur als ständig defizitär in ihren Kompetenzen wahrnehmen, sondern können ihren eigenen Erfahrungsschatz in den Unterricht mit einbringen.

Die große Kompetenz in Naturerfahrung, die diese Kinder in dieses Land importieren, gilt es m. E. zu pflegen, damit die Fähigkeiten nicht völlig im allmächtigen Konsum- und Mediensog verloren gehen. Naturnahe Unterrichtsinhalte sind auch für die individuelle Entwicklung dieser entwurzelten Kinder wichtig, damit sie sich als kompetent und nicht nur als defizitär in der neuen schulischen Umwelt erleben.

In der Verknüpfung von derartigen mitgebrachten Kompetenzen und den vielfältigen für diese Gesellschaft überlebensnotwendigen neuen Lernanforderungen scheint vielmehr der entscheidende Schlüssel für eine produktive Integration zu liegen.

2.5.2 Zur Praxis: interkultureller Sachunterricht mit Tieren

Ich habe den Versuch der Tierhaltung in der Aussiedlerförderklasse bereits mehrfach erprobt. Die besten Erfahrungen habe ich in zwei Aussiedlerförderklassen gemacht, bei denen Wüstenrennmäuse die ständigen Haustiere im Klassenraum waren.

Die Mäuse waren in einem größeren Glaskäfig auf einem Schultisch untergebracht. Die Kinder hatten die pflegerischen Aufgaben der Ernährung, des Säuberns und der Sorge für ständigen Nachschub an Nagematerial – und haben diese Aufgaben mit großer Begeisterung gemacht, auch wenn 6–7jährige natürlich dabei noch nicht völlig selbst organisiert arbeiten können, sondern der Unterstützung durch ihre Lehrperson bedürfen.

Apfelreste vom Schulfrühstück mussten jetzt nicht mehr zum Schulkomposthaufen gebracht werden, sondern waren für die Mäuse saftiges Essen und Trinken zugleich. Pappkartons, in denen die neuen Holzbuchstaben der Klasse geliefert worden waren, mussten nicht in der Pappesammlung landen, sondern wurden Spielgerät, Haus, Nageobjekt und letztlich gut zerkleinertes Gut für den Komposthaufen – also auch ökologisch gesehen geben die Wüstenrennmäuse ein interessantes Beispiel gerade für Aussiedlerkinder, die neu in die Wegwerfgesellschaft hineingeraten sind. Harte Vollkornbrotreste waren hervorragende Knabberkost für die Mäuse.

Das emotional Zentrale bei diesem Umgang mit den Mäusen im Klassenzimmer war, dass die Kinder sich selbst wieder deutlich als wichtig empfinden konnten, nachdem sie aus den freien Nachbarschaftsgruppen in die Situation der zusätzlichen Störenfriede auf den Fluren der Übergangsheime abgestuft worden sind. Sie waren jetzt selbst Versorgende von Lebewesen und nicht – wie ihre Familien – in der entwürdigenden Situation der Hilfsbedürftigen in einem neuen Land, die passiv auf die Vergünstigungen von Sozialamt, Ausgleichsamt, Arbeitsamt oder Wohnungsamt warten.

Für den Unterricht habe ich drei verschiedene pädagogische „Einsatzbereiche" mit der Maus unterschieden: der täglich wiederkehrende Tagesanfang, die Einführung der Tierhaltung im Projektunterricht und das offene Beobachten und Pflegen der Mäuse in der Freien Arbeit.

2.5.3 Tagesanfangsritual mit Wüstenrennmäusen

Die Beobachtung und Reflexion der Tiere lässt sich in verschiedenen Stadien des Unterrichtsablaufs integrieren. Hier will ich die Form des Tagesanfanges beschreiben, wie ich ihn selbst in verschiedenen Förderklassen mit Kindern aus den GUS-Staaten, Polen, Kroatien, Bosnien und Albanien erprobt habe:

Vorausgegangen war – soweit dies bei den geringen Verständigungsmöglichkeiten zwischen deutschsprachiger Lehrerin und fremdsprachiger Schulklasse überhaupt möglich ist – eine intensive projektartige Einführung in die Mäusehaltung, bei der über Versorgungsmöglichkeiten informiert, die Reinigungsschritte erprobt und die Lebensgewohnheiten beobachtet wurden. Da die Kinder sofort ein liebevolles Verhältnis zu ihren Tieren entwickelten, war es fast selbstverständlich, dass sie jeden Morgen zuerst zu den Mäusen gingen und prüften, ob es ihnen in der langen Abwesenheit vom letzten Schulvormittag auch gut ginge. Diese notwendige Sorge bekam von nun an ihren Platz gleich zu Beginn des großen Anfangssitzkreises direkt nach dem Begrüßungslied. Da die Kinder schon in der Projektphase gemerkt hatten, dass die Mäuse sensibel auf zu viele Kinder um sie herum reagiert hatten, war das von mir eingeführte Beobachtungsritual völlig klar verständlich: Immer nur drei Kinder (jeweils zwei Mädchen / ein Junge bzw. umgekehrt) durften zu den Mäusen gehen, sie beobachten und das Beobachtete der Klasse mitteilen. Ich als Lehrerin stellte dazu Fragen, die je nach Sprachstand der Kinder ermutigten, etwas leise zu sagen oder die das sprachliche Ausdrucksvermögen differenzierten. Oft habe ich auch die Sprachform fragend korrigiert: „Guckt nur eine Maus aus dem Haus heraus oder gucken beide Mäuse aus dem Haus heraus?" Die anderen Kinder haben dann das Gehörte leise den anderen wie ein mündliches Lauffeuer weitergesagt. Diese flüsternde Rundmitteilung uferte manchmal zwar in etwas größere Lautstärke aus, konnte von mir aber immer wieder mit Hinweis auf das Ruhebedürfnis der Mäuse für die Kinder einsichtig gedämpft werden.

2.5.4 Zur Einheit von Sach- und Sprachunterricht

Sachunterricht und Sprachunterricht sind in diesem Unterrichtsvorhaben integriert. Aus den Sachbeobachtungen und der kommunikativen Situation ergaben sich immer wieder neue Sprechanlässe.

Durch Fragen und Sprachanregungen konnte ich immer wieder den Schwierigkeitsgrad differenzieren. So habe ich bei relativ fortgeschrittenen Kindern mit Fragen zu genauerer Präpositionenbenutzung aufgefordert: „Kriecht die Maus hinter dem Apfelstück, vor dem Apfelstück oder unter dem Apfelstück?" Bei Kindern die erst kurze Zeit in Deutschland waren, habe ich Fragen formuliert, die geradezu einfache Antworten in den Mund legten: „Frisst eine Maus Körner oder Brot?" Da ich mit der Restklasse im Sitzkreis war und selbst auch nicht sehen konnte, was die Mäuse nun gerade machten, waren meine Fragen keineswegs nur pädagogisch gemeinte Sprachübungsfragen, sondern hatten auch gleichzeitig Ernstcharakter.

Eine weitere interessante Anregung ging aber von den Kindern der jeweiligen Gruppe selbst aus. Die Kinder sahen gleichzeitig dieselbe Situation im Käfig, waren aber nicht alle in der Lage, das anspruchsgerecht in Sprache umzusetzen. Sie hörten dann oft gleichzeitig zu der eigenen stummen Sprechmotivation verständliche Versuche zur Versprachlichung der anderen aus der Gruppe, die vielleicht aus der eigenen Motivationsspannung viel besser wahrgenommen werden können.

Ein besonderer Vorteil des Mäuserituals ist seine Lebendigkeit im doppelten Wortsinn. Zum einen sind die Mäuse als sehr schnelle Lebewesen ausgesprochen agil und stellen immer wieder oft in atemberaubender Geschwindigkeit neue Situationen her, so dass die Kinder als Gruppe oft in Sportreportermanier berichten: „Eine Maus schüttet die Körner um. Beide Mäuse laufen ins Haus. Eine Maus – nein – beide Mäuse gucken raus. Sie gucken aus dem kleinen Loch. Eine will rausklettern. Sie klettert zurück. Sie kommt wieder. Die andere guckt." (Sätze im dritten Sprachlernmonat laut Tonbandprotokoll nach der Korrektur der Lehrerin). Da in dem Mäusekäfig so viele Gegenstände zum Benagen bzw. Abwetzen der schnell nachwachsenden Zähne (Steine, Holzstückchen, Kartonreste, ausgeschnittene Pappfiguren etc.) erforderlich sind (vgl. Schmidt 1980), verändert sich von Tag zu Tag auch das örtliche Umfeld der Mäuse: „Heute sind drei Fenster ... Löcher ... im Haus. Die Brücke ist kaputt. Nein. Die Brücke ist umgefallen. ..." Aber auch der natürliche Stoffwechsel der kleinen Tiere, die große Vielfalt an Essensresten (alle Gemüsereste und Körnerreste), die den Mäusen gegeben werden können, sind genug Anlass für immer wieder variierte Sprachübungen, ohne dass ein Kind sich jemals in einer langweiligen Übungssituation befindet. Dabei gibt es auch sehr viel Beobachtungsmöglichkeiten und entsprechende Sprachmöglichkeiten: „Die Löwenzahnblätter sind aufgefressen. Die Mäuse haben viel Tomate gegessen. Die grüne Möhre liegt immer noch in der Schale. Die Sonnenblumenkörner sind alle weg. Die Mäuse mögen Kürbiskerne lieber als Sesamkörner."

Da Wüstenrennmäuse ausgesprochen starke soziale Bindungen entwickeln können (vgl. H. Schmidt 1980), ist es sachlich wichtig, sie mit Partnern leben zu lassen. Ich habe bislang in der Schule aber nur gleichgeschlechtliche Paare zu halten gewagt, da die Fruchtbarkeit der Mäuse ansonsten große Probleme der Nachwuchsversorgung mit sich bringt. Umgekehrt bringt diese Sozialform auch sprachdidaktische Vorteile. Die Kinder müssen zwischen Singular und Plural differenzieren, was für die Verbkonjugation, die Pluralbildung bei den Substantiven und Adjektiven, aber auch bei (Possessiv)Pronomina und vielen anderen Sprachstrukturen eine sinnvolle Erweiterung bedeutet.

Weder mir, noch den beiden ersten Klasse, bei denen ich Mäuse im Klassenraum gehalten habe, ist dieses Tagesanfangsritual jemals langweilig geworden. Im Gegenteil: der Platz am Käfig war immer heiß umstritten, so dass ich sehr bald eine Namensliste mit gedruckten Großbuchstaben einführen musste, in der für jedes Drankommen ein Kreuz gemacht wurde. Diese Listen (auch für andere begehrte Tätigkeiten) waren gleichzeitig das erste Leselernmaterial. Die Kinder haben immer wieder mit großem Eifer ihren Namen gesucht und die Häufigkeit des Drankommens mit anderen Kindern verglichen.

Das einzige Problem bei der Mäusehaltung in Klassen in Brennpunktschulen ist die Ferienregelung. In der drangvollen Enge der Wohnungen oder Übergangsheime ist in der Tat nicht mehr Platz für ein Tier. Ich habe also immer in Regelklassen Patenfamilien für die Mäuse organisieren müssen. Meist waren es Eltern, die den Wunsch ihres Kindes nach einem Haustier für eine begrenzte Zeit einmal erproben wollten, die unsere Mäuse dann für die Ferien in Pflege nahmen. Bei kürzeren Ferien gab es oft große Wartelisten an Pflegeinteressierten. Sporadisch hat sich auch daraus ein die Klassen übergreifender Kontakt ergeben, wenn die Gastpflegenden sich später bei Kindern der Förderklasse nach dem Wohlergehen der Mäuse erkundigten. An dieser Stelle war mir aber wichtiger, dass die Kinder an einer Stelle im Schulleben ihre mitgebrachte Naturliebe entfalten konnten, das verloren gegangene Elternverhalten der Tierversorgung fast spielerisch nachempfinden konnten und so sich in ihrer Herkunftsgeschichte angenommen fühlen konnten.

2.5.5 Weitere mögliche Tiere als Klassentiere

Es muss nicht unbedingt die Wüstenrennmaus sein, die das schulische Leben einer Grundschulklasse begleitet. Es gibt eine Vielzahl an Tieren, die sich dafür eignen. Hier nenne ich nur einige:

Schildkröte, Hase, Meerschweinchen, Goldhamster, Huhn.

Die besonderen Funktionen und Möglichkeiten seien in der folgenden tabellarischen Übersicht kurz zusammengestellt.

Tierart	Besondere Funktion	Besonderer Grund	Unterrichtliche Möglichkeit	Probleme
Schildkröte	Stabil, symbolträchtig für langes Leben, beruhigend	Bei Aussiedlerkindern aus Mittelasien gut bekannt	Kennenlernen von besonderen Lebensrhythmen (Winterruhe) und einem fremdartigen Tier	Hoher Platz- und Zeitaufwand, kein Tier dieser Region, geben keine taktilen Anregungen, wie Felltiere, großer Aufwand für die Pflege (Aquarium für Wasserschildkröten muss oft gereinigt werden), die langsamen Bewegungen bieten wenig Sprechanlass

Meer-schweinchen	Sozialver-halten gut beobachtbar, da Tiere sehr gesellig sind	Gut in der Schule praktikabel von der Größe her, kostengünstig da Pflanzenfresser	„Schmusetier", interagieren schnell mit den Kindern; Schnelligkeit der Bewegung hilft beim Sprachlernen	
Hamster	Wirken auf Kinder anziehend	pflegeleicht	Bewegung hilft beim Sprachlernen	nachtaktiv – bieten demnach tagsüber nicht so viel Sprachanlass; Einzelgänger
Huhn	Ausbrüten und Schlüpfen der Küken ist faszinierend	Bekannt in Migrantenfamilien;		Ein Hühnerhof ist erforderlich; kein Tier zum Anfassen und Streicheln; großer Pflegeaufwand
Fische		Nach Ersteinrichtung nicht so hoher Pflegeaufwand		kein „Schmusetier"
Igel	Schutzmaßnahmen	Fremd und faszinierend für Kinder	Ökologisches Lernen; Rettungsmaßnahmen im Herbst vor dem Überfahrenwerden	kein „Schmusetier"

Für alle diese Tiere eignen sich die folgenden Unterrichtsanregungen, wie das Erkunden des Lebensraumes im Internet, Herkunft des Namens in Büchern herausfinden, Vorratsbeschaffung und -haltung, ökonomisch und ökologisch fundierte Ernährung, Sammeln und Erfinden von Geschichten, Wandzeitungen zum Jahresablauf, Modellbildung (zum Beispiel den harten Panzer einer Schildkröte modellieren), tägliche Pflege und tägliches Beobachten durch eine Gruppe als Ritual, Wandzeitung zur Informierung anderer Klassen, Gespräche über den respektvollen Umgang mit dem Tier, Erfahrungen mit der Tierhaltung austauschen, Tier malen, genaue Beobachtungsaufzeichnungen und philosophische Gespräche zu Existenzfragen des jeweiligen Tieres.

2.6 Armreifen. Technik und Arbeit als Integrationsprojekt im Anfangsunterricht des 1. Schuljahres

2.6.1 Sach- und problemorientierter Anfangsunterricht anstelle von Kulturtechnikenkursen

Es gibt kaum eine Bestimmung der Schulverwaltungen, die derart Eingang in das öffentliche Bewusstsein gefunden hat, wie die Richtlinienvorschrift im ersten Schuljahr sei das Lesen, Schreiben und Erstrechnen zu erlernen. Selbst in den Bundesländern, in denen tatsächlich das Erlernen dieser „Kulturtechniken" für den Zeitraum von zwei Jahren vorgesehen ist, sehen Menschen zwischen 4 und 100 Jahren dies als die vordringliche Aufgabe des ersten Schuljahres an. Kinder kommen mit der Erwartung in die Schule, nun Lesen und Schreiben zu lernen – und dieser Erwartung müssen ihre Lehrkräfte auch gerecht werden. Aber ist es tatsächlich die notwendige Folge aus Richtlinienvorschrift, kindlichen und elterlichen Ansprüchen an Schule, dass sich der Schulalltag schon in den ersten Wochen zu seinem großen Teil aus sukzessiven Lernschritten in der Fibel (oder Eigenfibel), aus kleinschrittigen Rechenübungen und verkursten Schreibübungen – zur Auflockerung geschmückt mit Liedchen, Bildchen und Knetfiguren – zusammensetzt? Die Lehrerhandbücher zu Fibel und Mathematikbuch (gerade die aus dem ersten Schuljahr sind für die Schulbuchverlage eine profitable Quelle der Umsatzsteigerung) geben in einer atemberaubenden Genauigkeit Anweisungen für jede Unterrichtsstunde vom Anfang bis zum Ende des Schuljahres, dass kaum noch Zeit für andere Gedanken bleibt, geschweige denn für die Kreativität der Lehrperson. Haben aber die Kinder zu Beginn ihrer Schullaufbahn nicht schon eigene Probleme und Fragen über sich und die Welt mitgebracht, die sie gelöst sehen wollen? Kommen sie nicht aus einer vielgestaltigen (und vielfach auch durch Konflikte belasteten) Umwelt (vgl. Fölling-Albers 1989), die ihr Lerninteresse bisher animiert hat oder zumindest offene Fragen hat auftreten lassen? Das öffentlich geforderte Primat der „Kulturtechniken" in der Schule scheint sich mit diesem Anspruch der Kinder auf Selbst- und Umwelterkenntnis zu brechen. Denn wenn wir die tatsächliche Verteilung der Unterrichtszeit an bundesdeutschen Grundschulen in den ersten Monaten beobachten, dann werden wir vermutlich feststellen, dass als „Tribut" für die kindliche Persönlichkeit allenfalls Zeit für Bewegung, spielerisches Üben und musisch-gestaltendes Handeln „geopfert" wird, aber dass das Gros der Unterrichtszeit für Lesen, Schreiben, Rechnen verwendet wurde und wird. Sogar in universitär begleiteten Projekten werden im praktischen Handlungszwang immer mehr Abstriche bei den Projektinhalten zugunsten des Lesekurses gemacht (Borgmeier u. a. 1980). Mittlerweile bekommt der Sachunterricht nach dem PISA-Schock noch weniger Bedeutung zugesprochen. Weil man die Sprachkompetenz erweitern will, macht man nun reine Sprachtests und formale Sprachübungen, anstatt die Sprachkompetenzerweiterung in sinnvollen Kontexten zu entwickeln.

Gegen diese empirisch vorfindbare Wirklichkeit der Unterordnung von Sachlernen unter die „Kulturtechnikenvermittlung" vertrete ich nun die These, dass es gerade umgekehrt zu Schulanfang die zentrale Aufgabe sein muss, die Kinder nicht sofort lehrgangsmäßig die „Kulturtechniken" erlernen zu lassen, sondern an ihre bisherigen Schritte, die Welt, sich als Person, die soziale und kulturelle Umwelt zu erkunden, anzuknüpfen (vgl. Kasper 1981, 52). Dies gilt in besonderem Maße, wenn Kinder mit Migrationshintergrund in der Klasse sind. Ich nenne mein Schulanfangskonzept vorerst etwas verkürzt „sachunterrichtlicher Schulanfang". Mein Konzept basiert auf der Hypothese, dass bei den Schulanfängerinnen und Schulanfängern in unserem Lande in mehrfacher Hinsicht Lernbedarf besteht, der an erster Stelle Aufgabe von Schule sein muss, nämlich:

1) an den vielen Fragen und Orientierungsproblemen, die Kinder bisher in ihrer Umwelt erfahren haben, anzusetzen (Vergangenheitsaspekt),

2) den Sinn von Schule als Vorbereitung auf das Leben zu begreifen (Zukunftsaspekt)

3) die sozialen Kompetenzen des schulischen Lebens und Lernens zu entwickeln (Gegenwartsaspekt),

4) die kulturellen Voraussetzungen für das Erlernen von Kulturtechniken angesichts heterogener sozialer, nationaler, geschlechtsspezifischer, religiös-kultureller Unterschiede der Kinder überhaupt herzustellen, dazu zählt der Erwerb der deutschen Sprache oder die Fähigkeit, eigenständig Fragen zu entwickeln oder die Fertigkeit des Umgangs mit schulischen Schreibwerkzeugen (Integration von Vergangenheit, Gegenwart und Zukunft). Diese zuletzt genannten Fähigkeiten sind m. E. besser in sinnvollen Sachzusammenhängen zu erwerben.

Wenn ich hier für einen ganzheitlichen Ansatz von Schulanfang unter Bezugnahme auf klassisch reformpädagogische Konzepte plädiere, dann will ich damit nicht für eine Neuauflage des alten Gesamtunterrichts votieren, denn der alte Gesamtunterricht hatte wegen der lernpsychologischen Vernachlässigung des Handelns, seiner oberflächlichen und künstlichen Konstruktion der Dinge und seiner faktischen Dominanz des Sprachunterrichts gar nicht die Ansprüche eines sach-problemorientierten Anfangsunterrichts einlösen können (vgl. zur Kritik: Kaiser 2006). Bei der berechtigten Kritik am Gesamtunterricht wurde aber in den Jahrzehnten m.E. im doppelten Wortsinn das Kind mit dem Bade ausgeschüttet. Ich plädiere dafür, mit dem heutigen Erkenntnisstand zum Sachunterricht und zur Grundschulpädagogik den Ursprungsgedanken des Gesamtunterrichts neu zu begreifen und wieder zu beleben. Es soll keine „Klebekonzentration des alten Gesamtunterrichts" (Haarmann 1982, 43) entstehen, sondern wirklich ein Primat der Sache, indem hier der Sachunterricht als didaktisches

Zentrum dargestellt und begründet wird. Nur dort, wo es sich von der Sache her anbietet, sollen Lehrgangselemente in den Unterricht einbezogen werden. Sachunterricht soll als eigener didaktischer Bereich begründet werden, weder als bloßes Veranschaulichungsmedium für die „eigentlichen" Lehrgangsaufgaben, weder als Gelegenheitsunterricht zur Auflockerung der Lehrgänge, noch gar fachvorbereitender Sachunterricht (vgl. Lichtenstein-Rother 1969 (4), 152). Zumindest für die ersten Schulwochen sollten handelnde Sachthemen die konzentrierende Mitte des schulischen Lernens sein, ohne dass daraus ein Schema „alles-hängt-mit-allem-zusammen" gemacht wird. Daneben sollten in der Freien Arbeit differenzierte Lernprozesse in den „Kulturtechniken" angeboten werden. Erst wenn die Sachinhalte zu den anerkannten Hauptinhalten der Schuleingangsphase werden, kann eine grundlegende Neuorientierung erfolgen und der „Kulturtechnikenschule" in ihrem Selbstlauf Einhalt geboten werden.

Wenn wir einen integrierten Anfangsunterricht praktizieren wollen, der auch für Kinder mit Migrationshintergrund sinnvoll ist, muss der sachunterrichtliche Inhalt mehreren Kriterien genügen:

a) Soziale Kooperationsförderung,
b) Handeln als Ausgangspunkt, um allen Kindern wirklich Lernchancen zu eröffnen,
c) Sinnstiftung,
d) Anknüpfen an anthropologisch zentralen Bedürfnissen der Altersstufe,
e) Bereitstellen wiederholender und variierender Übungen für die „Kulturtechniken" (Lesen, Schreiben, Rechnen),
f) Motivierung der Kinder,
g) Bereitstellen von lang andauernden und wiederholenden feinmotorischen Übungen (Vorkurs für das Schreibenlernen).

2.6.2 Integration: Statt Mitleid Einklinken in die Marktwirtschaft

Nachdem ich bislang einige allgemeine Argumente für einen veränderten Schulanfang eingebracht habe, möchte ich diese nun aus der Perspektive von fremdsprachigen Kindern ergänzen. Kinder, die aus anderen Kulturen stammen, haben ungleich mehr Lernbedarf, der über die bloße Anpassung an die lehrplanmäßig geforderten Kulturtechniken hinausgeht. Für sie ist eine elementare Kulturkunde, in der sie sich mit der neuen Situation auseinandersetzen können, besonders wichtig, damit sie nicht in einen bloßen Anpassungssog geraten. Ein derartiger Anfangsunterricht für Kinder aus anderen Kulturen muss in erster Linie an deren spezifischer Lage anknüpfen. Dazu möchte ich jetzt ein konkretes Beispiel aus meiner Grundschulpraxis vorstellen:

Diese Kinder aus nichteuropäischen Kulturen haben – neben vielen anderen – besondere Probleme mit dem für sie neuen Konsumsystem, u. a. weil sie vorher vor allem Selbstversorgungslandwirtschaft erfahren haben. Ihre Identität wird negativ tangiert, weil schon ihre äußere Erscheinung von hiesigen Kindern abfällig registriert wird.

Von daher schlage ich vor, am Beispiel von attraktivem Schmuck das Verhältnis zu sich und den anderen einheimischen Kindern zu verändern und das Problem von Produktion und Konsum handelnd begreifbar zu machen.

Und Praxiserprobungen zeigen, dass es möglich ist, im Anfangsunterricht mit diesen Migrantenkindern ein längeres Projekt zu starten, bei dem diese Kinder von vornherein nicht als die bezogen auf Konsum minderbemittelten „Fremden" in der Schule erscheinen. Vielmehr ist es möglich, exemplarisch die Konsumverhältnisse umzukehren. Migrantenkinder sollten über ein attraktives Konsumgut verfügen, das es ihnen ermöglicht, nicht als Bittsteller, sondern als Anbieter im marktwirtschaftlichen „El Dorado" aufzutreten.

2.6.3 Konkrete Arbeitsschritte

Konkret sieht das Projekt folgendermaßen aus:

Wir stellen aus mit Glitterstücken und gefärbtem Wasser gefüllten elastischen, durchsichtigen Plastikschläuchen Armbänder her, was nicht nur Ästhetik und Feinmotorik fördert, die bei den oft ohne Kindergartenerfahrung aufgewachsenen Schulanfängern und Schulanfängerinnen mit Migrationshintergrund bislang weniger geschult worden sind. Die Techniken dabei sind sehr einfach, fördern aber in vielfältiger Weise sachunterrichtliche Erfahrungen, wie aus der folgenden schematischen Übersicht über den technischen Ablauf unschwer abzulesen ist:

1) Es wird Plastikschlauchmaterial mit zwei verschiedenen Durchmesserstärken im Bastelgeschäft oder gut sortierten Gartenbedarfsmarkt gekauft, wobei der dünnere Schlauch nur geringfügig weniger Durchmesser haben darf, sondern gerade mit etwas Mühe in den dickeren hineinsteckbar ist. Die Kinder können die kaum sichtbaren Größenunterschiede schon beim Kauf ertasten.

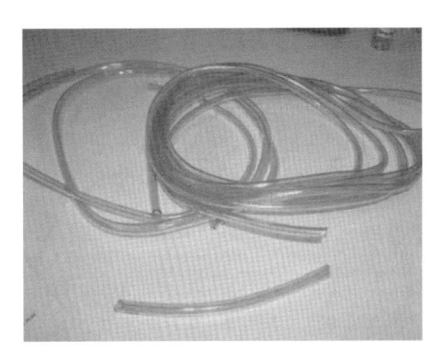

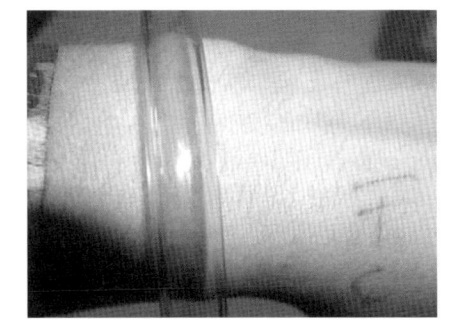

2) Die Schläuche werden in passende Stücke zugeschnitten. Der mit dem größeren Durchmesser wird 20 cm lang geschnitten. Diese Größe ist für die Handgelenke von fast allen Grundschulkindern ein geeigneter Armbandumfang. Das Schneiden mit Messern bedarf einer guten Holzunterlage. Die Länge kann anfangs mit einem Musterstück abgemessen werden, später mit einem Lineal. Der Zahlenraum für Rechenaufgaben im ersten Schuljahr wird dabei ständig handelnd „abgemessen".

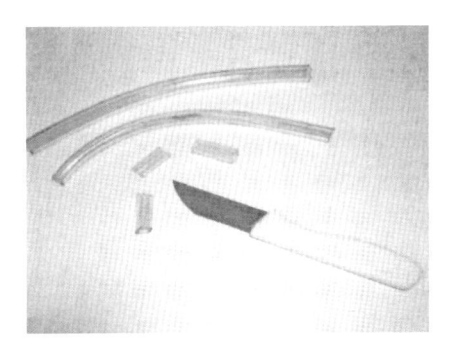

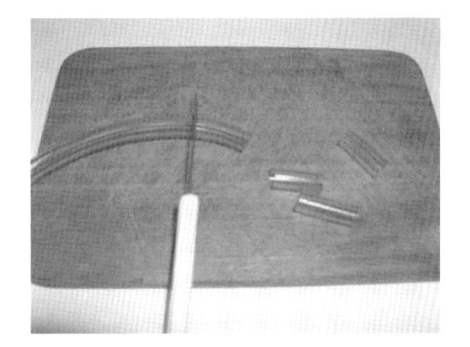

3) Die dünneren Schläuche werden in Stücke von 2 bis 3 cm Länge ebenfalls durch Vergleichen bzw. durch Abmessen („Messen heißt Vergleichen"!) geschnitten. Auch hier gibt es viele Übungsmöglichkeiten von Handfertigkeiten. Der (ursprünglich auf großen Rollen aufgerollte) gebogene Schlauch muss in eine längliche Form entgegen seiner inneren Spannung zurechtgebogen werden, damit es relativ gerade geschnittene Stöpselstücke gibt. Die Kinder müssen aufpassen, sich nicht zu verletzen (dies ist bei meiner Klasse nach mehreren hundert produzierten Armreifen nicht vorgekommen, während im sonstigen Schulalltag ohne gezielte Aufmerksamkeit für eine Gefahrenquelle sehr wohl Verletzungen auch als Folge motorischer Entwicklungsdefizite vorgekommen sind).

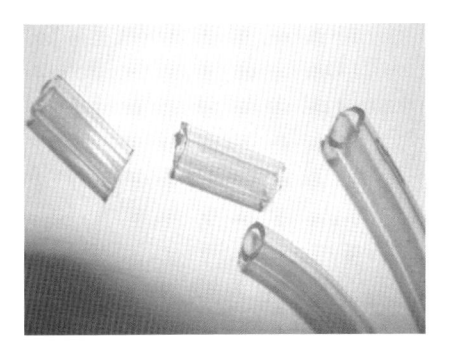

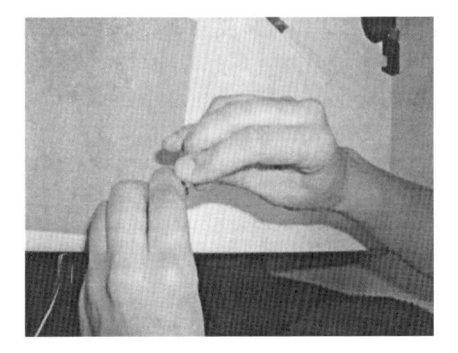

4) Die kleineren Stöpsel müssen nun an der einen Seite in die Armreifenstücke hineingesteckt werden. Hierbei werden einige alltägliche physikalische Erfahrungen quasi nebenbei gewonnen. Denn das Hineinstecken geht leichter, wenn wir uns die Eigenschaften der Wärmeausdehnung von Plastikmaterial zunutze machen. So geht das Zusammenstecken relativ leicht, wenn wir die Armreifen an der „Nahtstelle" warm anhauchen. Auch die Beobachtung des sich dabei an den Schlauchinnenseiten niederschlagenden Wasserdampfes ist eine interessante Sacherfahrung. In kurzer Zeit haben Kinder ein derartiges Erfahrungswissen gesammelt, dass sie wissen, wie nah und wie intensiv sie die Schlauchstücke anhauchen müssen, damit die Teile leicht ineinander fügbar sind. Es gibt auch allerhand Freiraum zum Experimentieren. Sollen beide Teile angehaucht werden? Beide gleichzeitig oder hintereinander? Jedenfalls sind diese Aufgaben auch denjenigen Kindern meiner Klasse gelungen, die ansonsten Schwierigkeiten bei in unserer Kultur geläufigen feinmotorischen Schulreifetestaufgaben haben, wie etwa mit einem Wachsstift eine vorgegebene größere Fläche bunt anzumalen.

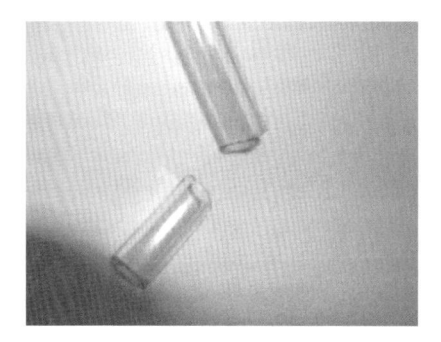

5) Im nächsten Arbeitsschritt werden verschiedene Glitterstücke, Sternchen, fein geschnittene Reste von Silberpapier, Schmelzgranulatstückchen und/oder winzige Perlen in die Schläuche gefüllt. Hierbei können die Kinder erproben, ob der Werkzeuggebrauch von Pinzetten oder die Feinarbeit mit den Fingerspitzen effektiver ist. Sie können, wenn ihnen eine breite Palette von möglichem Füllmaterial bereitgestellt wird, auch ästhetische Entscheidungen treffen: Passen die gelben transparenten Perlen zum rosa Tischglimmer? Sollen silberne Sterne mit roten Perlen zusammen in einen Armreifen gefüllt werden?

6) Der nun folgende Arbeitsschritt verlangt ein hohes Maß an technischer Präzision. Schon vorher wurden kleine Krepppapierreste farblich sortiert in Wassergläser gelegt, um die Farben auszuwaschen. Dieses gefärbte Wasser wird

Unterrichtsbeispiele 79

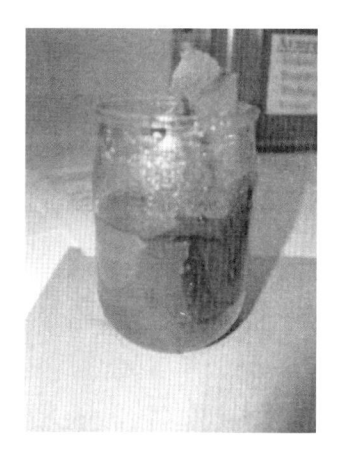

nun mit Spritzen aufgezogen und vorsichtig in die beidseitig mit den Öffnungen nach oben gebogenen Schläuche gefüllt. Hierbei kommt es wiederum darauf an, im praktischen Handeln die Gesetzmäßigkeiten kommunizierender Röhren zu beachten und darauf zu achten, dass der Wasserspiegel in beiden Schlauchenden etwa gleich hoch ist, damit kein färbendes Wasser und vor allem keine kostbaren Glitterstücke auf den Tisch verschüttet werden.

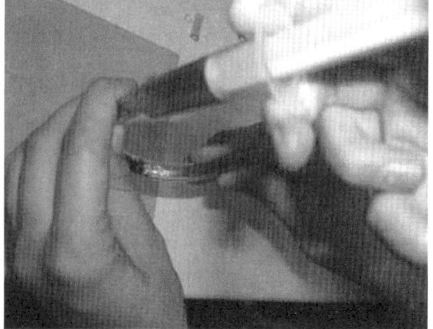

7) Beim letzten Arbeitsgang, dem Zusammenstecken der beiden Schlauchenden, habe ich meist den Kindern geholfen. Erst nach mehreren Versuchen war die Geschicklichkeit der Kinder so groß, dass sie auch diesen Arbeitsgang selbständig bewältigen konnten.

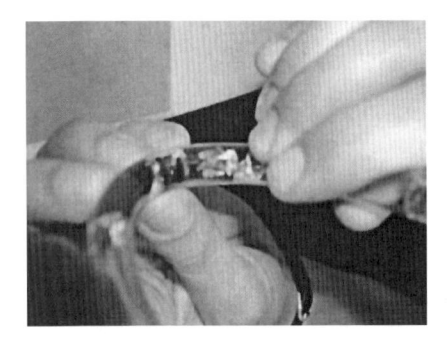

Nun habe ich aber keinesfalls dieses Vorhaben auf einen technisch orientierten Feinmotorikvorkurs reduzieren wollen. Die wichtigste Intention lag für mich in der Einheit von handelnd-verändernder Umwelterkundung und dem dabei projektgebunden erfolgenden Kulturtechnikenlernen. Dass dabei gleichzeitig ein wichtiger Schritt zur Integration meiner Klasse in das Schulleben möglich wurde, war in dem tatsächlichen Ausmaß vorher nicht abzusehen.

Für mich war in der Planung lediglich wichtig, eine anfangsunterrichtliche Integration von handelndem Lernen beim Herstellen der Armbänder, mündlichem Sprachgebrauch in Realsituationen bei Werbe- und Verkaufsgesprächen in anderen Klassen, sowie beim Lesen und Rechnen anhand von Bestellzetteln. Diese eigentlichen projektmäßigen Lernschritte haben nach Fertigstellen einer größeren Anzahl verschiedenfarbiger Armbandmuster begonnen. Der chronologische Verlauf der eigentlichen Projektphase sei hier nur kurz skizziert:

1) Wir gingen von Klasse zu Klasse (aber über zwei Monate gestreckt nacheinander, an einem Tag höchstens in zwei Klassen), zeigten unsere Armreifen und boten sie für 1 DM[3] pro Stück zum Verkauf an. Dass dabei in Deutsch gesprochen werden musste und nicht – wie so oft in der Klasse in der vertrauten Herkunftssprache russisch oder polnisch – verstand sich für die Kinder von selbst.

2) Die glitzernden Armreifen stießen auf großes Kaufinteresse. Die Kinder der anderen Klassen äußerten auch gleich Farbwünsche. Die große Zahl und Differenziertheit der Bestellungen machte das Aufstellen schriftlicher Bestelllisten unumgänglich. Zuerst schrieb ich als Lehrerin die Farbnamen in Druckbuchstaben auf eine Liste, die Kinder meiner ersten Klasse zählten die Anzahl der gewünschten Armbänder und diktierten mir die Zahl. Zum Teil haben anfangs die älteren Klassen beim Zählen geholfen, später war es kein Problem, sogar Bestellungen über zehn Stück auszuzählen.

---

[3] Man sollte für eine Anfangsklasse den Preis auf 1 Euro festsetzen, weil dies zum Rechnen einfacher ist.

Klasse 2b	
rot	4
gelb	5
grün	7
lila	6
blau	3
rosa	4

3) Nach dem Besuch in einer oder in zwei Klassen wurden neue Armreifen nach den Bestellungen produziert. Die Kinder gingen immer wieder an die ausliegende Bestellliste, zählten wie viele grüne/lila/gelbe/rote/blaue/rosa/orange Armreifen sie noch herstellen mussten und wie viele schon fertig waren. Dabei wurde immer wieder das Farbwort gelesen (anfangs mit Hilfestellung) und vor allem Subtraktionen, Additionen und Ergänzungsoperationen im ersten Zehnerraum fast automatisch geübt.

4) Wesentlich schwieriger stellte sich dann das (mathematisch viel einfachere) Rechnen beim Kontroll-Zusammenzählen der eingenommenen Markstücke während des Verkaufs der Armreifen in den fremden Klassen heraus, weil die Kinder meiner Klasse in dieser Ernstsituation sehr angespannt waren. Schließlich ging es darum, keine Fehler beim Verkauf zu machen und dem Ansturm der Kundinnen und Kunden zu widerstehen, die alle ihre jeweilige Armreifenfarbe zuerst haben wollten, dann mit Sonderwünschen (z. B. Umtausch von Armreifen mit vorwiegend Perlenfüllung gegen gleichfarbige mit Goldsternfüllung) die Verkaufsgruppe manchmal in arge Handlungsbedrängnis brachten und Fragen über Fragen stellten, die zuweilen das passive Sprachverständnis der erst seit drei bis vier Monaten in Deutschland lebenden Kinder überforderten.

5) Nach dem Verkauf wurde immer wieder in Ruhe im Klassenraum Kassensturz und Inventur gemacht. Oft entschieden sich einzelne Kundinnen und Kunden in der Verkaufssituation für eine andere Farbe, manche konnten sich auch nicht mehr an die bestellte Farbe erinnern, so dass oft noch differenzierte Nachlieferungen erforderlich wurden. Dies war für den sachunterrichtlichen Mathematikunterricht natürlich ein außerordentlicher Gewinn, denn die Kinder mussten ständig im Kontext subtrahieren, ergänzen und addieren, um die dann erforderliche Nachlieferung genau zusammen zu stellen. Da man erfahren hatte, wie genau die Wünsche der Kundschaft formuliert werden, ist niemand auf die Idee gekommen, einfach auf Vorrat eine bestimmte Menge an Armreifen aller Farben zu produzieren. Es ging ja um die schnelle

und präzise Lieferung. Von daher war genaues Rechnen für das Geschäft eine fundamentale Notwendigkeit.

6) Von Mal zu Mal gewannen die Kinder mehr an Autonomie im mündlichen Verkaufsgespräch und waren immer weniger auf die Hilfe ihrer Lehrerin angewiesen. Nach einiger Zeit haben die Kinder sogar vereinzelte Nachbestellungen auf dem Schulhof entgegengenommen und die nachträglich angefertigten Armreifen eigenständig weiter verkauft. Das Ergänzungsrechnen und das Lesen von Farbbezeichnungen war schon nach mehreren Klassendurchläufen kein Problem mehr. Einige Kinder versuchten sogar, Farbwörter selbst aufzuschreiben.

7) Zum Schluss hatten wir aber nicht nur eine positive Bilanz bei den Lernergebnissen, sondern auch in der Kasse. Da der Materialwert pro verkauftem Armreifen etwa 75 Pfennig betrug, wir die Armreifen aber für 1 DM pro Stück verkauft haben, blieb trotz gelegentlich auftretender Ausschussware genug Spannbreite für einen ansehnlichen Reingewinn, aus dem eine Klassenfahrt in den Münsteraner Zoo bezahlt wurde. Da wir nun Chefinnen und Chefs einer erfolgreichen Firma waren, leisteten wir uns das teuerste Eis in der Cafeteria des Zoos und eine Taxifahrt vom Bahnhof zum Zoo. Chefinnen und Chefs können sich halt verwöhnen lassen.

2.6.4 Ausblick

Zusammenfassend kann gesagt werden, dass die Kinder eine Vielzahl an Kulturtechniken geübt haben.

Sie machten in deutscher Sprache Werbung für unsere Produkte, nahmen Bestellungen auf, kalkulierten den Verkaufspreis und hofften dabei auch auf einen monetären Gewinn. Der Erkenntnisgewinn im Sachgebiet Produktion und Konsum, der Zugewinn an Sprachkompetenz und die Versuche, Bestellungen zu verschriftlichen, sind jedenfalls sicher. Die vielen verschiedenen Rechenoperationen waren aus der Situation heraus als sinnvoll verständlich, so dass die vielen schwierigen unterrichtlichen Versuche bei der Buchmathematik, den Kindern die geforderten Operationen überhaupt erst einmal verbal verständlich zu machen, überflüssig wurden. Auch die beim Lesenlernen unumgänglichen Wiederholungen der ersten Lesewörter waren hier kein Problem. Denn es war immer wieder erforderlich, auf den Listen nachzuprüfen, welche Farbe in welcher Häufigkeit gewünscht wurde.

Auch in Hinblick auf ein verändertes Geschlechterverhältnis waren einige wichtige Lernimpulse zu beobachten. Denn Mädchen konnten quasi kompensatorisch zur tradierten Sozialisation lernen, mit Spritzen umzugehen, während Jungen sich wie selbstverständlich mit dem Gedanken anfreunden konnten, sich mit einem Armreifen zu schmücken und das Schmuckstück der eigenen Wahl in der Schulöffentlichkeit zu präsentieren. Die Eigenständigkeit und Verschiedenheit der Geschlechter wurde dann wieder durch die spezifischen Farbprioritäten dokumentiert: Mädchen wählten mehr die Farbtöne der Palette rosa/violett/rot/lila während die Jungen eindeutig die kalten Farben blau/türkis/grün bevorzugten.

Neben der integrierten Einführung des Erlernens von Kulturtechniken im Anfangsunterricht waren für mich im Nachhinein betrachtet jedoch noch einige andere Dimensionen pädagogisch wertvoll:

Meine Migrantenkinder hatten die Rolle der Bittstellenden, die ihre Eltern tagtäglich in den städtischen Ämtern, beim Arbeitsamt oder bei der Wohnungssuche ausüben müssen, aktiv verlassen. Sie mussten nicht den flehentlichen Blick auf die „hiesigen" Kinder werfen, als gleiche anerkannt zu werden. Vielmehr führte das attraktive Warenangebot dazu, dass aus Deutschland stämmige Kinder Achtung vor meiner Klasse bekamen. Manche kamen schon vor Schulbeginn zu uns auf den Flur und baten darum, dass wir ihre Bestellungen ja nicht vergessen sollten, weil bald ein Geburtstag oder sonst ein wichtiges Ereignis ansteht, für das sie unbedingt den bestellten Armreifen brauchen. Es mussten nicht künstlich Patenschaften mit deutschsprachigen Kindern eingerichtet werden, damit reale Kommunikationssituationen zur Übung der deutschen Sprache entstehen. Vielmehr war das Armbandgeschäft derart faszinierend – und vom sprachlichen Schwierigkeitsgrad relativ begrenzt –, dass die anderen Kinder von sich aus ein Interesse entwickelten, mit der Förderklasse zu sprechen und die Kinder als Geschäftspartner zu achten. Die Kinder meiner Klasse, die sich gerade in den deutschen Läden am großen Warenangebot nicht satt sehen können, sahen sich diesmal in der umgekehrten Rolle der Geschäftsinhaberinnen und -inhaber, die selbst Überblick über das Geschäft haben und andere Kinder in Bewunderung versetzen können.

Integration musste so nicht künstlich gefördert werden, sondern war faktische Realität geworden. Die Aussiedlerkinder mussten nicht in die Marktwirtschaft als Fremde eingeführt werden, sondern hatten an einem Projekt das Marktgeschehen selbst in die Hand genommen, indem sie anboten, die Arme anderer Kinder zu schmücken.

2.7 Rituale: Snegurotschka – ein Weihnachtsritual

2.7.1 Kulturelle Aspekte beim Weihnachtsfest

WEIHNACHTEN – DAS FEST DER LIEBE ...

Wenn wir diesen hohen Anspruch mit der schulischen Realität messen, dann werden wir oft feststellen, dass viele Kinder aus anderen kulturellen Herkunftsräumen mit unserer gefühls- und geschenküberladenen Weihnachtskultur längst nicht soviel anzufangen wissen, wie wir uns gern vormachen. Selbst im christlichen Kulturkreis gibt es sehr viele verschiedene Arten das Weihnachtsfest zu feiern – und Kinder aus den verschiedensten kulturellen Kreisen sitzen in unseren (Grund-)schulklassen, ohne dass wir näher wissen, was diesen Kindern vertraut ist.

Dabei gibt es durchaus Ansatzpunkte in den verschiedenen soziokulturellen Herkunftsbedingungen der Kinder einer Schule, die eine Bereicherung des Schullebens darstellen können und Ansatzpunkte für ein interkulturelles Zusammenlernen in der Schule bieten. Am Beispiel des Weihnachtsrituals möchte ich hier diesen Ansatz näher umreißen.

Das religiöse Leben spielte in den deutschen Gemeinden der ehemaligen Sowjetunion eine große Rolle. Gerade über die Religion wurde der nationale und verwandtschaftliche Zusammenhalt getragen. Auch die Kinder wurden schon von früh auf in das religiöse Leben mit einbezogen. Bei der sonst sehr arbeitsreichen Lebensweise boten religiöse Feste besondere Höhepunkte im Leben der sowjetdeutschen Familien. Von daher sind diese Feste auch für Kinder emotional besonders einprägsam gewesen. Weihnachten war auch in der atheistischen Sowjetunion für die Deutschstämmigen ein besonderes Fest, ja es war sogar ein Fest, das nicht nur an christliche Traditionen anknüpfte, sondern gleichzeitig als typisch deutsches Fest angesehen wurde, das zur Stabilisierung der eigenen nationalen Identität bei der ansonsten fortschreitenden Integration in das als fremd angesehene russische Kultursystem, dessen Sprache durch staatlichen Druck allmählich im Laufe der Generationen zur Selbstverständlichkeit geworden war, beitragen sollte und beitrug. Gleichzeitig war der Sog der umliegenden Kulturkreise doch derart groß, dass das Weihnachtsfest der Sowjetdeutschen viele Elemente der staatlich geforderten säkularisierten „Väterchen-Frost-Rituale" aufnahm. Ein aus dem kalten russischen Winter stammendes Element ist, dass das Schneemädchen zusammen mit Väterchen Frost in die Häuser kommt und Geschenke bringt. Das Schneemädchen soll wohl nach den ursprünglichen Intentionen den Bedürfnissen nach Glanz und „Christkindglitter" entsprechen und gleichzeitig als Botschafterin des Neuen Jahres fungieren. Deshalb hat das Schneemädchen in sowjetdeutschen und russischen Weihnachtsritualen einheitlich eine an eine Pelzmütze von der Form erinnernde Kappe auf, die die neue Jahreszahl als Schriftzug trägt.

Eine besonders interessante Kulturenmixtur finden wir in den russischsprachigen Gedichten, die die deutschen Schneemädchen eines Dorfes (bzw. einer weiteren oder engeren sozialen Gruppierung) aufsagen. In derartigen Gedichten wird das staatlich verordnete säkularisierte Weihnachtsverständnis mehr oder weniger deutlich durchbrochen. Da gibt es Sätze, wie:
„Ich bin das Christkind, von Weihnachten bin ich gekommen" oder
„Ich habe Weihrauch, alles Gute mitgebracht".

Für die Aussiedlerkinder aus der ehemaligen Sowjetunion ist nicht die Genese dieser Kultur von Bedeutung, aber die Durchmischung mit christlichen Elementen hat sicherlich mit dazu beigetragen, dieses Ritual in den christlich orientierten deutschen Familien besonders stark emotional zu besetzen. Immerhin war das Gedicht ein nirgendwo sanktioniertes subversives Element inmitten einer atheistischen Kultur. So war für die Kinder – egal ob sie nun selbst schon einmal in ihrem Leben die Rolle des Schneemädchens spielen durften oder von ihm beschenkt wurden – das Schneemädchen eine außerordentlich hoch besetzte Figur. Hier in Deutschland, dem vermeintlichen Heimatland, weiß kaum jemand etwas von diesem Ritual. Deshalb ist es besonders attraktiv, das Schneemädchen im Schulleben auftreten zu lassen und die Kinder an diesem Thema im Unterricht arbeiten zu lassen.

2.7.2 Interkulturelle Weihnachtsrituale in der deutschen Schule

Um die Kommunikationsfähigkeit von Migrantenkinder in ihrer neuen Lebenswelt zu sichern, ist es unerlässlich, die deutsche Sprache zu erlernen. Gleichzeitig darf dies nicht in der Weise geschehen, dass die Kinder quasi kolonialisiert werden und ihrer eigenen Sprache und Geschichte beraubt werden. Deshalb ist es sinnvoll, den Sprachunterricht nicht losgelöst vom Leben der Kinder als reine Sprachstrukturenpaukerei zu betreiben. Ich will hier exemplarisch einen Ansatz zur Verbindung der eigenen Herkunftskultur mit der neuen Lebenswelt im interkulturellen Lernen vorstellen.

Kinder, die mit mehreren Kulturen in ihrer bisherigen Biografie konfrontiert worden sind, brauchen besondere Stabilisierung. Sie haben ungleich mehr Lernbedarf, der über die bloße Anpassung an die lehrplanmäßig geforderten Kulturtechniken hinausgeht. Für sie ist eine elementare Kulturkunde, in der sie sich mit der neuen Situation auseinandersetzen können, aber auch ihre tradierte Kultur nicht qua Verordnung ablegen müssen, besonders wichtig, damit sie nicht in einen bloßen Anpassungssog geraten. Ein derartiger Anfangsunterricht für Kinder aus anderen Kulturen muss in erster Linie an deren spezifischer Lage anknüpfen, damit sie aus der schon bei den Eltern beobachteten Rolle der Bittstellenden wenigstens zeitweise herausschlüpfen können.

Gerade weil diese Kinder immer etwas unsicher den hiesigen kulturellen Gepflogenheiten gegenüber stehen, da sie selber aus einem anderen kulturellen Kontext stammen, müssen wir nach pädagogischen Wegen suchen, sie ohne Reizüberflutung und abstraktes Dozieren mit der neuen Welt vertraut zu machen, indem sie auch ihre alte Welt in die neue einbringen können. Diese zweiseitige Entwicklung ist unerlässlich, damit diese Kinder nicht in ihren schon vorhandenen Konflikten noch weiter überfordert werden.

Denn neben dem, was Schulkinder ohnehin neu lernen sollen, müssen diese Kinder noch sehr viel mehr leisten, nämlich zum Beispiel:

– zu lernen, Abschied zu nehmen von einer lieb gewonnenen Umgebung, die die eigenen Eltern aber aus bestimmten – ihnen selbst oft kaum verständlichen Gründen – verlassen hatten,
– zu lernen, einen eigenen Platz in dieser neuen Welt einzunehmen, ohne sich von der Gewalt des Konsumdrucks unterdrücken zu lassen,
– zu lernen, diese Welt mit eigenen Augen zu sehen, ohne die Geborgenheit im Elternhaus zu verlieren,
– zu lernen, mit neuen gesellschaftlichen Wertvorstellungen der Mitbestimmung umzugehen, ohne dabei grenzenlos in den Wünschen zu werden,
… aber nicht nur zu lernen, sondern auch ein neues Leben in- und außerhalb der Schule anzufangen – also Neuanfang zu leben.

Auch wenn diesen hohen Zielen keineswegs mit einem einzigen Unterrichtskonzept genüge getan werden kann, will ich doch eine kleine Skizze von einem selbst erprobten unterrichtlichen Vorhaben als Anregung vorstellen:

1) Erzählungen von früher

Ich hatte schon lange vor Weihnachten mit den Kindern anhand von Fotos aus der alten Heimat über das Fest gesprochen. Sie bekamen auch an trüben Herbsttagen leuchtende Augen und versuchten, ihre noch kärglichen Deutschkenntnisse so differenziert wie möglich anzuwenden, um mir einen möglichst umfassenden Eindruck vom großartigen Erlebnis zu vermitteln, selbst einmal Schneemädchen gewesen zu sein. Gerade die sowjetdeutschen Mädchen, die aufgrund der sozial sehr traditionellen Familienstrukturen gegenüber den Jungen eine sekundäre Stellung haben, waren bei dieser Thematik besonders stolz und selbstbewusst. Hier war ihrem Geschlecht einmal kulturell eine herausragende Stellung zugeordnet worden.

2) Basteln der Snegurotschka-Krone

Als ich die Kinder fragte, ob sie einmal an unserer Schule Snegurotschka spielen wollen, waren alle hellauf begeistert. Ihr erster Vorschlag war, eine „Krone" zu basteln. Da die Kinder sich nicht sprachlich genau genug ausdrücken konnten, habe ich anfangs die falschen Bastelmaterialien zur Verfügung gestellt und die Kinder waren sehr unzufrieden. So hatten Lehrerin und Kinder beide ihre Defizite. Ich entschloss mich, bei den nächsten Hausbesuchen die Mütter näher zu befragen. Mütter und ältere Schwestern waren gleich sehr angetan von der Bastelei. Schließlich haben wir im Übergangsheim, in dem die meisten Kinder meiner Klasse auf längere Zeit wohnten, gemeinsam das Werk in Angriff genommen. Dabei stellte sich heraus, dass eine verwandte Familie im Haus noch das alte Snegurotschka-Kleid in der hölzernen Frachtkiste aus der ehemaligen Sowjetunion herübergerettet hatte und es für unser Klassenvorhaben zur Verfügung stellen wollte.

3) Planung des Auftritts

Auch zur Planung unseres Snegurotschka-Auftrittes war sehr viel mündliche Kommunikation erforderlich. Angefangen mit der sehr schwierigen Entscheidung, welches Mädchen sich zutraute, als Snegurotschka verkleidet in andere Klassen zu gehen, bis hin zur Beschreibung von Reihenfolge des Auftrittes und der Lage der verschiedenen anderen Klassen in der Schule.

Ich selbst habe gleichzeitig im Kollegium gefragt, welche Klassenlehrerinnen an einem Besuch der Snegurotschka interessiert sind, damit wir rechtzeitig planen konnten. Die interessierten Klassenlehrerinnen stellten für ihre Klassen eine Tüte mit kleinen Geschenken für jedes Kind zusammen und übergaben sie uns.

4) Gedichtübersetzung

Die härteste Arbeit war das Übersetzen der verschiedenen Snegurotschka-Gedichte. Auch Mädchen, die nicht als Snegurotschka auftreten wollten, wollten doch wenigstens ein Gedicht vortragen, an das sie sich noch erinnerten. Da in der Schule in anderen Regelklassen die russische Sprache weitgehend unbekannt ist, mussten wir uns an die Übersetzung heranwagen. Dabei feilten wir immer wieder an Formulierungen herum, ich schlug deutsche Übersetzungsvarianten vor und die Kinder entschieden, was jeweils besser klingt. Ob wir tatsächlich zu perfekten Übersetzungen gelangt sind, kann ich bei meinen geringen Russisch-Kenntnissen nicht beurteilen. Jedenfalls haben wir uns sehr intensiv mit verschiedenen deutschen Formulierungen auseinandergesetzt und dabei auch sprachliche Nuancen auszuloten versucht.

5) Konkrete Vorbereitung des Auftritts und Probe

Hier ging es darum, einen klaren Zeit- und Raummanagementplan grafisch zu notieren. Außerdem wurde der Auftritt der Snegurotschka szenisch erprobt, um die Angst vor der Ernstsituation abzubauen.

6) Auftritt der Snegurotschka

Am aufregendsten war dann die echte Aufführung. Gemeinsam gingen wir mit der, dieser Klasse zugedachten, Geschenketüte in die fremde Klasse, ein Mädchen war als Snegurotschka verkleidet, die anderen hielten Kerzen in der Hand.

Beim Eintreten in die neue Klasse habe ich als Lehrerin mit kurzen einleitenden Erklärungen über das Weihnachtsritual informiert. Dann trat die Snegurotschka mit dem ersten Gedicht auf, die anderen Gedichte folgten. Zum Abschluss überreichte die Snegurotschka jedem Kind ein Geschenk aus der Tüte. Alle waren sehr aufgeregt und warteten gespannt darauf, welches Päckchen ihnen die Snegurotschka geben wird.

Kommentar

Nachträglich betrachtet war für mich besonders interessant, wie die Kinder von anderen Klassen auf unseren Auftritt reagiert hatten. Für sie war es nicht nur eine interessante Abwechslung im Schulalltag, sondern auch eine neue Erfahrung, dass sie ihren eigenen Horizont kultureller Erfahrungen beschränkt erleben mussten. Das Schneemädchen im glitzernden Schneekristallkleid, der Hauch des Fremden und irgendwie emotional Vertrauten führte dazu, dass die Aussiedlerkinder meiner Klasse mit Hochachtung und Bewunderung angesehen wurden. Dies ging auch auf meine Kinder über, die ursprünglich nur etwas Vertrautes noch einmal erleben wollten und jetzt plötzlich eine ganz neue Erfahrung machten: Sie waren nicht mehr die Bittstellenden, sondern die Geschenkgebenden, sie waren nicht mehr die Orientierungslosen, sondern diejenigen, die anderen etwas zu erklären hatten. Die Intention des Vorhabens hatte sich umgekehrt. Die oft hohle Floskel von der interkulturellen Erziehung war in einem Punkt einmal etwas lebendiger geworden.

2.7.3 Weitere interkulturelle Festtagsrituale

Es lassen sich weitere Festtage und Feste anderer Kulturen in ähnlicher Weise in die Schule transferieren und als imitiertes Ritual durchführen. Dazu seien hier nur einige Beispiele[4] genannt:

- Holocaust-Gedenktag, 27. Januar
- Mädchenfest in Japan, 3. März
- Internationaler Frauentag, 8. März
- Jungenfest in Japan, 5. Mai
- Tag der Befreiung / Ende des 2. Weltkrieges, 8. Mai
- Unabhängigkeitstag USA, 4. Juli
- Tag der Französischen Revolution (Sturm auf die Bastille), 14. Juli
- Hiroshima-Gedenktag, 6. August
- Weltkindertag, 20. September
- Tag der deutschen Einheit, 3. Oktober
- Halloween, 31. Oktober
- Pongal, Tamilisches Erntedankfest, ca. Mitte Januar
- Rosch Haschana, Jüdisches Neujahrsfest, 1. oder 2. Tag des jüdischen Monats Tischri, i. a. September
- Purimfest, Errettung der Juden vor der persischen Verfolgung, Frühjahr, 14. und 15. Tag des jüdischen Monats Adar
- Ramadan, Fastenzeit im Islam, 9. Monat, von Jahr zu Jahr wechselnd
- Holifest, hinduistisches Frühlingsfest, Februar/März
- Ostern, Feier der Auferstehung Christi, 1. Sonntag nach Frühlingsvollmond
- Passah, Feier des jüdischen Auszuges aus Ägypten, 1. Sonntag nach Frühlingsvollmond
- Wesak, Buddhistisches Neujahrsfest bei Vollmond, April bis Mai

---

[4] vgl. Kaiser, Astrid: 1000 Rituale in der GrundSchule. Baltmannsweiler 2006 (4. Aufl.).

- Geburt Buddhas, 8. April (nur im Mahyana-Buddhismus)
- Erleuchtung Buddhas, 8. Dezember (nur im Mahyana-Buddhismus)
- Eintritt Buddhas ins Nirvana, 15. Dezember (nur im Mahyana-Buddhismus)
- Schawuot, Gesetzgebung auf Berg Sinai, Mai/Juni, 50 Tage nach Pessah

Bei allen diesen Festen ist es wichtig, dass ein konkreter Bezug zu Unterrichtsgesprächen oder Menschen in der Schule hergestellt werden kann. Auch Rituale müssen einen Sinnbezug haben, damit sie emotional und sozial strukturierend wirksam werden.

2.8 Heimat finden: Maulwurf Grabowski

2.8.1 Was mit Heimat gemeint sein kann

Wird im Zusammenhang mit Sachunterricht der Begriff Heimat genannt, ist die Verbindung zur Heimatkunde schnell gegeben. Im Kontext interkulturellen Sachunterrichts ist aber weder sachkundliches Faktensammeln noch ideologische Bodenverbundenheit gemeint. Vielmehr ist hier mehr Identitätserziehung bei Kindern, die unter dem Verlust ihrer Heimat leiden, die sie entweder selbst noch kennen gelernt haben, oder die sie irgendwie vermissen, aber gar nicht schätzen gelernt haben.

Der Begriff Heimat hat in anderen Sprachräumen, etwa als „patria" (Vaterland), eine sehr neutrale Bedeutung. Heimat fußt im Deutschen eher auf subjektiven Deutungen als auf objektiven Gegebenheiten und ist von daher sehr vieldeutig.

Soll stellt eine Renaissance des Heimatgedankens in der Literatur der 1980er Jahre fest und meint, dass diese Zunahme umso stärker ist, „je rapider die Heimatqualität unserer Umwelt absinkt" (Soll, 1988, 9). Die „Wiederentdeckung der Heimat" ist nach seiner Auffassung „eine Folge der fortschreitenden Gefährdung unserer sozialen und natürlichen Lebensgrundlagen" (Soll, 1988, 10).

Dieser Verlust an Heimat, also der vertrauten emotional besetzten Umgebung, ist für Kinder mit Migrationshintergrund ungleich viel stärker. Derartige Ablösungsprozesse bewirken eine Veränderung des Werte- und Normensystems, was wiederum Unsicherheit zur Folge haben kann.

Der Begriff Heimat bedarf auch einer erneuten Auseinandersetzung, da sich die räumlichen Bedingungen der Lebensumstände /-umwelt verändert haben.

Nach Soll ist Heimat ein „Ort der Geborgenheit" und bedeutet „identitäts-stiftende Sicherheit, die zugleich grenzüberschreitende Offenheit gegenüber Fremden, Andersartigen impliziert" (Soll, 1988, 12/13). Diese Sicherheit fehlt Kindern mit Migrationshintergrund in besonderem Maße, von daher brauchen sie pädagogische Hilfe, um wenigstens symbolisch identitätsförderliche Erfahrungen zu gewinnen.

2.8.2 Didaktische Ansätze, um subjektiv Ich-Identität bei Heimatverlust zu gewinnen

Ich selbst stamme aus einer Flüchtlingsfamilie. Meine Eltern wurden in den ehemaligen deutschen Ostgebieten, der Provinz Posen, geboren. Nach der Vertreibung blieb meine Familie am Nordharzrand im kleinen Dorf Astfeld wohnen. Meine Mutter sagte – auch nachdem sie über 30 Jahre dort wohnte –, dass sie sich dort nicht geborgen fühle. Wörtlich sagte sie: „Meine Heimat ist in Ruhheim" (ein kleines Dorf in der Provinz Posen). Damit schuf sie eine deutliche Distanz zur mich umgebenden Umwelt. Dies konnte nicht Heimat für mich werden, weil meine Mutter Heimat ganz anders definierte. Das Thema Heimat hat exemplarische Bedeutung, vor allem in Hinblick auf Identität, Umwelt und Umgang mit sich und den anderen.

Ein zentrales Ziel ist es dabei, dass die Kinder ihre eigene emotionale Befindlichkeit bezüglich Heimat wahrnehmen, ihre sozialen und emotionalen Bedürfnisse erkennen und äußern und nach Alternativen suchen. Es geht dabei letztlich um die Herausbildung der eigenen Identität.

Um diese Ziele zu erreichen, ist es sinnvoll, dass die Kinder sich zunächst mit ihrer eigenen Vergangenheit auseinandersetzen, sich ihren Erinnerungen und den damit verbundenen Schwierigkeiten und Problemen stellen. Schon allein die bewusste Wahrnehmung der Veränderung der eigenen Lebensumwelt ist ein wichtiger Schritt. Es ist aber nicht einfach, an diese auch emotional belastenden Erfahrungen anzuknüpfen. Von daher ist eine symbolische Distanzierung an einem literarischen Beispiel durchaus produktiv. So erfahren diese Kinder den Austausch mit anderen Kindern, sie können erzählen und erfahren Anteilnahme und Verständnis. Der Unterricht wird somit sinnvoll mit ihren eigenen Erfahrungen verknüpft. Denn die Auseinadersetzung mit den eigenen Gefühlen ist notwendig, der Zugang aber schwierig. Literarische und andere ästhetische Formen helfen dabei, die eigenen Emotionen schrittweise der Selbstreflexion zu öffnen. So können verkappte Emotionen wie Heimweh, Unsicherheit, Sehnsucht, Trauer oder Angst zum Ausdruck kommen und bearbeitet werden. Und nur stabilisierte Gefühle helfen, eine sichere Ich-Identität aufzubauen. Dann ist es auf dieser Basis möglich, sich auch den anderen Kindern zu öffnen, deren Sicht von Nähe und Verlust zu erkennen und damit auch für sich selbst alternative Wahrnehmungs- und Denkmuster zu akzeptieren.

2.8.3 Praktische Ansätze zur symbolisch-ästhetischen Thematisierung von „Heimat"

Ästhetische Zugangsweisen im Sachunterricht (Schomaker 2004) haben sich als produktiv erwiesen, Kindern neue inhaltliche Dimensionen des Gegenstandes zu erschließen. Hier soll gezeigt werden, wie anhand eines sehr ansprechend gemachten Kinderbuches symbolisch-ästhetisch am Thema Heimatverlust gearbeitet werden kann.

Als Ausgangsmaterial wurde das sehr eindrucksvoll gestaltete Buch „Der Maulwurf Grabowski" von Luis Murschetz ausgewählt. Dieses Buch zeigt die Geschichte eines Maulwurfes, der erst friedlich unter einer Wiese gelebt hat, aber dann von einem Vermessungstrupp empfindlich gestört wurde. In einer verzweifelten Flucht vor den Bauarbeitern gelingt es dem Maulwurf trotz höchster Lebensgefahr, durch Baggerschaufeln und belebte Straßen zu entkommen und in der Fremde eine neue Lebensstätte zu finden.

Dieses Buch thematisiert verschiedene Bedeutungsschichten von Emotionen, die allen Kindern positive Anknüpfungspunkte verschaffen. Die folgenden Praxisvorschläge sind nur Beispiele, sie lassen sich beliebig variieren und ergänzen. Wichtig ist, dass sie mit dem Ziel des Umgangs mit Emotionen verbunden durchgeführt werden.

Deshalb wird das Buch zuerst für alle Kinder vorgelesen. Nach jeder Seite sollen die Kinder genug Gelegenheit haben, die Bilder anzusehen und zu kommentieren.

Am Schluss wird vorgeschlagen, dazu ein Theater zu veranstalten. Die Puppen sollen selbst angefertigt werden. Danach sollen die Kinder in Gruppen selbst eine Variante der szenischen Darstellung entwickeln, erproben und vorführen.

1) Puppen aus Tüten

Benötigtes Material:

- spitz zulaufende Obsttüten,
- Korken,
- Woll-, Stoffreste,
- Klebstoff,
- Filzstifte.

So wird es gemacht:

Man fährt von unten mit der Hand in die Tüte und knickt dann die Tütenspitze um. Jede Tüte wird mit der unbedruckten Innenseite als Puppenkörper genommen, der Korken wird in Scheiben geschnitten, jede Scheibe soll ein Auge der Tütenpuppe werden und wird entsprechend schwarz und weiß angemalt und an die Tüte im Kopfbereich geklebt. Aus Wollresten können die Haare an die Tütenspitze geklebt werden. Mit Stoffresten, Wolle und Stiften kann nun der Puppenkörper bekleidet und verziert werden. Bärte können aus Wollfäden unterhalb der Augen angeklebt werden. Die Puppe kann beliebig bemalt und verziert werden, um den Personen bzw. Figuren des Buches ähnlich zu sein.

So wird das Spiel vorbereitet:

Die Gruppen erhalten die folgende schriftliche Anweisung und genug Material zum Puppenmachen:

„Überlegt euch, was ihr aus dem Buch vom Maulwurf spielen wollt. Nun müssen die Puppen für die dabei benötigten Mitspielenden gemacht werden. Überlegt euch, was sie sagen sollen. Probt das Theaterstück mehrfach und denkt über Verbesserungen nach!"

2) Puppen aus Handschuhen

Benötigtes Material:

- Handschuhe (alte nicht mehr brauchbare Einzelstücke aus Stoff, Gummi, Leder und anderen Materialien),
- Korken,
- Woll-, Stoffreste,
- Klebstoff,
- viele Sicherheitsnadeln,
- Tesafilm,
- blaue, weiße und schwarze Filzstifte.

So wird es gemacht:

Die Puppen aus Handschuhen werden ähnlich wie die aus Obsttüten gemacht. Jeder Handschuh wird als Puppenkörper genommen. Auch für sie werden als schwarz-weiße oder blau-weiß-schwarze Augen angemalte Korkscheiben verwendet und sorgfältig aufgeklebt oder mit Sicherheitsnadeln festgemacht. Die Sicherheitsnadel wird mit Tesafilm an der Korkscheibe befestigt. Auch die Bekleidung der Handschuhpuppe mit Stoffresten kann mit Sicherheitsnadeln von innen ganz einfach gestaltet werden. Jede Handschuhpuppe kann beliebig verziert werden, um den Personen bzw. Figuren des Buches ähnlich zu sein.

So wird das Spiel vorbereitet:

Die Gruppen erhalten die folgende schriftliche Anweisung und genug Material zum Puppenmachen:

„Überlegt euch, was ihr aus dem Buch vom Maulwurf spielen wollt. Nun müssen die Puppen für die dabei benötigten Mitspielenden gemacht werden. Überlegt euch, was sie sagen sollen. Probt das Theaterstück mehrfach und denkt über Verbesserungen nach!"

3) Handpuppen aus Pappmaché und Stoff

Benötigtes Material pro Puppenkopf:

- einen Heftdeckel,
- eine Schere,
- eine Handvoll Holzwolle,
- Fellreste, Wollreste, Knöpfe, Perlen,
- ein Stück Schnur,
- eine Zeitung,
- ein paar Blatt Handtuchpapier,
- ein halbes Marmeladenglas voll Tapetenkleister,
- Klebstoff,
- Deck- oder Plakafarben.

So wird es gemacht:

Aus dem Heftdeckel wird ein etwa 8 cm langes Röllchen geklebt, das gerade halb über den Zeigefinger eines Kindes passt. Nun wird eine Holzwollekugel in der Größe eines Tennisballs geformt und mit einer Schnur umwickelt. Diese Kugel wird nun auf das Röllchen gesteckt und mit Klebstoff befestigt, so dass die Kugel fest auf dem Röllchen steckt.

Ein Viertel Zeitungsseite wird von beiden Seiten mit Kleister bestrichen und um die Holzwollekugel herumgeklebt. Um das Ende des Röllchens wird eine Schnur gewickelt und fest geklebt.

Weiter werden kleine Stücke Papier in Kleister getunkt und an den passenden Stellen als Ohren, Nase, Kinn und Lippen auf den rohen Puppenkopf geklebt. Der Puppenkopf muss nun mindestens drei Tage trocknen. Dann können die Kinder ihn mit Deck- oder Plakafarben bemalen. Die Haare und den Bart können die Kinder aus Wollresten oder Fellstücken ankleben. Für die Augen können Knöpfe oder Perlen aufgeklebt werden. Die Puppe kann beliebig bemalt und verziert werden, um den Personen bzw. Figuren des Buches ähnlich zu sein.

Für den Kleiderrock der Puppe wird ...

1. ein trapezförmiges Schnittmuster auf Papier gezeichnet und ausgeschnitten.
2. das Schnittmuster auf dem Stoff mit Stecknadeln festgesteckt.
3. der Stoffteil nach dem Schnittmuster ausgeschnitten.
4. ein zweites gleiches Stoffteil ausgeschnitten.
5. der Puppenkopf von unten in das Kleid gesteckt, der Hals wird durch die Halsöffnung des Kleides geschoben.
6 der Kopf unter dem Halswulst mit einem Band fest gebunden.
7. der Kopf vorsichtig nach unten aus dem Kleid heraus gezogen; alles Innere wird nach außen gekehrt.

So wird das Spiel vorbereitet:

Die Gruppen erhalten die folgende schriftliche Anweisung und genug Material zum Puppenmachen:

„Überlegt euch, was ihr aus dem Buch vom Maulwurf spielen wollt. Nun müssen die Puppen für die dabei benötigten Mitspielenden gemacht werden. Überlegt euch, was sie sagen sollen. Probt das Theaterstück mehrfach und denkt über Verbesserungen nach!"

4) Puppen aus Papprollchen

Benötigtes Material:
- ein Stück Karton,
- Stifte,
- Woll-, Stoffreste,
- Papier.

So wird es gemacht:
Aus einem Stück Karton schneidet man ein Rechteck, einen Kreis und drei Streifen aus. Aus dem Kreis wird ein Hut, nachdem vorher ein Abschnitt (etwa ein Drittel des Kreises heraus geschnitten worden ist) aus dem Rechteck ein Papprölllchen für den Körper; aus den Streifen werden die Arme und der Kopf. Die Pappfigur kann beliebig bemalt und verziert werden, um den Personen bzw. Figuren des Buches ähnlich zu sein.

So wird das Spiel vorbereitet:
Die Gruppen erhalten die folgende schriftliche Anweisung und genug Material zum Puppenmachen:
„Überlegt euch, was ihr aus dem Buch vom Maulwurf spielen wollt. Nun müssen die Puppen für die dabei benötigten Mitspielenden gemacht werden. Überlegt euch, was sie sagen sollen. Probt das Theaterstück mehrfach und denkt über Verbesserungen nach!"

5) Puppen aus Schachteln

Benötigtes Material:
- viele Käse-, Zahnpasta-, Kosmetik- und Streichholzschachteln,
- (buntes) Papier,
- Stifte,
- ein Taschentuch,
- Packpapier,
- Streichhölzer,
- Klebstoff.

So wird es gemacht:
Aus der Sammlung an Schachteln werden passende Schachteln für Körper, Kopf, evtl. auch Beine und Arme ausgesucht. Die Schachteln werden zusammen geklebt und anschließend mit Packpapier oder buntem Papier beklebt und bemalt.

So wird das Spiel vorbereitet:
Die Gruppen erhalten die folgende schriftliche Anweisung und genug Material zum Puppenmachen:
„Überlegt euch, was ihr aus dem Buch vom Maulwurf spielen wollt. Nun müssen die Puppen für die dabei benötigten Mitspielenden gemacht werden. Überlegt euch, was sie sagen sollen. Probt das Theaterstück mehrfach und denkt über Verbesserungen nach!"

6) Puppen aus Dosen

Benötigtes Material:
- eine Dose aus Weißblech,
- Luftschlangen,
- Stoffreste,
- Tonpapier,
- Eierkartons,
- Stifte,
- Klebstoff,
- Schere.

So wird es gemacht:

Eine Weißblechdose wird als Puppe genommen, mit Luftschlangen werden die Haare angeklebt, Stoffreste dienen als Kleidung, Eierkartons als Arme und Beine. Aus Tonpapier wird ein rundes Gesicht auf das obere Drittel der Dose aufgeklebt und bemalt.

So wird das Spiel vorbereitet:

Die Gruppen erhalten die folgende schriftliche Anweisung und genug Material zum Puppenmachen:

„Überlegt euch, was ihr aus dem Buch vom Maulwurf spielen wollt. Nun müssen die Puppen für die dabei benötigten Mitspielenden gemacht werden. Überlegt euch, was sie sagen sollen. Probt das Theaterstück mehrfach und denkt über Verbesserungen nach!"

7) Schattenspiel

Benötigtes Material:
- Tageslichtprojektor,
- Papier,
- Schere.

So wird es gemacht:

Die Kinder schneiden die Figuren aus dem Buch „Maulwurf Grabowski" aus und legen sie in Szenen auf den Tageslichtprojektor und sprechen für die Figuren in Dialogen.

8) Das kleinste Theater der Welt

Benötigtes Material:
- eine leere Streichholzschachtel,
- ein Stück Karton,
- einen Klebestreifen,
- Klebstoff,
- eine Schere.

So wird es gemacht:
1. Die beiden Teile der Streichholzschachtel werden auseinander genommen. Die Hülle wird an zwei Stellen mit der Schere eingeschnitten und das eingeschnittene Stück wird nach vorn geklappt.
2. Aus der Schublade wird eine schmale Seitenwand heraus geschnitten.
3. Aus dem Karton wird ein 3 cm breiter und 15 cm langer Streifen ausgeschnitten und in die Schublade geklebt.
4. Jetzt wird die Hülle an der Tischkante mit einem Klebestreifen festgeklebt.
5. Die Schublade wird mit dem Kartonstreifen nach unten in die Hülle geschoben.

Das kleinste Theater der Welt ist fertig. Man kann es nun bemalen und bekleben. Außerdem kann das Theater auch Kulissen haben. Sie werden auf den Kartonstreifen gemalt, der hinten in der Schublade der Streichholzschachtel steckt.
Als Schauspieler können Stifte, Nudeln oder Streichhölzer auftreten:
So wird das Spiel vorbereitet:
Da die Bühne sehr klein ist, können immer nur zwei Spielende gleichzeitig auftreten.
Die Gruppen erhalten die folgende schriftliche Anweisung und genug Material zum Puppenmachen:
„Überlegt euch, was ihr zu dem Buch vom Maulwurf spielen wollt. Nehmt euch Figuren als Schauspielende. Überlegt euch, was sie sagen sollen. Probt das Theaterstück mehrfach und denkt über Verbesserungen nach!"

9) Sandkastengeschichten

Benötigtes Material:
- drei Kisten (Schuhkartons),
- Spielfiguren (Menschen, Tiere, etc.),
- Sand, Wasser zum Anfeuchten,
- große und kleine Steine, Äste, Stöcke, Zweige,
- trockene Pflanzenteile,
- Stoffreste,
- Kies,
- Brettchen,
- Tannenzapfen o.ä.,
- Rindenstücke,
- kleine selbst gemachte Häuser aus Holz oder Styropor.

So wird es gemacht:
In jede Kiste bauen die Kinder in Gruppenarbeit drei verschiedene Heimaten: früher, jetzt, meine „Traum-Heimat". Sie können mit verschiedenen Materialien richtige Landschaften bauen. In diesen Landschaften können sie dann mit ihren Figuren herumlaufen und dazu erzählen.

10) Tischgeschichten

Benötigtes Material:

- einen Tisch,
- Figuren (Menschen, Tiere etc.),
- Stoffe, Tücher,
- große und kleine Steine,
- Äste, Zweige,
- trockene Pflanzenteile,
- Brettchen,
- Holzklötze,
- Bausteine aus Holz,
- Pelzreste,
- Rindenstücke,
- kleine selbst gemachte Häuser aus Holz oder Styropor,
- Alufolie,
- Knete,
- feuchter Ton.

So wird es gemacht:

Diesmal wird auf dem Tisch eine Landschaft in Gruppenarbeit gebaut zu drei verschiedenen Heimaten: früher, jetzt, meine „Traum-Heimat". In beiden Fällen können Berge aus Tüchern und Steinen, Flüsse aus blauem Stoff, ein Dorf, Wälder aus Zapfen usw. entstehen. Dabei lassen sich auch unbrauchbar geglaubte Abfälle verwenden (z. B. Folien, Schachteln, Dosen etc.).

Die Landschaften werden den anderen Gruppen erklärt. Auch hier kann wieder mit Figuren gespielt und erzählt werden.

2.8.4 Didaktischer Kommentar – Probleme und Möglichkeiten

Wichtig ist es bei allen Ansätzen szenischen Spiels, dass die Kinder nicht unter Druck gesetzt werden, bestimmte Inhalte zu „bringen". Die szenischen Arrangements sind zusammen mit der Buchvorlage lediglich Anregung für die Kinder, die eigenen Emotionen vermittelt über die Puppen nach außen zu tragen und sich selbst dadurch zu erleichtern. Nur wenn Emotionen ausgesprochen werden, sind sie auch bearbeitbar und das ist die wichtigste Aufgabe bei der psychosozialen Stabilisierung von Kindern, insbesondere bei denen mit Migrationshintergrund.

2.9 Den Kulturwechsel merken und ausdrücken – der biografische Ansatz

Für Kinder einer Schulklasse ist es schwer, die besonderen Lebenserfahrungen von Migrantenkindern zu verstehen. Deshalb ist es sinnvoll, dass ihnen diese über Geschichten und Texte näher gebracht werden.

2.9.1 Inhaltsangabe der Bücher

Mittlerweile gibt es zwei Bücher auf dem Markt, die für Kinder verständlich die Konflikte von Migrantenkindern darstellen:
Kusterer, K./Richter, J.: Von Russland träum' ich nicht auf deutsch. Stuttgart / Wien: Hoch-Verlag 1989
Gündisch, K.: Im Land der Schokolade und Bananen. Weinheim / Basel: Beltz 1990
Das erste Buch dokumentiert die Vergangenheit von sowjetdeutschen Kindern. Das zweite Buch stellt das Leben einer aus Rumänien stammenden Familie dar. Beide Bücher sind geeignet, das Verständnis für fremde kulturelle Herkunftsbedingungen zu erhöhen. Somit wird über symbolisch-literarische Präsentation wechselseitig Nähe zwischen den verschiedenen kulturellen Lebenswelten hergestellt.

Kusterer, K./Richter, J.: Von Russland träum' ich nicht auf deutsch. Stuttgart / Wien: Hoch-Verlag 1989

Das erste Buch wurde auf der Basis von Tonaufzeichnungen der Erinnerungen von Julia Richter verfasst, die aus Dschambul in Russland, nahe an der Grenze zu den asiatischen ehemaligen Sowjetrepubliken gelegen, stammt. Dschambul ist eine große Stadt, die als Ort des Zusammenlebens von Russen, Kasachen, Deutschen und anderer Völker geschildert wird. Insbesondere auf dem Markt (Basar) wird ein buntes Zusammentreffen verschiedener Völker beschrieben. In diesem Buch wird die Lebensgeschichte Julias – einschließlich der Erlebnisse ihrer Großmutter – in dichten Abschnitten erzählt. Die starken Klimaschwankungen, das mächtige Tienschan-Gebirge, das Wissen um wilde Tiere, die Vater und Bruder bei der Jagd zu erlegen versuchten, werden geschildert.

Es wird die kleine Zwei-Zimmerwohnung in einem Wohnblock beschrieben und die Nachbarschaft mit Usbeken. Beide Eltern sind berufstätig. Die Familie besucht häufig die Großmutter auf dem Lande mit kleiner Landwirtschaft.

Besonders beliebt in der Familie ist die „Datscha", das kleine Ferien- und Wochenendhaus auf dem Land, das den Kindern viele Naturerfahrungen und Bewegung im Wald und am See geboten hat. Sogar ein selbst gebautes Dampfbad wurde im Garten der „Datscha" genutzt. In der Schule war es selbstverständlich, in Schuluniform zu gehen. Julia stellt vergleichend heraus, dass so kein Modewettbewerb zwischen den Kindern entstehen kann. An ihren Schuleintritt hat sie positive Erinnerungen. Sie erzählt davon, dass man zuerst in der Schule zu den Oktoberkindern gehörte und eine Anstecknadel mit Lenin als Kind erhielt. Die schulischen Rituale wurden in höheren Klassen fortgesetzt, man konnte bei den Pionieren ab der dritten Klasse aufgenommen werden und als Symbol dafür ein rotes Halstuch tragen. Russisch war die eigentliche Unterrichtssprache, während Deutsch nur als Fremdsprache gerechnet wurde. Der Geschichtsunterricht bezog sich ausschließlich auf Ereignisse in Russland, wie die Oktoberrevolution, Stalin und Lenin als wichtige Führungspersonen. Auch die Notenskala war anders geordnet: 5 galt als die beste Note, 1 als die schlechteste.

Die Situation dort wird aus der Kinderperspektive keinesfalls negativ geschildert. So wird das neu gekaufte Ferienhaus am Schwarzen Meer positiv beschrieben mit den vielen Spielmöglichkeiten und Tieren direkt am Meer. Doch trotz dieser privilegierten Bedingungen bemühten sich ihre Eltern um eine Ausreisegenehmigung nach Deutschland. Sie wurden durch die Großeltern, die Eltern des Vaters, die bereits in Deutschland lebten, zu diesem Schritt auch durch die geschickten schönen Geschenke animiert.

Für Julia bedeutet dies ein Auseinandergerissensein zwischen der Großmutter in Deutschland und der in Russland.

Schließlich fiel der Abschied von den eigenen Freunden und Verwandten nicht leicht. Sie mussten fast den gesamten Besitz zurücklassen und waren nun in Deutschland vergleichsweise arm, obgleich sie in Russland eher als reich galten. Selbst lieb gewordene Dinge mussten sie zurücklassen.

Nach der Ankunft in Deutschland auf dem Flughafen musste man zunächst ins Auffanglager Friedland fahren, erst danach kam man in eine Stadt der Wahl, in der die eine Großmutter von Julia bereits seit einigen Jahren wohnte. Zunächst wurde die Familie in ein Wohnheim eingewiesen, später gab es ein Zimmer. Dies war eine deutliche Einengung. Für die erste Zeit mussten die Kinder in eine Internatsförderschule gehen, ehe sie die Hauptschule im Wohnort besuchen durften. Dort war es schwer, neue Freunde zu finden. Man spürte die Reserve der anderen Kinder gegenüber den Spätaussiedlern.

Julia vermisst das frische Essen aus Russland, auch wenn sie bewundert, wie viele verschiedene Gerichte es in Deutschland gibt.

Auffällig war in der neuen Stadt, dass man nicht mehr auf der Straße spielen konnte wie in der Heimat. Die Eltern hatten wenig Zeit für die Kinder, sie mussten zunächst einen Deutschkurs besuchen. Sie hofften, danach eine Arbeit zu finden und später eine kleine Wohnung.

Gündisch, K.: Im Land der Schokolade und Bananen. Weinheim / Basel: Beltz 1990

In diesem Buch wird das Leben einer aus Rumänien stammenden Familie mit zwei Kindern, Uwe und Ingrid, geschildert. Die Mutter war Deutschlehrerin in Rumänien, entsprechend kann die Familie besonders gut Deutsch sprechen, allerdings ist die neue Lebensumgebung noch sehr wenig vertraut.

Sie mussten in Rumänien mit viel Trauer von der Großmutter in der alten Heimat Abschied nehmen. Allerdings erwartete die Familie die andere Großmutter in Deutschland. Es wird mit einigen Sätzen klar ausgedrückt, dass die Kinder eher traurig auf den Wechsel reagieren und die Aussiedlung eigentlich nicht verstehen. „Ich verstehe nicht, warum wir wegfahren, sagt Ingrid. Es geht uns hier doch gut. Wir haben alles, was wir brauchen." (7) Und die neue Welt wirkt zunächst Angst auslösend. Selbst der Bahnhof an der Grenze mit Passkontrolle und Kontrolle der Abteile nach illegalen Einwanderern ist für diese Menschen ein unheimliches Erlebnis, so dass die Mutter trösten muss: „wir brauchen keine Angst zu haben, sagt die Mutter" (9). Bei den ersten Eindrücken in der neuen Stadt, sind die Kinder vom Anblick von Bananen fasziniert, während die Erwachsenen sich vor allem für historische Gebäude interessieren. Das wenige Bargeld der Eltern reichte gerade für vier gekaufte Bananen. Aber der Besuch ist auch eine Reizüberflutung für die Familie: „Ingrid ist es übel von den vielen Gerüchen. Waschmittel- und Lebensmittelgerüche. Sie braucht frische Luft. ... Ich habe mich schrecklich gefühlt, sagt die Mutter. Ich auch, sagt der Vater. Warum? fragt Ingrid" (12). Die vielen bürokratischen Hürden und Schritte vom Gang ins Durchgangslager und dem Absolvieren des Sprachtests bis hin zum Übergangswohnheim werden geschildert. Es werden neben der räumlichen Enge auch positive Erfahrungen geschildert, wie die Zentralheizung, die im Gegensatz zur Wohnung in Rumänien unter Bedingungen des Brennstoffmangels auch im Winter geheizte Zimmer schaffte. Allerdings werden auch nachbarschaftliche Konflikte geschildert, die soweit führen, dass die Kinder wegen Fehlverhalten von den Nachbarinnen beschuldigt werden. Die Eltern wiederum stehen unter Druck, Formulare mit der spezifischen amtsdeutschen Sprache zu verstehen und auszufüllen. „Wenn die Eltern am Tisch über den Papieren sitzen, müssen Ingrid und Uwe auf den Betten spielen. Sie müssen still sein. Die Eltern brauchen Ruhe. Die Eltern brauchen zuviel Ruhe in letzter Zeit, finden Ingrid und Uwe" (21). Aber auch der Gang zu Ämtern oder die Eröffnung eines Bankkontos bereiten Schwierigkeiten. Die technischen Besonderheiten, wie die Knopfdruckbedienung der Straßenbahntüren oder die Schwierigkeiten beim Bedienen einer Sofortbildfotokabine für Ausweisfotos, machen Angst. Umgekehrt wundert man sich, im Ordnungsamt freundlich bedient zu werden, ohne vorher Bestechungswaren, wie ausländische Zigaretten oder Schokolade, zu übergeben.

Am ersten Schultag ist die Sorge groß, ob die Kinder Freunde finden können. Aber es sind in der Schule auch vielfältige neue Erfahrungen zu verkraften, wie den nach Konfessionen getrennten Religionsunterricht, aber auch dem Verhältnis der Schülerinnen und Schüler zu ihren Lehrpersonen. So hält es Uwe für kaum zu glauben, dass es möglich ist, an Lehrern offen Kritik zu üben. Andererseits darf Ingrid wegen unpräziser Aussprache nicht eine Hauptrolle beim Theater der Klasse übernehmen.

Aber auch im Alltag gibt es viele ungewohnte Erfahrungen, wie aufdringliche Werbung oder der Konsumüberfluss im Hause von Onkel und Tante, die sie besuchen. Umgekehrt müssen sie selber Regalbretter aus dem Sperrmüll abholen, was ihnen sehr unangenehm ist. So ist es ein besonders glücklicher Tag, an dem endlich die Kisten mit Hausrat und Spielsachen, die sie vor ihrer Aussiedlung in Rumänien gepackt hatten, endlich ausgeliefert werden. Doch diese alte vertraute Schultasche wird von Mitschülerinnen als hässlich bezeichnet. Ingrid wird in ihrer Verunsicherung von ihrer Mutter mit tröstenden Fantasien gestärkt.

Die Familie hofft trotz aller Beschwernisse, Sorgen und Nöte auf eine gute Zukunft im neuen Land.

2.9.2 Unterrichtspraktische Möglichkeiten der Arbeit mit diesen Büchern

1) Vorlesen
Die simpelste – aber darum nicht unwirksame – Möglichkeit des unterrichtlichen Umgangs mit diesem Thema ist das abschnittweise Vorlesen.
Die Kinder können sich distanziert durch diese Bücher mit den Hauptfiguren identifizieren oder wenigstens deren Perspektive ein wenig erkennen. An das Vorlesen der einzelnen Buchabschnitte sollten sich kurze Gesprächsphasen anschließen.

2) Bilder malen lassen
Eine produktive Möglichkeit zum Ausdruck von Emotionen ist das Zeichnen und Malen (Kaiser 2004). Kinder können zu einzelnen vorgelesenen Abschnitten der beiden Bücher aufgefordert werden, Bilder zu malen. Über Bilder ist es besser möglich, dass Kinder ohne Migrationsbiografie sich tiefer in die Hauptfiguren der beiden Bücher hineinversetzen.

3) Schreibgespräch
Es wird zu einem Abschnitt eines der Bücher zunächst Zeit zum leisen Nachdenken gegeben. Dann wird in Einzelarbeit gesammelt, was den Einzelnen dazu einfällt, dabei kann auch gezeichnet werden. In der zweiten Phase nehmen die anderen aus der Gruppe Bezug zu den anfänglich gesammelten Gedankensplittern der Teilnehmenden und schreiben weitere Gedanken auf. Diese Methode ist für den Sachunterricht besonders geeignet, um die individuellen Gedanken der Kinder ernst zu nehmen und zu dokumentieren.

4) Rollenspiele
Fast jede Szene aus den Büchern lässt sich auch als Rollenspiel darstellen. Dabei ist es wichtig, dass nicht diffus nachgespielt wird, sondern den Kindern jeweils ein Arbeitsauftrag gegeben wird, wie: „Spielt diese Geschichte mit einem traurigen Ausgang!" oder „Spielt diese Geschichte so, dass Ingrids Mutter es schafft, sich zu wehren." oder „Spielt diese Geschichte mit einem fröhlichem Ende!". Die Spielgruppe steht vorn oder an einem anderen gut sichtbaren Platz in der Klasse, die übrigen Kinder sind Zuschauende.
Im Anschluss an jedes Rollenspiel soll die gesamte Gruppe reflektieren, was gut gelungen ist und was besser gemacht werden könnte. Diese konstruktiven Verbesserungsvorschläge werden in einer zweiten Runde des Rollenspiels wiederum erprobt und anschließend gemeinsam reflektiert, ob die vorher gesetzten Ziele (trauriger Ausgang, fröhliches Ende) des Spiels auch für das Publikum erkennbar waren.
Gerade bei diesen Rollenspielen lernen die Kinder den Perspektivenwechsel und Identifikation bezogen auf die Migrationsfrage.

5) Standbild
Standbilder sind bildliche Darstellungen von Situationen, Figuren, Personenkonstellationen, Beziehungsstrukturen oder Begriffen (Scheller 1996, 28). Diese Methode ist eine Form des szenischen Interpretierens eines Textes, wie beispielsweise eines Kapitels oder Absatzes aus diesen beiden Büchern zur Migrationsgeschichte. Verschiedene Personen werden als Statuen von einer Person, die die Regie führt, aufgebaut. Es soll als Ergebnis eine Personenskulptur entstehen, die einen Moment oder eine Bedeutung im Text zum Ausdruck bringen soll. Dabei geht es erst einmal um das Posieren im Raum und untereinander. Zusätzlich können verschiedene Bedeutungen durch Gestik und Mimik unterstützt werden. Die Zuschauenden kommentieren das Standbild mit ihrer Sicht des Textausschnittes. Nach einer Kommentierungsrunde übernimmt ein anderes Kind in der Klasse die Rolle der Regieführung und baut ein neues Standbild auf.
Mit dieser Methode werden sehr dichte subjektive Deutungen zur Migrationsgeschichte der Hauptfiguren dieser beiden Bücher ermöglicht. Gleichzeitig wird nicht eine bestimmte Sichtweise aufgedrängt. Vielmehr werden subjektiv verschiedene Zugänge möglich gemacht.

Diese Methoden des Subjektiven Ausdrucks (vgl. Kaiser 2006) ließen sich noch beliebig erweitern. Planspiele, szenische Antizipationen, Schattentheater, Puppentheater, Figurentheater, Drehen von Filmszenen, szenische Medienrituale, wie Gerichtsspiel, Talk-Show oder Pro- und Contra-Spiel, imaginative Spiele, Pantomime, szenische Nachgestaltung, Texttheater oder das Drehen eines Filmes sind denkbar. Denn „interkultureller Sachunterricht ist offen für originale Begegnung und die Eigenproduktion von Medien" (Glumpler 1996, 72).

Wichtig bei all diesen Formen ist es, dass Gelegenheit zu spielerischem subjektiven Ausdruck möglich ist. Dabei kann jedes Kind die eigenen Emotionen strukturieren, ohne zu einer bestimmten Position oder Sichtweise gezwungen zu sein. So kann jedes Kind an den eigenen Emotionen arbeiten, Varianten erproben und sich für eine Lösung entscheiden, ohne normativ von der Lehrperson in eine bestimmte Richtung gedrängt zu werden. Dies ist weitaus produktiver, wenn alle sich mit diesen Emotionen auseinandersetzen, als wenn Souvenirs und Folklore als Repräsentanten einer fremden Kultur in den Unterricht eingebracht werden (Glumpler 1996, 53).

Wenn die subjektiven Ausdrucksformen produktiv waren, entwickeln sich im Anschluss daran automatisch Gespräche. Wenn die Kinder selbst über Gemeinsamkeiten und Unterschiede in der Biographie sprechen, dann ist dies nicht eine von der Lehrperson aufoktroyierte Sichtweise, sondern wird von den Kindern der Klasse zur eigenen Orientierung zwischen den verschiedenen Kulturen gewünscht.

So können – wenn es von den Kindern ins Unterrichtsgespräch eingebracht wird – Themen wie Heimat, Identität und Herkunft unter entsprechend differenzierter, erfahrungsnaher Argumentation diskutiert werden.

Wenn nur von der Lehrperson die Aufforderung kommt, dass die Kinder mit Migrationshintergrund aus ihrer alten Heimat erzählen, würde dies eine hierarchische Schieflage erzeugen. Dann ist die Frage: „Was gab es dort, was es hier nicht gibt?" immer gleichzeitig auch mit der Norm verbunden, dass die hiesige Umwelt der Maßstab ist. Wenn alle Kinder aus einer Klasse sich auf der Basis von denselben Texten mit verschiedenen szenischen Methoden auseinandersetzen, dann ist der gemeinsame Gegenstand im Mittelpunkt und der Vergleich schließt sich aus den Fragen der Kinder an.

2.10 Kinderbücher für Aussiedlerkinder im Anfangsunterricht!

Auf den ersten Blick erscheint es paradox, Bücher für Kinder aus Migrantenfamilien im Anfangsunterricht zu fordern, da Kinder dieser Altersstufe weder die Technik des Lesens beherrschen noch in der deutschen Sprache zu Perfektion gekommen sind. Auch sind sie mit der bundesdeutschen Kultur noch wenig vertraut. Aber gerade um diese drei neuen Lernanforderungen zu bewältigen, können Kinderbücher eine wichtige Stütze sein. Meine These ist es, dass gerade Kinderbücher besonders geeignete Medien sein können, um Kinder aus anderen Kulturkreisen in der deutschen Schule in ihre drei neuen zentralen Lernbereiche, nämlich neue Kultur, neue Sprache und neue Kulturtechnik Lesen, einzuführen.

2.10.1 Zur kulturellen Funktion von Kinderbüchern

Gerade weil alle diese Kinder aus einem jeweils besonderen kulturellen Kontext stammen, müssen wir nach pädagogischen Wegen suchen, sie ohne Reizüberflutung und abstraktes Dozieren mit der neuen Welt vertraut zu machen, ohne ihnen die Basis ihrer eigenen Kultur zu nehmen. Kinderbücher sind dabei sanfte Transporteure der neuen Kultur, ohne dass diese die Kinder unter Entscheidungsdruck setzen. Sie können sie rezipieren, müssen aber nicht in die Tiefe hinein schauen. Kinderbücher können als literarische Produkte sehr viel über eine Kultur – einschließlich untergründig psychologischer Dimensionen – aussagen. Sie geben als einzelne zwar kein unmittelbares Abbild kultureller Normen und Kontexte, sind aber in und aus diesen kulturellen Zusammenhängen entstanden. So kann man aus Kinderbüchern sehr dicht und anschaulich entnehmen, wie Menschen eines Kulturkreises miteinander umgehen, welche Probleme in der Alltagspraxis zwischen normativem Anspruch und Wirklichkeit auftreten können, wie Menschen sich kleiden oder fortbewegen oder was Kinder gern essen. Alle diese Aussagen über Normen und Kultur werden in Kinderbüchern nicht aufdringlich vermittelt, sondern werden am konkreten Fall der Hauptakteure eines Buches schlicht und klar – fast selbstverständlich – präsentiert.

Beim Buch „Was ist los mit Elsie?"[5] erfahren Kinder beispielsweise, dass es hierzulande offensichtlich kein Problem ist, Nacktheit in der Familie zu sehen. Dass Autos hier keineswegs nur als glänzende Glitzerobjekte bewundert werden, sondern auch als Problem gesehen werden können, belegt der Zottelbär von Janosch. Eine Vielzahl an Aussagen über unser kulturell-gesellschaftliches Leben wird in Kinderbüchern implizit präsentiert, ohne dass es informativer Intentionen bedurft hätte.

---

[5] Eine Liste von sinnvoll in Klassen mit vielen Migrantenkindern einsetzbaren Kinderbüchern ist im letzten Kapitel zu finden.

Methodisch sind sie wiederum trotz der möglichen Aussagendichte flexibel, weil sie ihre Aussagen nicht im Sinne von Belehrung aufdrängen, sondern den Lesenden die Chance lassen, selbst zu bestimmen wie viel Neues sie sehen und wahrnehmen wollen. Denn neben dem, was Schulkinder ohnehin neu lernen sollen, müssen diese Kinder noch sehr viel mehr leisten, nämlich zum Beispiel:

– zu lernen, Abschied zu nehmen von einer lieb gewonnenen Umgebung, die den eigenen Eltern aber verhasst war,
– zu lernen, einen eigenen Platz in dieser neuen Welt einzunehmen, ohne sich von der Gewalt des Konsumdrucks unterdrücken zu lassen,
– zu lernen, diese Welt mit eigenen Augen zu sehen, ohne die Geborgenheit im Elternhaus zu verlieren,
– zu lernen, mit neuen gesellschaftlichen Wertvorstellungen der Mitbestimmung umzugehen, ohne dabei grenzenlos in den Wünschen zu werden,
– zu lernen, eine sexualisierte Umwelt zu erblicken und dies mit der eigenen puritanischen Erziehung zu vereinbaren,
– aber nicht nur zu lernen, sondern auch ein neues Leben in- und außerhalb der Schule anzufangen – also anfangen zu leben.

2.10.2 Zur Arbeit mit Kinderbüchern im Unterricht mit Migrantenkindern

Es gibt Kinderbücher, die so gut illustriert sind, dass sich aus der Bildfolge der Text bzw. Handlungsverlauf des Buches erschließen lässt. Kinder können bereits aus den Bildern nicht nur den Geschichtenverlauf ersehen, sondern auch soziale Normen (z. B. es ist kein Tabu, wenn Geschwister zusammen nackt in der Badewanne sitzen) und Emotionen (Existenzbedrohung einer Maus durch eine drohend nahe Katze) entnehmen. Das stille Ansehen derartiger Bücher kann bereits sehr viele Probleme, Beziehungen und Erfahrungen aus der Geschichte vermitteln.

Ein wichtiger Schritt für den Anfang ist neben dem Kennenlernen der neuen Kultur das Erlernen der deutschen Sprache. Sprachlernen ist aber immer an bestimmte Sinnkontexte gebunden. Dies wird in der Sprachlehrpraxis häufig übersehen, so dass abgehobener, abstrakter Unterricht die Sprachlernfreude der Kinder oft gründlich verleidet. Bücher mit guten (s. o.) Illustrationen erfüllen zwei fremdsprachendidaktisch entscheidende Kriterien: Sie fordern zu Versprachlichung geradezu heraus und sie präsentieren den Sinnkontext augenfällig. Es gibt mehrere Kinderbücher, die zudem noch den emotionalen Problemkreis von Aussiedlerkindern, das durch die Umstände bedingte Verlassen der vertrauten Behausung, direkt thematisieren und somit therapeutisch und kulturpädagogisch wichtige Inhalte repräsentieren („Krähverbot für Kasimir", „Maulwurf Grabowski", „Mi-Ma-Mäuschen", „Stadtmaus und Landmaus", „Die Schildkröte Mirakula").

Die sprachpädagogische Methode der Arbeit mit diesen Kinderbüchern ist denkbar einfach:

1) Das Buch wird den Kindern Seite für Seite vorgeführt und mit einem Eigentext der Lehrperson „vorgelesen", der vom Sprachlernstand aller Kinder und den Illustrationen her noch verständlich ist. Einige Wendungen / Vokabeln werden dabei informell vermittelt, indem die Kinder aus der Intonation und ihrem Verständnis des Bildkontextes den bislang noch unbekannten Wörtern einen Sinn zuordnen. Wichtig ist es bei diesem Schritt, dass die Texte sich auf wenige überschaubare Sätze beschränken, die von den Kindern auch schnell auswendig behalten werden können.

2) Das „Vorlesen" geschieht sehr langsam, die Kinder haben Zeit, sich die reihum gezeigten Bilder genau anzusehen und eigene Ergänzungen zum vorgesprochenen Text hinzuzufügen. So wird das Buch für einige Kinder zum Lernanlass, auch den aktiven Sprachschatz ein wenig zu erweitern. Andere Kinder erhalten dadurch wiederum sprachliche Anregung, um den passiven Sprachschatz zu entwickeln. Wieder andere bekommen Lust, selbstständig den kompletten Text zu lesen.

3) Gute Kinderbücher schaffen eine aufmerksame Lernatmosphäre. Schon allein dies ist ein wichtiges Moment beim Sprachlernen, das auf ein konzentriertes Zuhören angewiesen ist. Sprachdidaktisch ist es vor allem entscheidend, dass die Kinder ein Buch sehr oft wieder sehen und hören wollen. So werden die Sprachmuster immer wieder neu gebracht. Nach und nach versuchen immer mehr Kinder, den entsprechenden Kommentartext zum jeweiligen Bild vorweg laut in den Sitzkreis hineinzusprechen, ehe die Lehrerin dies macht. So werden Satzmuster durch häufige Wiederholung eingeschliffen, ohne dass dies den Charakter einer anstrengenden Übung bekommt. Die Wiederholung wird nicht angeordnet, sondern ergibt sich aus einem inhaltlich motivierten Kontext.

4) Auch wenn das „Vorlesen" eines Buches quasi unisono für alle geschieht, gibt es etliche Möglichkeiten der Differenzierung im Prozess des Buchvortrages. Einige Kinder betrachten primär die Bilder und können ab und zu vermuten, welches deutsche Wort ein abgebildetes Objekt bezeichnet. Andere Kinder können sich durch aktive sprachliche Ergänzungen („und fünf weiße Blumen") im Sprechen üben, wiederum andere erinnern sich daran, dass das gerade gehörte Sprachmuster auch beim letzten „Vorlesen" vorkam und beginnen, es sich einzuprägen. Selten gehen innere Differenzierung und eine gemeinschaftliche Lernatmosphäre so harmonisch ineinander über.
Eine weitere Form der Differenzierung mit Kinderbüchern ist das Vorlesen in kleinen Gruppen, während die anderen sich still mit Büchern befassen.

5) Der Schwierigkeitsgrad kann mit dieser Methode ständig gesteigert werden und dem jeweiligen Stand der Klasse angepasst werden. In meiner Praxis

wurde als erstes Buch das von E. Carle, „Brauner Bär", zuerst mit sehr reduziertem Text („roter Vogel, roter Vogel – grüner Frosch, grüner Frosch ...") vorgetragen. Bald hieß der Text: „Roter Vogel, roter Vogel, siehst du wen, siehst du wen? Gelbe Gans, gelbe Gans, siehst du wen, siehst du wen?". In späteren Phasen des Sprachlernens wurde dann der gesamte Originaltext vorgelesen – inklusive der akkusativischen Variation des nominativen Textes auf der Schlussseite und mit verstellter Stimme und verteilten Rollen gesprochen. Bei den meisten Büchern habe ich selbst den Text völlig frei erfunden und dem Lernstand der Klasse angepasst. Dies muss nicht nur literarische Sprachverluste mit sich bringen. Beim Buch von der Schildkröte Miracula habe ich (sprachstrukturell wurde zu der Zeit gerade die Konjunktivform geübt) den märchenhaften Klagesatz für jede Seite und damit jede durch „Hausverlust" erlittene Unbill der Schildkröte unterlegt: „Ach hätte ich nur meinen Panzer!"

Für den Leselernprozess bieten derartige Bücher in der Anfangsphase primär Motivationen, selbst das Lesen zu erlernen. Erst dann haben sie einen direkten Stellenwert als zusätzliches Übungsmaterial für einzelne Kinder.

Insbesondere für Aussiedlerkinder eignet sich der Umgang mit Kinderbüchern. Denn gerade Aussiedlerkinder, die so hohe Anforderungen auch von ihren integrationswilligen Eltern verspüren – und viele erwachsene Sowjetdeutsche nennen in Mittelasien als primäres Motiv für ihren Aussiedelwunsch: „Unsere Enkelchen sollen Deutsch lernen" – haben einen Anspruch auf einen Sprachunterricht, der ihren kindlichen Bedürfnissen entspricht. Sie lassen sich von Geschichten und Büchern viel mehr faszinieren als die von Medien überfütterten hiesigen Kinder. Deshalb ist es gerade im Interesse der Kinder, die ohnehin hohe Anpassungsleistungen vollbringen müssen, dass dieser Sprachunterricht ihnen auch eine Welt der Fantasie und der emotionalen Problemverarbeitung gibt, die angesichts der plötzlichen Abwertung der eigenen Herkunftssprache dringend notwendig ist. Insofern ist die anfängliche Frage nach dem Stellenwert von Büchern im Fremdsprachenanfangsunterricht auch aus dem Interesse der lernenden Kinder heraus zu begründen.

2.11 Federn – eine Projektwoche zum interkulturellen Sachunterricht im ersten Schuljahr mit Aussiedlerkindern

2.11.1 Ein Projektthema bahnt sich in der alltäglichen Schulerfahrung an ...

Das Kollegium hatte vor den Ferien wunderschöne Stofftiere für die Anfangsklassen bestellt. Fuchs, Rabe, Hahn, Tiger, Storch usw. lagen als Handpuppen zum Aussuchen im Karton. Da ich aus meiner vorigen Aussiedlerklasse wusste, dass die meisten Kinder aus der ehemaligen Sowjetunion mit Kleinvieh, das die Versorgung der Familie ergänzen sollte, auf dem eigenen Grundstück groß geworden sind (zu den soziokulturellen Voraussetzungen von Aussiedlerkindern vgl. A. Kaiser 1989), war die Auswahlentscheidung für mich klar: Der Hahn ist das Tier, das alle kennen und dem von Sechsjährigen auch Respekt gezollt wird. Außerdem wirkte der Hahn mit farbenprächtigem Schwanz und Flügeln so ermunternd und ermutigend für Kinder, die in sich auch mit Abschiedsschmerz, Wohnheimenge und Verlustgefühlen zu kämpfen haben, dass er auch die Funktion eines Kuscheltieres erfüllen kann.

So wurde der Hahn unser täglicher Begleiter bei der optischen Buchstabendifferenzierung, beim Erlernen der Regeln im Klassenraum; er wurde zur Identifikationsfigur, die mal ein ernstes Wort, mal eine ängstliche Frage an die Klasse richtete. Als wir dann noch ein Buch von U. Scheffler und S. Brix-Henker, „Krähverbot für Kasimir", über einen Hahn, der wegen seiner Vitalität bei den Nachbarn Anstoß erregte und schließlich durch staatliche Macht die Bäuerin zum Verlassen ihres Hofes veranlasste, „lasen", d. h. aus den Bildern mit einfachen deutschen Sätzen eine Bildgeschichte machten, stand das Thema Federvieh unweigerlich im Raume. Die Kinder versuchten, mir mit ihren geringen sprachlichen Möglichkeiten mitzuteilen, wie sie im Garten Hühnereier gefunden hatten, oder dass sie auf Gänse und Enten im Garten aufpassen mussten.

Als ein Mädchen aus der Klasse in einer Gesprächsrunde von früher einmal zu erzählen versuchte, dass man aus Federn Betten macht und dabei die typische Fingerbewegung des Federnschleißens vormachte, fiel mir schlagartig meine eigene Kindheit ein. Auch ich habe es jeden Winter erneut faszinierend empfunden, wenn das „Federnreißen" dran war. Meine Mutter kochte schon am Vortag mehrere Töpfe mit Suppe, es war aufregendere Vorbereitungsspannung als vor Festtagen, die Möbel wurden mit Bettlaken fest umhängt, alles sah sehr geheimnisvoll aus. Dann erschienen plötzlich alle Nachbarinnen, saßen um den langen Tisch herum, ihre Haarknoten waren durch eng gebundene Kopftücher versteckt und meine Mutter schüttete die erste Serie von Entenfedern auf der Tischmitte aus. Alle waren so eifrig dabei, die weichen Federanteile von den harten Kielen mit den Fingern abzutrennen, dass ich, die ich doch sonst so gern Bücher las, am liebsten den ganzen Tag mitgemacht hätte. Ich weiß nicht, was dabei spannender war, das Tun oder die Geschichten der Frauen. Ich habe dabei viel gehört, was ich nicht hören durfte, wurde aber, sobald besonders interessante oder pikante Verhältnisse – dies ist wörtlich gemeint – aufgetischt wurden, nach draußen geschickt.

Als ich den Kindern meiner Klasse von meinen Erfahrungen erzählte, nickten sie verständnissinnig. Auch bei ihnen zu Hause in Kasachstan und Kirgisien wurden derartige gemeinschaftliche Eigenproduktionstage mit Federn „gefeiert".

Nachdem an meiner Schule als Leitziel für die Projektwoche beschlossen worden war, dass alle Gruppen Ergebnisse zur schöneren Gestaltung der Schule hervorbringen sollten, suchte ich nach einer Kombinationsmöglichkeit zum Leitthema der Projektwoche „Fliegen – Herbst" für meine Förderklasse. Die Förderklassen wurden, so wurde es in der Schule beschlossen, nicht für die offenen Projektkurse zugelassen, sondern sollten wegen der Sprachprobleme im geschlossenen Klassenverband bleiben. Nicht lange nach dem Kollegiumsbeschluss, fiel mir das Thema Federn bald in der Klasse ein, als ein Kind andächtig versonnen unseren Klassenhahn streichelte. Da es schwer ist, mit Kindern über ein Projektthema in Form einer Besprechung zu entscheiden, die nur sehr wenig Ausdrucksmöglichkeiten in einer für sie fremden Sprache haben, musste die Auswahl notwendig mehr von der Lehrerin ausgehen. Ich beließ die Entscheidungsmöglichkeiten der Kinder auf der Ebene ihres handelnden Umgangs mit der von mir angebotenen Sache. Beim nächsten Gang in den Park haben wir neben Eicheln und anderen Früchten auch Federn gesammelt. Die im Handeln gezeigten „Antworten" der Kinder waren deutlich:

Für sie waren Federn Objekte des Habenwollens, des Schmückens, des sich gegenseitigen Streichelns und Neckens, sowie des Traumes vom goldenen Westen („ich bin Amerika" – mit einer Feder als Indianerhaarschmuck). Genug an emotionalen Bezügen, um sich in einer Projektwoche auch aus Kindersicht legitim mit dieser Thematik zu beschäftigen.

2.11.2 Projektunterricht für Aussiedlerkinder?

Nachdem die Ideen von Projektstudium und Projektunterricht bislang als Privileg reformpädagogisch orientierter Theorien und selten auch über einen längeren Zeitrahmen zur praktischen Erprobung gelangten (Projektstudium an der Universität Bremen, Projekte einzelner Reformschulen [Chicago Laboratory School, Laborschule Bielefeld, einzelne Gesamtschulen] oder vereinzelte Versuche besonders engagierter Lehrkräfte (AOL 1982)), bekam der Projektgedanke erst Mitte der 1980er Jahre mehr Popularität und praktische Adaption als die verwaltungstechnisch praktikable Formel von den „Projektwochen", die schon längere Zeit auch in Richtlinien (Kultusminister NRW 1985) Eingang gefunden hat, breit rezipiert wurde. Der Projektwochenbegriff entkleidete auch den Projektbegriff von den hohen idealen Ansprüchen aus der bildungsreformerischen

Expansionszeit. Diese hatten m. E. eine praktische Adaption geradezu behindert. Auch wenn die Merkmalskataloge von Projekten nicht als exakte Definitionen verstanden werden sollten, stellten derart hohe Ansprüche der Autoren gleichzeitig Praxisschranken wider die eigenen Absichten, Praxishilfen zu liefern, auf. So umfasst der von Gudjons 1984 veröffentlichte Katalog acht Punkte, die für sich allein genommen schon hohe didaktische Ansprüche an die Praxis stellen:

– Situationsbezug,
– Orientierung an den Interessen der Beteiligten,
– Selbstorganisation und Selbstverantwortung,
– Gesellschaftliche Praxisrelevanz,
– Zielgerichtete Projektplanung,
– Einbeziehung vieler Sinne,
– Soziales Lernen,
– Interdisziplinarität (Gudjons 1984, 262 ff.).

Andere Projektbeschreibungen greifen mehr auf die reformpädagogisch-arbeitspädagogischen Traditionen (A. Reichwein, P. Oestreich) zurück und sehen in der Herstellung eines Produktes und dem handelnden Lernen die zentralen Kriterien (Kasper 1974, 179).

Heutige Anleitungsbücher zum Projektlernen sind dagegen ungleich weniger normativ und entwickeln dafür konkrete Umsetzungshilfe für die Praxis auf der Basis von bereits gemachten Erfahrungen mit Projektunterricht (Emer/Lenzen 2005).

Eine Projektwoche in einer Aussiedlerförderklasse, die von ihrem Konzept dafür da ist, den Neuankömmlingen aus dem Osten die deutsche Sprache erst zu vermitteln, kann nicht dem Ideal von Projekten genügen, denn weder dem Projektkriterium der gemeinsamen Entscheidung über Thematik und Verlauf des Projektes, noch dem der gesellschaftlichen Praxisrelevanz lässt sich bei einem kaum entwickelten sprachlichen Ausdrucksvermögen in der neuen Fremdsprache entsprechen.

Der Projektverlauf muss stärker durch die Lehrperson vorgegeben an Handlungsanlässen festgemacht werden. Verbale Phasen der Planung und Reflexion müssen weitgehend wegfallen. Hinzu kommt ein kulturelles Defizit in selbst bestimmter gemeinsamer Planung in den noch sehr nach dem rigiden Repetierschema arbeitenden Schulen der Herkunftsländer und den traditionell-patriarchalen Familienverhältnissen dieser Kinder. Auswertungsreflexionen und demokratische Planungsgespräche können deshalb nur in begrenztem Umfang geleistet werden.

Ein weiteres strukturelles Manko – gemessen an pädagogischen Idealen der Projektmethode, wie sie etwa von J. Dewey und Kilpatrick (1935) zu Beginn dieses Jahrhunderts entwickelt wurden – bei der pädagogischen Arbeit mit Kindern, die noch nicht über ausgeprägte Deutschkenntnisse verfügen, liegt darin, dass anstelle aktiver Mitentscheidung über Projektverlauf und -ziele die Intuition und Deutung der Kinderhandlungen durch die Lehrperson als Ersatz für tatsächlich geäußerte Kinderwünsche fungieren.

Eng mit den sprachlichen Verständigungsproblemen hängt auch die vage Definition des Problems zusammen. D. Hänsel legt gerade in diesem spezifischen Merkmal, dass „Lehrer und Schüler ein echtes Problem in gemeinsamer Anstrengung und in handelnder Auseinandersetzung mit der Wirklichkeit zu lösen suchen" (Hänsel 1986, 33), ihre Definition von Projekten an. Die eigentlichen Fragen, die nicht-deutschsprachige Kinder mit einem Thema verbinden, das sie offensichtlich interessiert, können nicht präzise herausgefiltert werden. Die Projektdefinition für diese Kinder muss also stärker an der handelnden Komponente und weniger auf der Problemkomponente von Projekten festgemacht werden. Wenn wir das in der Literatur häufig verwendete Projektkriterium einer realen Problemstellung konsequent gebrauchen, löst sich der schulische Charakter auf. Denn dann stößt ein derartiges Projekt an die Grenzen von pädagogischer Arbeit. Echte Probleme zu lösen geht nahtlos über in Forschungsprojekte oder politisch-gesellschaftliche Veränderungsprozesse. Gerade im Grundschulalter sind aber m. E. auch Projektformen legitim und sinnvoll, die nicht diesen hohen – und eventuell den praktischen Innovationsmut herabsetzenden – Anspruch verfolgen. Für nicht-deutschsprachige Kinder wäre es schon von ihren Lernvoraussetzungen her nur in einer muttersprachlichen Schule möglich, einen derartigen, verbal-kognitive Durchdringung des Problems erforderlich machenden Projektunterricht überhaupt zu realisieren. Der thematische Verlauf kann bei ihnen also weniger durch den – notwendig mehr kognitiv-verbal strukturierten – Problemgehalt des Projektes gestaltet werden. Vielmehr sind assoziativ-gegenständliche Strukturmerkmale, die aus den konkreten Handlungen der Kinder erwachsen, von Bedeutung.

Bei Bönsch (1989, 31) finden wir kein so normativ-ideales Projektverständnis wie in vielen anderen Schriften. Er lässt einfach verschiedene Varianten von Projekten (unter gesellschaftlich-politischem, sozialem, innerschulischem, innergruppalem und lern-didaktischem Aspekt) als Möglichkeiten nebeneinander stehen. So verleiht er den ohnehin in der Praxis vorherrschenden Formen Legitimität unter Projektansprüchen. Diese Projektwoche an unserer Schule, von der hier die Rede ist, die der Verschönerung der Schule dienen sollte, fiele nach Bönsch unter die an dritter Stelle genannte Kategorie, nämlich „Projekte, mit denen wir in der Schule etwas verändern, verschönern, bewegen wollen" (Bönsch 1989, 31). Insgesamt lassen sich seine mehr auf konkretes Kinderhandeln bezogenen Projektkategorisierungen auch auf Klassen mit Kindern nichtdeutscher Herkunft beziehen.

Für Migrantenkinder müssen die Akzente im Projektverständnis deutlicher auf die Seite handlungsorientierter, selbsttätiger, konkreter Produktherstellung gelegt werden. Fächerübergreifendes Lernen ist bei diesen Kindern ohnehin im Schulalltag besonders wichtig, da Sprachunterricht ohne konkrete Sachen gerade im Grundschulalter wenig Sinn hat. Dagegen hat die eigenständige Planung an einer gesellschaftlich relevanten Fragestellung weniger Umsetzungschancen.

Organisationsformen, wie jahrgangsübergreifende Gruppenwahl, die der Projektidee – unter dem Aspekt der Orientierung an den Interessen der Lernenden – besonders entsprechen, sind aus sozial-emotionalen Gründen für diese Kinder, die auf eine Biografie ständiger Brüche aus ihrem vertrauten sozialen Rahmen zurücksehen, keineswegs so positiv einzuschätzen. Denn diese Kinder brauchen Geborgenheit in einer stabilen Gruppe. Aus diesen Gründen haben wir für die Aussiedlerförderklassen entschieden, keine klassen- und jahrgangsübergreifende Wahl von Projektgruppen, wie in den anderen Schulklassen, anzubieten, sondern eine Projektwoche in der vertrauten Lerngruppe durchzuführen. Ein weiterer Vorteil dieser Organisationsform für fremdsprachige Kinder ist es, dass so ein längerer Übungszeitraum gegeben ist, in dem für das Projektthema wichtige sprachliche Wendungen vorbereitet werden. Insofern ist die Organisationsform einer Projektwoche in der Tat ungeeignet für fremdsprachige Kinder, weil der Zeitraum von fünf Schultagen zu kurz ist, um die sachlich erforderlichen sprachlichen Lernschritte anzubahnen.

2.11.3 Vom Tierpark zur Geschichte der Schreibwerkzeuge – eine Verlaufsskizze der Praxis

2.11.3.1 Didaktische Vorbemerkungen

Bei allen sprachlichen Problemen ist es gerade bei fremdsprachigen Kindern sehr wichtig, die Sprachenhürde hoch zu stellen, wenn es sich situativ anbietet. So können weitere Lernprozesse durch das Prinzip „Fordern" angeregt werden. Deshalb habe ich schon lange vor Beginn der Projektwoche den Kindern das Thema „Federn" vorgeschlagen und sie aufgefordert zu überlegen, was wir wohl in der „Projektwoche" alles in der Schule machen können. „Projektwoche" habe ich den Kindern so vorgestellt, dass dann im Sitzkreis fast nur über Federn geredet wird und dass sie in der Arbeitszeit sehr viel zum Thema „Federn" machen dürfen. Außerdem dürfen sie selber vorschlagen und entscheiden, was sie in dieser Woche arbeiten wollen. Um die Kinder zu Ideen anzuregen, habe ich gefärbte Federn gezeigt und die Möglichkeit angeboten, selbst Federn zu färben, sowie die von den Kindern bislang gesammelten Federn zum Vergleich in die Mitte gelegt. Allmählich kamen auch einige Ideen, zumeist als Varianten bzw. Weiterentwicklungen meiner Vorschläge, von den Kindern. Sie wollten beispielsweise – als Variation des in der Klasse wichtigen Fotobuches aller gemeinsamen Erlebnisse – ein „Federnfotobuch" erstellen. Ein anderer Vorschlag der Kinder war es,

Vögel in die Klasse zu holen bzw. Vögel selbst zu machen. Alle gesammelten Vorschläge habe ich dann versucht, für alle Kinder sprachlich verständlich zu erläutern. Nach jedem Vorschlag haben wir dann das in der Klasse bekannte – und für noch wenig in Fragen von Demokratie gewohnte Aussiedlerkinder besonders wichtige – Abstimmungsritual vollzogen. Dabei wurde, bei mehrheitlich positivem Abstimmungsergebnis, sprachlich die Futurform eingeführt und geübt: „Werden wir Spiele mit Federn machen?"; „Ja. Wir werden Federn fliegen lassen". Es gab gerade angesichts der Vielzahl an Vorschlägen reichlich realen Sprechanlass für die Futurform, ohne dass dieses in vom Sinn entleerter Formalübungsform geschehen musste. In dieser Hinsicht war das Lernen von Fertigkeiten bzw. Techniken eng an den Projektinhalt gebunden, was ebenfalls ein Projektkriterium ist.

Eine weitere Tempusübung erfolgte am Schluss aller Projekttage, wenn ältere Geschwister oder verwandte Kinder kamen, um die Kleinen zum Schulbus abzuholen. In dieser Situation sollten die Kinder erzählen, was sie am Tage gemacht und gesehen hatten. Diese Form der Perfektübung war den Kindern bereits aus anderen Zusammenhängen vertraut und bereitete, neben der für die deutsche Sprache spezifischen Unterscheidung von zwei Formen von Hilfsverben für Bewegungsverben und die übrigen, keine besonderen Schwierigkeiten.

2.11.3.2 Eröffnung der Projektwoche: Gang zum Tierpark

Die eigentliche Projektwoche wurde dann mit dem gemeinsamen Besuch im Tierpark (ausschließlich heimische Tiere) mit den verschiedenen Volieren für Greifvögel, Singvögel, Eulen, Enten etc. eröffnet. Die Kinder sammelten Federn an allen ihnen zugänglichen Stellen und ließen sich von Tierparkbediensteten, die schon zwei Wochen lang vorher Federn in den nicht zugänglichen Volieren gesammelt hatten, Fütterung oder Reinigung zeigen. Der Tierparkbesuch beschränkte sich aber nicht auf die zu unserem Projektthema gehörigen Vögel. Wir haben vielmehr alle Tiere dort beobachtet und uns über unsere Beobachtungen zu verständigen versucht. M.E. wäre es ein pädagogisch falsch verstandenes, rigides Projektverständnis, wenn in der Situation alle Wahrnehmungen und Fragen der Kinder auf einen thematischen Bereich zurückgestutzt werden. Durch die Sammelaufgabe von Federn wurde ohnehin die Aufmerksamkeit immer wieder auf unser Vorhaben gelenkt.

Schon auf dem Rastplatz im Tierpark haben wir uns gegenseitig unsere Fundstücke gezeigt; die Kinder empfanden es als notwendig, nach sprachlichen Ausdrucksmöglichkeiten zu suchen, um die jeweiligen Unterschiede zu beschreiben.

Nach dem Besuch des Tierparks fuhren die Kinder mit verschiedenen Federn im Haar geschmückt in die Schule zurück oder zeigten den Kindern aus anderen Projektgruppen stolz ihre Funde.

2.11.3.3 Offene Versuche in der vorbereiteten Lernumgebung

Am nächsten Tag wurde dieser Vergleich im Sitzkreis gemeinsam systematisiert. Wir fühlten die verschiedenen Federn und probierten sie aus. Gewicht, Stabilität, Funktionsweise, Form und viele andere Eigenschaften wurden dabei erprobt. Einige Kinder versuchten, mit dem harten Kiel der Gänsefedern bereits auf Buchdeckeln zu ritzen, andere versuchten, möglichst viele farbige Entenfedern zu ergattern. Gerade die Vielfalt an Formen und Farben machte sinnfällig, welch ein schönes Naturprodukt die Feder ist, so dass sich daran fast wie selbstverständlich komparative sprachliche Vergleiche (z. B. Gänsefeder, gefärbte Entenfeder und Pfauenfeder: schön, schöner, am schönsten) anschlossen.

Im Anschluss an diese gemeinsame Besprechungsphase zeigte ich den Kindern die von mir zur Anregung mitgebrachten Dinge, die in verschiedenen Ecken des Klassenraumes verteilt aufgestellt waren: eine große Tüte voller weißer Entenfedern, Bücher mit Bastelanregungen, Bücher zum Färben, Bücher über Vögel und daneben Malpapier mit Wachsmalblöcken, verschiedene Naturfedern, gefärbte Entenfedern, die gesammelten diversen Vogelfedern. Ich ließ den Kindern viel Zeit, sich darüber in ihrer Herkunftssprache – also polnisch oder russisch – zu verständigen, damit nicht die Sprachbarriere wichtige Ideen, Fragen oder Interessen von vornherein ausschaltet.

Die meisten Kinder gruppierten sich um den Tisch mit den weißen Federn und den daneben liegenden Mustern von gefärbten Federn. Zwei Mädchen versuchten währenddessen Vögel aus Vogelbüchern abzuzeichnen.

2.11.3.4 Offene Versuche zum Federfärben

Da es vorher Streit um die wenigen farbigen Federn gab, den ich unter Hinweis auf unsere Planung schon dahingehend zu schlichten versuchte, dass ich ankündigte, dass wir ohnehin bald Federn färben werden, initiierte ich die Möglichkeit zu ersten Versuchen. Die Kinder probierten zunächst mit den ihnen bekannten Methoden des Färbens bzw. „Farbigmachens" aus, die von mir zu Probe angebotenen weißen Entenfedern bunt zu machen. Die Kinder hatten nur sehr wenige weiße Entenfedern gesammelt. Diese Entenfedern hatte ich vorher im Federbettengeschäft gekauft. Die Kinder wählten Wachsstifte, Wasserfarbe, Wachsmalblöcke, Filzstifte (der Vorschlag, Buntstifte zu nehmen, wurde von allen als erfolglos von vornherein abgetan), Füller und mit Krepppapier gefärbtes Wasser als Färbemittel. So sehr die Kinder sich auch abmühten, einige rührten ganz intensiv farbhaltige Wasserfarbgläser an: „Die Farbe bleibt nicht an den Federn fest!", mussten einige resigniert feststellen. Auf meine Frage, was zu tun sei, fiel einigen der religiös erzogenen Kinder zunächst ein zu beten. Andere gingen stärker pragmatisch an das Problem und holten ein Plastikmesser aus dem Schrank und versuchten zu schaben, aber das zerstörte nur die schöne Feder. Ich erklärte den Kindern, dass die Federn von einer Haut aus Fett dicht umgeben sind und dass davon alle Farbe abgehalten wird. Gemeinsam wurde noch einmal genauer getastet und mit den Fingern gerieben, um das Fett zu spüren. Ich erzählte den Kindern, dass ich bislang von zwei Möglichkeiten gelesen habe, wie man das Fett von den Federn herunterbekommt, ohne die Federn kaputt zu machen, nämlich mit zwei sehr giftigen Flüssigkeiten, Spiritus und Alkohol. Die Kinder wollten dies ausprobieren und versprachen, mit diesen gefährlichen Substanzen sehr vorsichtig umzugehen.

2.11.3.5 Entfetten der Federn und Färben

Nun erhielten die Kinder eine kleine Schale mit flüssigem Brennspiritus. Der Geruch war ihnen sehr bekannt, denn mit Brennspiritus wurde zu Hause der Rest der Federkiele in der Haut von Geflügel weggebrannt, um das Geflügelfleisch für das Braten vorzubereiten. Jedes Kind tauchte nun sehr vorsichtig eine Feder in die Schale ein. Alle versuchten zunächst mit Pinsel und Wasserfarbe, diese durch Spiritus entfetteten Federn zu färben. Die Versuche aller Kinder waren mit diesen Substanzen erfolgreich, selbst die sehr wässrige Wasserfarbe blieb an den Federn haften.

2.11.3.6 Arbeitsteilige Farbfedernproduktion in der Klasse

Nach dieser sehr stark von der Lehrerin gelenkten Lernphase konnte die arbeitsteilige Produktion beginnen. Ich stellte den Kindern die verschiedenen Arbeitsgänge vor, insbesondere die recht aufwändige Zubereitung der von mir mitgebrachten Textilfarbe. Die Kinder durften sich ihren „Arbeitsplatz" selbst wählen und erhielten dann noch zusätzliche Schutzkleidung (Gummihandschuhe oder Plastikhandschuhe) zu den mitgebrachten Schutzkitteln. So entfetteten bald einige in stoischer Arbeitshaltung die Federn, einige waren dabei, die recht komplizierten Anrühr-, Aufwärm-, und Mischungsprozesse bei der Herstellung von Textilfärblösung unter Anleitung einzuüben, einige bereiteten ihre eigene Färbemixturen (Wasser mit Krepppapier) und tunkten ungeduldig die ersten entfetteten Federn in ihr Färbebad, lediglich der Trocknungsvorgang war unattraktiv, so dass dies auch zu den Aufgaben des Färbens dazuzählte. Die Putzaufgaben sollten ohnehin nach dem Verursacherprinzip von allen an ihrem jeweiligen Platz erfüllt werden – und liefen auch bei der Vielzahl an Farbspritzern auf dem PVC-Boden erstaunlich reibungslos ab.

Nachdem dieser Vorgang sich allmählich zu routiniertem Handeln entwickelte, schlossen sich auch die Kinder, die sich bisher im wahrsten Sinne des Wortes am Rande der Klasse orientiert hatten, der Färberei an. Die Kinder wechselten zwar die verschiedenen Tätigkeitsschritte, blieben aber zumeist bei einer bevorzugten Arbeit. Sie hatten aber allesamt den Überblick über den Gesamtprozess. Wenn etwa eine Feder nicht genug Farbe angenommen hatte, dann wurde nicht der Färbeakt, sondern der Entfettungsakt wiederholt. Allmählich versuchten einige Kinder, den doch sehr aufwendigen Prozess zu effektivieren. Sie erprobten die Synchronisierung von Entfettungs- und Färbevorgang, mischten verschiedene

Gläser mit Färbeflüssigkeit, um neue Farben zu erhalten, erprobten die Mischung verschiedener Farbstoffe (Wasserfarbe, Textilfarbe, Krepppapierfarbstoff).Während die Kinder lange Zeit auf dem Boden hockten und emsig färbten, fingen einige an, sich gegenseitig in russisch Geschichten zu erzählen.

Einige Kinder fingen in dieser Phase an, sich kreativ mit der Thematik auseinanderzusetzen. Einige warfen Federn hoch und imitieren mit der Hand Badmintonschläger. Gemeinsam haben wir Regeln dazu erfunden und variiert. Unter fächerintegrativem Aspekt wurden hierbei sowohl Leibes- wie auch Rechenübungen ganz aus der Situation heraus gemacht. Andere schauten sich Buchabbildungen an, ließen sich von abgebildeten farbenprächtigen Vögeln, Federn oder Kindern in bunten Vogelkostümen beeindrucken oder sie versuchten, aus den von mir angebotenen Vogelschablonen, selbst aus Fotokarton Vögel zu schneiden. Das Buch von R. Brown[6] erhielt in diesem Kontext, obgleich es keineswegs für das Grundschulalter geschrieben worden ist, große Attraktivität. Andere Kinder nahmen einfach im Raum herumschwebende Daunen in die Hand und streichelten sich damit über die Wangen.

2.11.3.7 Weiterentwicklung der Projektarbeit

Auch am folgenden Projekttag waren die Kinder mit gleicher Begeisterung dabei zu färben, wenn auch einige Mädchen zur Überraschung der in der Klasse mitarbeitenden Studentin nach einiger Zeit sich ihren gewohnten individuellen Lernmaterialien zuwandten und Rechnen oder Lesen übten. Hier zeigt sich eine der notwendigen kritischen Stellen von Projektunterricht, dass ein gleiches Interesse bei allen Kindern einer Klasse nur schwer vorausgesetzt werden kann (Bönsch 1989, 32). M.E. wäre es ein falsch verstandenes Projektverständnis, wenn wir nicht auch projektferne Lernwege zulassen würden. Denn diese Mädchen haben am Projektgeschehen insgesamt teilgenommen und sich in den späteren Phasen wieder sehr aktiv eingebracht.

Mittlerweile waren die am Vortag produzierten farbigen Federn getrocknet. Einige Kinder begannen, die schon ausgeschnittenen Vögel mit einem bunten aufgeklebten Federkleid zu schmücken. Sie klebten diese Vögel mit Klebeband an Wände und Fenster, an ihre Ohren und Stirn. Die von mir vorgeschlagenen durch den Raum gezogenen Bänder, an denen diese Vögel dann aufgehängt werden, waren nur für einige Kinder eine interessante Aufgabe. Andere wiederum nahmen sich die langen Schnüre und reihten durch Reinstecken verschiedene Federn daran auf. Gerade diese Federketten erregten besonders viel Interesse, die Kinder streichelten sich und andere damit und fühlten sich sichtlich geborgen. Ästhetische Reize der jeweiligen Farbkombination (manche Kinder variierten nur Federn in Blautönen, manche wechselten zwei Farben ab, andere wollten die Federnschnüre so bunt wie möglich machen) und emotional-taktile Geborgen-

---
[6] R. Brown u. a.: Federn, Spuren & Zeichen. Hildesheim (Gerstenberg) 1988.

heitswünsche wurden abwechselnd positiv angesprochen. Diese Aufgabe lockte nach einiger Beobachtungszeit auch die rechnenden Mädchen, die das Färben mittlerweile als zu langweilig fanden, wieder an. Sie fertigten besonders schöne Federnschnüre und probierten verschiedene Schmuckmöglichkeiten aus.

2.11.3.8 Beobachtungen bei der Projektarbeit

Die Geschlechterverteilung bei den Tätigkeiten war außergewöhnlich ausgeglichen. Einige Kinder beschäftigten sich damit, die im Raum ausgestellten Werbeplakate anzuschauen und dazu (besonders zum Plakat mit den großformatigen Gänsen) zu sprechen, andere holten sich gestalterische Anregungen aus den Büchern, andere versuchten, Federn zu zeichnen, einige klebten verschiedene Vogelfedern auf große gelbe Bögen auf, viele probierten Kopfschmuckvarianten und waren hellauf begeistert, als sie das von mir meterweise gekaufte Gardinenband entdeckt hatten. In ihren Indianerkopfschmuck steckten sie bevorzugt die attraktiven großen Vogelfedern und verschwanden damit nach Schulschluss in Richtung Übergangsheim. Die „Ping-Pong-Spiele" mit Federn auf dem Flur wurden in den Spielregeln verfeinert. Überhaupt war deutlich, dass sich das thematische Spektrum und das Spektrum der Kinderaktivitäten, sowie das der kreativen Darstellungsmöglichkeiten von Tag zu Tag weiter differenzierten.

2.11.3.9 Federn als historische Schreibwerkzeuge

Hier sei abschließend nur noch ein Erfahrungskreis genauer dargestellt, in dem die sachunterrichtliche Komponente unter stärker historischem Aspekt zum Tragen kommt: Anknüpfend an die Kritzelversuche habe ich den Kindern auf einen Tisch mehrere hartkielige Gänsefeldern, einige unserer schärferen Messer zur Pflanzenerkundung, viel leeres Papier und ein kleines Tintenfass bereit gestellt. Die Kinder versuchten zunächst nur Tinte und Schreibwerkzeug zu nutzen, aber das Ergebnis war erwartungsgemäß enttäuschend. Da die Kinder es von sich aus nicht wagten, die Federn mit dem Messer anzuspitzen, machte ich es ihnen vor. Das Ergebnis freute die Kinder, sie konnten jetzt schon recht klar umrissene Buchstaben schreiben. Als fast alle Kinder der Klasse sich für die Geschehnisse interessierten, erklärte ich anhand von historischen Bildern, dass früher die Menschen nur mit derartigen angespitzten Federn geschrieben hatten. Dazu zeigte ich ihnen weitere Entwicklungsstadien von Schreibwerkzeugen, nämlich die Rohrfeder, die Bambusfeder, die Stahlfeder und die Stahlfeder am Füllfederhalter. Die Kinder erprobten nun mit eifrigen eigenen Schreibversuchen die Qualität dieser Schreibwerkzeuge und übten gleichzeitig dabei die bisher gelernten Wörter, einige nahmen sogar ein Lesebuch zur Hilfe, um neue Wörter abzuschreiben. In dieser Phase ging das Projekt über in die lerndidaktische Variante hinaus (Bönsch 1989, 31).

2.11.3.10 Präsentation der Ergebnisse

Weil am Nachmittag die Ergebnisse der Projektwoche der Schulöffentlichkeit vorgestellt werden sollten, wurde gegen Schluss des Tages ein Ausstellungstisch vorbereitet und eine gründliche Reinigung des Klassenraumes vorgenommen, da trotz unserer Zeitungspapierunterlagen eben doch einige Farbspritzer an unerwünschten Stellen gelandet waren. Aber vor allen Dingen wurden die Dialoge eingeübt, mit denen wir unseren Besucherinnen und Besuchern unsere Ergebnisse erklären wollten. Einhellig wurde auch beschlossen, dass allen Kindern, die unseren Stand besuchten, dann eine der vielen schönen Federn vom Ausstellungsstück geschenkt werden sollte. Dies war für die Aussiedlerkinder, die sich hier immer noch in der Bittstellerrolle fühlen, eine befreiende Rollenumkehrung.

2.11.3.11 Weitere Handlungsmöglichkeiten

Viele geplante Ideen konnten im Rahmen einer Projektwoche nicht realisiert werden. Einige seien hier nur stichpunktartig als Anregungen festgehalten:

- aus Salzteig / Pappmaché Vogelfiguren gestalten und mit Federn schmücken,
- mit Gas gefüllte Luftballons mit Federn bekleben und als Vögel im Raum schweben lassen,
- Schreibwerkzeuge aus Holz u. a. selbst herstellen,
- viele Naturfarben aus Rotkohl, Spinat, Zwiebelschalen etc. gewinnen (dies war aus organisatorischen Gründen nicht möglich, weil die Schulküche in der Projektwoche restlos ausgebucht war),
- Federschmuck zum Verkaufen herstellen.

Angesichts der Intensität der Projektwoche ist es nicht verwunderlich, dass die Kinder sich hinterher weiter sehr für Vögel interessierten und aus Schulkurzfilmen allmählich auf das Problem der Wasserverschmutzung kamen. Vielleicht wird dies ein Projektthema in der kommenden Zeit?

2.11.4 Schlussbemerkungen

Der Kern des skizzierten Projektes war die Gestaltung des Klassenraumes. Für die Aussiedlerkinder, die so wenig Beachtung ihrer Person erleben, kam das Schmücken der eigenen Person als weitere wichtige Komponente hinzu. Seit dieser Projektwoche verbreiteten die Vögel und Federnschnüre eine anheimelnde Atmosphäre in dem öden Betonbau. „Federn" war eigentlich kein Thema, sondern nur der Gegenstand, um die emotionalen Probleme, das eigentliche Projektthema, gemeinsam zu bearbeiten.

Über weite Phasen war exploratives Lernen dominierend, wenn etwa verschiedene sachunterrichtliche Erkenntnisse über die Oberflächenbeschaffenheit von Federn oder den Prozess des Entfettens oder die Geschichte der Schreibwerkzeuge im Vordergrund standen.

Implizit wurde auch das Thema „Arbeitsteilige Produktion" beim Akt des Federnfärbens in den Erfahrungshorizont der Kinder gerückt, was für spätere Lernprozesse sicherlich gute Anknüpfungspunkte brachte.

Für mich entscheidend war jedoch, dass die Kinder sich auch mit ihrer Vergangenheit auseinandergesetzt haben. Die Geschichten und Erlebnisse, die sie sich gegenseitig auf russisch bei den langen Phasen des Federnfärbens erzählt haben, waren zum großen Teil Erinnerungen an Kirgisien, Kasachstan und Polen, bei denen die Haustiere und die Hausarbeit die Erinnerungsbruchstücke lieferten. Gerade bei Kindern aus anderen Ländern, die eine gebrochene Biographie hinter sich haben, sind derartige therapeutisch wichtige Gespräche unerlässlich.

Literatur zu diesem Vorhaben

Färbeliteratur
Schneider, G.: Färben mit Naturfarben. Ravensburg 1979
Vrande van de I.: Wolle färben mit Naturfarben. Ravensburg 1982
Sinnwell, F.: Ostereier mit Naturfarben. Freiburg 1987

Bastelanregungen
Allen, J.: Tolle Sachen aus Naturmaterial. Ravensburg 1977
Glende, M.: Floristischer Zimmerschmuck mit dekorativen Vögeln. Stuttgart 1988
Krohn, I.: Gestalten mit Naturmaterialien. Niedernhausen 1982

Tanz, Spiel, Verkleidung
Zuckowski, R.: Vogelhochzeit. Ravensburg 1988

Sachbücher
Brown, R. u. a.: Federn, Spuren & Zeichen. Hildesheim (Gerstenberg) 1988

Märchen und Geschichten zur Thematik (Auswahl)
Brüder Grimm: Der Findevogel, Die Bremer Stadtmusikanten
Federn aus meinem Flügel. Märchen aus aller Welt. Ravensburg 1971
Scheffler, U./Brix-Henker: Krähverbot für Kasimir. A. Betz Verlag

2.12 Mobilitätsbildung

2.12.1 Didaktische Überlegungen zur interkulturellen Mobilitätsbildung

Kinder mit Migrationshintergrund sind im Grunde genommen sehr mobil. Sie haben sich bereits mehrfach zwischen zwei Welten hin- und herbewegt. Dennoch sind sie im konkreten Alltag oft wenig mobil. Sie bleiben in der Familie und haben oft wenig räumlichen Aktionsradius zum eigenständigen Erkunden der Stadt. Mir ist dies einmal drastisch vor Augen geführt worden, als meine 4. Klasse einen Umweltpreis gewonnen hatte und wir ins Rathaus fuhren. Das ist vier Haltestellen weiter entfernt als die U-Bahn-Haltestelle nahe der Schule. Emine, die zweite von sechs Geschwistern in einer türkischen Familie, sagte zu mir als die U-Bahn vor dem Rathaus oberirdisch hielt: „Diese Stadt kenne ich noch nicht."

Für den interkulturellen Sachunterricht ist aber nicht nur das „Vertrautmachen" mit der Umgebung eine wichtige Aufgabe, sondern auch die kompensatorische Unterstützung von Kindern, sich in der von schnellem Autoverkehr dominierten Stadt eigenständig zu bewegen, ohne die Gefahr zu laufen, vom Auto überfahren zu werden.

Bei diesem Vertrautmachen mit der Verkehrssituation muss sehr dosiert und vorsichtig vorgegangen werden, wie der folgende Tagebuchausschnitt zeigt:

> „Umgekehrt habe ich noch nie soviel weglaufende Kinder im ersten Schuljahr bändigen müssen wie bei meinem ersten Unterrichtsgang zur Ampel Ecke Ölmühlenstraße. Ich habe dann beschlossen, nicht mehr zum Jibi-Markt zu gehen, sondern nur ums Quart wieder zur Schule zurückzugehen. Die Kinder scheinen maßlos im Verhältnis zwischen Freiheit und Zwang zu sein. So brav wie sie sich im Klassenraum benehmen, so wenig diszipliniert verhalten sie sich im Freien, obgleich ich – mehr in Vorahnung von Verkehrsgefahren – präventiv etwas gemacht habe, was ich bisher immer aufs Schärfste abgelehnt habe, nämlich die Kinder vor dem Schultor sich zu zweit anfassen lassen, ehe wir weggingen und gleich auf dem Schulparkplatz mit der Sprachübung „Das ist ein rotes/gelbes … Auto" (statt bisher ohne Flektion „ist rot") deutlich gemacht habe, dass es sich um eine Lernveranstaltung handelt" (Kaiser 1989, 51).

Es scheint so zu sein, dass Kinder aus ländlichen Regionen nicht genug Erfahrung im disziplinierten Aufpassen auf die Verkehrssituation haben, sondern sich frei fühlen wie zu Hause, wenn sie das Schulgebäude verlassen. Dieses Verhalten ohne Grenzen ist gefährlich und tauchte trotz vieler Ermahnungen immer wieder auf:

> „Auf den Straßen war vor allem David immer noch sehr hibbelig und ging, bevor ich los gesagt habe, auf die Straße. Das Schulwegverhalten meiner vier Remterwegkinder fällt sogar anderen Erwachsenen auf wie mir Frau B. heute erzählte. Nachbarn hatten beobachtet, dass meine vier Kleinen ständig ohne zu gucken über die Straßen gehen. Das tun sie ja bei mir auch, wenn ich nicht ständig Druck mache. Die Verkehrserziehung scheint mir das schwerste Lernziel zu sein" (Kaiser 1989, 183).

Es scheint aber so zu sein, dass diese Probleme mit der Unachtsamkeit im Straßenverkehr gemindert werden, je mehr praktische Erfahrungen in der Umwelt draußen gemacht werden:

> „Da wir geschlossen als Schule hin zur Promenade und zurück gingen, habe ich mal wieder die vielfältigsten Rückmeldungen über das Verhalten meiner Kleinen im Straßenverkehr bekommen. Insbesondere der neue David wurde als notorischer „Hans-guck-zu-den-parkenden-Autos" identifiziert, der vor lauter Staunen weder Ampeln noch vorbeirasende Autos eines Blickes würdigte. Irgendwie tröstet es mich, dass das ein Verhalten der Neulinge ist, während die länger im Bielefelder Verkehr trainierten Kinder einfach schon ein wenig mehr gucken und etwas weniger den Bürgersteig verlassen. Aber auch sie – neuerdings auch die kirgisischen Mädchen – sind ganz erpicht darauf, einen „Pursche" zu sehen und vergessen dann alles" (Kaiser 1989, 194).

Auch wenn jedes Kind jeweils unterschiedliche Kompetenzen im Mobilitätsverhalten mit sich bringt, kann davon ausgegangen werden, dass viele Kinder mit Migrationshintergrund – aber nicht alle – aus ländlichen Regionen kommen und sich nicht genug an die hiesige dichte Verkehrslage gewöhnt haben. Unterrichtsgänge sind von daher sehr wichtige Trainingsschritte, um die Kinder vor Gefahren zu schützen.

Dies kann nur in der Realität erfolgen und nicht über didaktisch vorgefertigtes Material, weil dies nur schwer – besonders in jüngeren Jahrgängen – auf die Verkehrsrealität übertragbar ist. Ansonsten haben diese Materialien nur wenige produktive Funktion, wie der folgende Tagebuchausschnitt belegen soll:

> „Mit der Bärengruppe haben wir mal wieder die Sachunterrichtskartei – diesmal zum Thema Schulweg und Schule – durchgesehen. Die Kinder fliegen auf mehrfarbige Abbildungen. In der Theorie mit dem Finger auf der Karte sind die Kinder sehr viel besonnener im Straßenverkehr als in der Realität. Aber solche kognitiven Normen sind ja auch gute Anknüpfungspunkte. Für Einzeldifferenzierung sind die Blätter noch ungeeignet, weil meine Kleinen noch nicht lesen können" (Kaiser 1989, 198).

Dies heißt aber auch, dass die Lehrerin im Straßenverkehr voll gefordert wird (vgl. Kaiser 1989).

2.12.2 Praxis der Unterrichtsgänge als Teil der interkulturellen Mobilitätsbildung

Kinder mit Migrationshintergrund brauchen die soziale Stabilität der Gruppe und gleichzeitig die Orientierung in der neuen Welt, ohne dass dies eine Überforderung ist. Unterrichtsgänge im Sachunterricht sind eine hervorragende Methode, um das Neue kennen zu lernen und doch gleichzeitig in der vertrauten Klasse gemeinsam in die Umgebung der Schule zu gehen.

Unterrichtsgänge können zu allen im Gespräch der Klasse wichtigen Orten gemacht werden. Es kommt darauf an, sinnlich-anschaulich die Umgebung kennen zu lernen und die konkrete Umwelt kritisch zu hinterfragen. Hier werden nur einige mögliche Beispiele für Unterrichtsgänge aufgelistet:

- Lebensmittelladen
- Optikerladen
- Bäckerladen
- Fleischerladen
- Gemüseladen
- Schuhgeschäft
- Blumenladen
- Computerladen
- Apotheke
- Uhrengeschäft
- Tischler
- Schuhreparaturstand
- Fahrradreparaturwerkstatt
- Autoreparaturwerkstatt
- Busbahnhof
- Bahnhof
- Tankstelle
- Bushaltestelle
- U-Bahn-Haltestelle
- Kreuzung
- Zebrastreifen
- Radweg
- Fabrik
- Gewerbebetrieb
- Stadtbücherei
- Park
- Nächster Baum

Unterrichtsbeispiele

- Pflanzen in Pflasterritzen
- Bach
- Teich
- Wiese
- Wald
- Besondere Vorgärten
- Botanischer Garten
- Tierpark
- Aussichtsturm
- Spielplatz
- Litfasssäule
- Plakat mit einer bestimmten Farbe
- Glascontainer
- Altkleidersammelstelle
- Altölsammelstelle
- Sondermüllsammelstelle
- Krankenhaus
- Arztpraxis
- Zahnarztpraxis
- Bank
- Fahrradladen
- Autofriedhof
- Denkmal
- Museum
- Friedhof
- Kirche
- Buchladen

Diese und viele andere Unterrichtsgänge dienen in mehrfacher Hinsicht der Mobilitätserziehung. Alle Kinder lernen, sich in der Umgebung zu orientieren, hinter die Kulissen von Firmenschildern und Türen zu blicken, Produktion und Handel von Waren, Dienstleistungen und kulturellen Symbolen zu sehen und zu verstehen. Aber bei diesen Unterrichtsgängen lässt sich die klassische Verkehrserziehung im Sinne von Gefahrenvermeidung im realen Kontext viel besser entwickeln als im Klassenraum mit Folien, Fahrzeugbildchen und Verkehrsübungsarbeitsblättern. So kann gemeinsam mit Unterstützung der Lehrperson die tatsächliche Bewegungsfähigkeit in der näheren und weiteren Umgebung entwickelt werden.

2.13 Mädchen und Jungen

2.13.1 Pädagogische Probleme der Geschlechterdifferenz bei Aussiedlerkindern

Die Familien und vor allem ihre männlichen Vorstände hatten in den Herkunftsgebieten der Aussiedler einen ungleich höheren Stellenwert als hierzulande[7]. Zwar war es entsprechend dem ökonomisch-politischen System der Aussiedlerfamilien üblich, dass die Frauen gleichermaßen wie die Männer einer außerhäuslichen Erwerbsarbeit nachgingen, aber dennoch war die normative Geschlechterhierarchie noch weitgehend intakt. Auch die stärkere Partizipation der Männer an der häuslichen Produktion von Lebensmitteln, die wegen ihrer ökonomischen Bedeutung als „zweites Standbein der Erwerbsarbeit" nicht der gesellschaftlichen Unsichtbarkeit und Abwertung anheim fiel, konnte ebenso wenig, wie sowjetische oder polnische Staatspropaganda, zur Geschlechtergleichheit nichts an der tatsächlichen ausgeprägt patriarchalen Familienstruktur rütteln. Der Vater hatte den Ehrenplatz bei Tische, die Entscheidungskompetenz in Erziehungsfragen (z. B. Frage des Kindergartenbesuchs) und das Recht zu sagen, welches Verhalten gottwohlgefällig sei. Eine inhaltliche Umverteilung der den Geschlechtern zugewiesenen Arbeit hat also keineswegs im Selbstlauf die Geschlechterhierarchie aufgehoben, sondern entsprechend der deutschen Minderheitenkultur tradierte Strukturen aus feudal-bäuerlichen Verhältnissen konserviert.

Mädchen wiederum, die schon in der Herkunftsregion stärker zur häuslichen Mithilfe bei der sehr arbeitsintensiven Zubereitung und Konservierung von Lebensmitteln herangezogen wurden, haben gegenüber hiesigen Grundschülerinnen ein hohes Maß an Fertigkeiten, Arbeitsplanung und Kompetenz bei der Hausarbeit erworben. Selbst bei frei gestalterischen Unterrichtsanregungen, wie beim Kneten, setzen diese Mädchen häusliche Arbeit spielerisch fort, wenn sie „eine Gemüsesuppe kochen", indem sie aus Knete geformte Möhren und Kartoffeln schneiden.

Mädchen und Jungen werden zwar beide von den Konsumverlockungen der neuen Lebenswelt fasziniert, aber ihr Interesse polarisiert sich deutlich geschlechtstypisch. Während vor allem polnische Jungen meist schon in der ersten Schulwoche in Deutschland die wesentlichen Automarken unterscheiden können und als erste Vokabeln in den neuen Wortschatz „Audi", „Porsche" oder „Mercedes Benz" aufnehmen, richtet sich das Interesse der Aussiedlermädchen stärker auf andere Markenprodukte. Sie können schon zu den ersten Deutschstunden Vokabeln wie „Toffeefee", „Milchschnitte" oder „Mars" fließend einbringen. Die

---
[7] Diese Aussagen werden aus zahllosen Gesprächen und Interviews mit Bielefelder Aussiedlerfamilien, sowie einer eigenen Studienreise nach Kirgisien, Kasachstan und Usbekistan gestützt.

Hoffnung ihrer Eltern, im gelobten deutschen Land nun endlich deutsch unter Deutschen sprechen zu können, zeigt sich bereits hier als sehr gebrochen.

Einig sind sich Mädchen und Jungen in den ersten Monaten darin, dass es deutliche Differenzen zwischen Jungenbeschäftigung und Mädchenbeschäftigung gibt. Wenn in Sprachlernspielen („das ist meine/deine Puppe") einem Mädchen ein Auto in die Hand gegeben wird, lachen die noch stark verschüchterten und ansonsten recht autoritätsgläubigen Kinder hellauf, denn sie haben klare Geschlechtsstereotype und können selbst in spielerischen Sprachübungssituationen Verstöße gegen die Regeln nicht akzeptieren.

Bilder nackter Frauen am Zeitschriftenstand rufen große Verwunderung hervor oder führen zum bewussten Wegschauen. Aber auch weniger drastische Abbildungen, wie Frauen in knappen Badeanzügen aus dem Versandhauskatalog, erregen in Aussiedlerkinderklassen großes Aufsehen. Es wird gekichert, das Objekt wird wie ein verbotenes Pornoheft heimlich unter den Tischen in Windeseile durch den Raum weitergereicht und hinterher bleibt eine unruhige Stimmung zurück, die keine Konzentration auf interessante Unterrichtsinhalte mehr zulässt. Mädchen reagieren eher neugierig, verschämt und unsicher auf derartige Abbildungen, die in deutschen Regelklassen nicht einmal als besonders wahrgenommen worden wären. Jungen aus Aussiedlerfamilien wiederum inszenieren bei derartigen Abbildungen durch triumphierendes Hochheben das Gefühl eigener Macht und weiblicher Abwertung.

Mit der Einwanderung nach Deutschland verliert die Großfamilie, auf die hin in den Herkunftsregionen alle einzelnen normativ ausgerichtet waren, an Einfluss und Achtung. Tradierte Tabuschranken und Verhaltensmaximen gehen verloren. Eine bloße Sprachpädagogik würde die Orientierungslosigkeit der Kinder noch verschärfen. Sie spüren beispielsweise sehr bald selbst, dass ihre bislang für deutsch geglaubte Kultur keineswegs deckungsgleich mit der in Deutschland üblichen ist. So wünschen sich Aussiedlermädchen sehr bald, aus dem strengen normativen Muster, Röcke tragen zu müssen, auszubrechen. Sie merken, dass die ihnen von den Eltern gegebene Kleidung bei schulischen Sport-veranstaltungen hinderlich ist, während den Jungen die kurze Hose und die Turnschuhe fraglos zugebilligt werden. Dazu ein Ausschnitt aus meinem Tagebuch mit einer Aussiedlerklasse:

> „Schon auf dem Flur kamen mir mehrere Mädchen mit der weinenden Nadja an. Nadja war in kurzer Hose und neuem Anorak erschienen und alle Jungen hatten sie ausgelacht. Dabei war Nadja diejenige, die sich der schulischen Anforderung, für die Bundesjugendspiele am Montag adäquat gekleidet zu sein, am besten anpassen wollte" (Kaiser 1989, 218). Die Folge dieser Auslachaktion der Jungen machte sich bei den Mädchen in der Kleidung bei den Bundesjugendspielen bemerkbar: „Beim Weitsprung haben viele Kinder – besonders die Mädchen – auch nach meinen Erklärungen weder den Absprungbalken eingehalten noch überhaupt den Körper zum Sprung in die Höhe gereckt, sondern sind mehr oder weniger durchgelaufen. Meine Mädchen waren fast alle im Sommerkleidchen und mit Riemchensandalen besonders hinderlich bekleidet. Ich selbst, die ich so gerne wallende Röcke trage, hatte dafür als Gegenbeispiel eine enge kurze Hose an. Nadja hatte sich übrigens heute nicht mehr getraut, ihre sportliche kurze Hose anzuziehen" (Kaiser, 1989, 221).

Die Schule hat gerade in diesem pädagogischen Vakuum die Chance, eine behutsame Einführung in diese neue Welt zu leisten, ohne gleichzeitig die bisherige Geschichte der Kinder über Bord zu werfen, wie es etwa in der hiesigen Jugendlichen-Kultur unter dem normativen Anpassungsdruck zum „Einheitslook" geschehen kann.

Aber nicht nur bezogen auf Kleidungsnormen herrschen klarere Geschlechtsrollenvorschriften in der Aussiedlerkultur – dies gilt auch in islamischen und anderen Kulturen, von denen unsere hiesigen Migrantenkinder abstammen. Auch das Sozialverhalten unterscheidet sich drastisch. In Ländern, in denen kein ausgebautes staatliches Sozialsystem existierte, mussten die Fürsorgeaufgaben von den Familien übernommen werden. Besonders die Mädchen stehen unter starkem Erwartungsdruck sozial fürsorgliches Verhalten herauszubilden, was den meisten von ihnen auch deutlich wahrnehmbar gelingt.

Insbesondere die Mädchen sind diejenigen, die auch in schulischen Hilfesituationen hervortreten[8]. Es wird ein schwieriger pädagogischer Balanceakt, sie einerseits in diesen Kompetenzen zu unterstützen, um wenigstens einige Momente der mitgebrachten Kompetenzen dieser Kinder in unserer stark an Konkurrenz orientierten Kultur zu bewahren. Andererseits werden Aussiedlermädchen gerade in national und sozial gemischten Klassen leicht in die mütterlichen Helferinnenrolle abgedrängt, bei der sie den Blick auf ihre eigenen Bedürfnisse, die in unserer individualistischen Kultur einen außerordentlich hohen Stellenwert haben, verlieren.

---

[8] Dies gilt für Mädchen verschiedener kultureller Herkunft. Annedore Prengel (1990) stellte für Deutschland fest, dass auch in Integrationsklassen die Mädchen die fürsorglichen Rollen übernehmen.

In Familien und anderen sozialen Kontexten hat im Kulturraum der Aussiedlerfamilien das männliche Geschlecht deutlich das Sagen. Gerade für Jungen ist es wichtig, elementar zu erfahren, dass auch Gleichaltrigen weiblichen Geschlechts die gleiche Entscheidungskompetenz zusteht und dass nicht die Hauptentscheidungen vom stärksten Jungen der Gruppe allein gefällt werden.

Die Gewalt unter den Kindern, die in der Wahrnehmung von Lehrkräften oft als Disziplinprobleme auftauchen, ist nicht nur Ausdruck der gewaltsamen Trennung aus der vertrauten Welt, sondern ein sehr komplexes Problem, in das abrupt abgeschnittene räumliche Handlungsmöglichen, der Sturz der Jungen vom patriarchalen Thron und der Konflikt zwischen vorher völlig tabuisierter Sexualität und plötzlicher öffentlicher Sexualisierung der Wahrnehmung eingehen. Ein erster wichtiger Schritt gerade zum Schutz der Mädchen ist es, den besonders ausgeprägten körperlichen Expansionsdrang der Jungen zu kultivieren. Sie leiden besonders unter der Diskrepanz von tabuisierter Sexualität mit äußerlicher Sexualisierung unserer Kultur. Die gesellschaftlich ohnehin verbreitete Doppelmoral ist bei diesen Kindern besonders stark ausgeprägt.

Der Stellenwert der Mädchen als gleichberechtigte menschliche Wesen muss in jeder Unterrichtssituation, in den Pausen und auf den Schulfluren deutlich werden. Deshalb ist es bei der Arbeit mit Aussiedlerkindern noch viel wichtiger, nach methodischen Wegen der didaktischen Quotierung zu suchen, die die Minderbeachtung der Mädchen auch in unseren Schulen aufzubrechen vermögen, damit der deklamatorische Anspruch der Gleichberechtigung nicht im Widerspruch zur tatsächlichen Alltagspraxis steht.

2.13.2 Pädagogische Handlungsideen zur Geschlechterthematik

1) Das Körperlichkeitstabu durch Unterrichtsmaterialien auflösen

Ein wichtiger erster pädagogischer Schritt, um die doppelmoralische Struktur zwischen Tabu und Realität in der sexualisierten Körperpräsentation zu mildern, scheint mir darin zu liegen, dass den Kindern beiderlei Geschlechts die Möglichkeit gegeben wird, sich vorsichtig ihres eigenen Körpers und der geschlechtlichen Verschiedenheit bewusst zu werden. Das (dosierte) Ausschneiden von ungewohnten Abbildungen (Menschen in Badeanzügen oder Unterwäsche), das Anschauen von nackten Säuglingen sind erste Schritte, um die der sexuellen Gewalt von Jungen zugrunde liegenden normativen Diskrepanzen zu mildern. Ein wichtiges Buch für das Grundschulalter in diesem Kontext ist von M. Rettich[9] publiziert worden. Für Aussiedlerkinder ist dieses Buch besonders attraktiv, weil in ihm viele interessante Zeichnungen von nackten Kindern im Badezimmer und anderen Räumen des Hauses als ganz normal und nebensächlich gegenüber dem

---
[9] M. Rettich: Die Geschichte von Elsie. München: A. Betz Verlag 1981.

eigentlichen Handlungsabenteuer dastehen. Es geht bei der Geschichte darum, dass nach dem gemeinsamen Bad der sechs Geschwister, das einzige Mädchen der Familie beim Stehen auf dem Toilettenrand mit den nassen Füßen ausrutscht und mit den Beinen im Abfluss der Toilette stecken bleibt. Die aufgeregten Versuche der Familie, das Mädchen Elsie heraus zu ziehen, bleiben erfolglos. Bilder des gesamten Hauses zeigen, dass das Abflussrohr der Toilette direkt nach draußen in die Winterkälte ragt, so dass klar ist, warum das Mädchen bald schrecklich an den Füßen friert. Noch dramatischer wird es, als ein Bruder unter dem Rohr ein Feuer zum Erwärmen entzündet, nun wird es für Elsie wieder zu heiß. Verzweifelt ruft die Familie verschiedene Firmen herbei, um das Problem zu lösen. Am Schluss nimmt der jüngste Bruder einen Vorschlaghammer und zertrümmert die Porzellanschüssel der Toilette und befreit seine Schwester. Im Vordergrund steht die dramatische Rettungsaktion mit all den verschiedenen technischen Problemlösungen. Quasi nebenbei wird die Nacktheit der Mädchen- und Jungenkörper gezeigt.

So ist es möglich, durch häufiges Ansehen der Bilder im Buch sich allmählich an den Anblick nackter Jungen und Mädchen zu gewöhnen, ohne diesen Tatbestand dramatisieren zu müssen.

Allerdings gibt es auch – bezogen auf das Konzept inklusiven Sachunterrichts – einige Schwächen in diesem Buch. Während dieses Buch für deutschsprachige Kinder sexualpädagogisch außerordentlich problematisch ist, weil es sehr stark die männliche Norm betont und die Hauptfigur des Buches, das Mädchen Elsie, nur danach trachten lässt, es den Jungen beim Urinieren gleich zu tun und zu stehen, sind diese textlich zu erschließenden Inhalte aus den Bildern, die für fremdsprachige Kinder die primäre Informationsquelle darstellen, nicht zu ersehen.

2) Das Körperlichkeitstabu durch Besuche in der Säuglingsstation oder bei Neugeborenen auflösen

Die Hemmungen vor Nacktheit sind groß, wenn die Herkunftskultur Körperlichkeit und Sexualität stark tabuisiert. Von daher ist es ein Weg, in unbefangenen Situationen eine Annäherung an die Wahrnehmung der körperlichen Unterschiede der Geschlechter zu beginnen. Besonders gut eignet sich ein Unterrichtsgang zu einer Säuglingsstation eines Krankenhauses. Viele Krankenhäuser bieten die Gelegenheit, hinter Glasscheiben beim Wickeln der Neugeborenen von außen zuzuschauen. Dabei wirkt die Prägung durch das Kindchen-Schema, durch die Form des Neugeborenenkopfes, erst einmal im Sinne positiver Annäherungsreaktionen. Diese biologischen Schemata dominieren die anerzogene Abwehr von Körperlichkeit. So können auch Aussiedlerkinder ihre Scheu überwinden und begeistert die Säuglinge anschauen. Wenn dann noch neutrale Sprachübungen nach dem Muster: „Links liegen drei Mädchen und zwei Jungen" durchgeführt werden, erscheinen die Körperunterschiede nicht mehr als Wahrnehmungshemmung, sondern viel normaler.

Alternativ zum Krankenhausbesuch lässt sich auch ein Besuch eines Säuglings in der Schule organisieren. Wenn die Kinder das Wickeln des Babys erklärt bekommen, sehen sie leichter über die eigenen Hemmschwellen hinweg und achten mehr auf die Details der nicht so einfachen Wickeltechnik.

3) Modenschauspiel

Kinder lieben Verkleidungen. Sie wollen aus ihrer Haut heraus und symbolisch anders sein. Allerdings ist dies weitgehend an stereotype Muster gebunden. Beim Schulkarneval werden Jungen Cowboys, Indianer, Prinzen, Gefängnisinsassen oder Piraten. Mädchen dagegen Tänzerinnen, Prinzessinnen, Funkenmariechen, Dienstmädchen oder Hexen. Je mehr allerdings stereotype Muster in der Sozialisation dominieren, desto schwerer fällt es, diese stereotypen Grenzen zu überschreiten.

Von daher lohnt es sich, eine Verkleidungskiste mit sehr vielfältigem textilen Material, wie auch Requisiten jeder Art, wie Spazierstöcke, Trillerpfeifen, Schmuck, Federn, Hüte, Gürtel, Rüschen etc., bereit zu stellen.

Ohne Instruktion würden Kinder auf jeden Fall stereotype Materialien wählen. Aber in einem ritualisierten Regelspiel geht es darum, die Regeln zu befolgen. Im Modenschauspiel gibt es eine Vielzahl an Karten, die die Kinder ziehen. Jede Karte bedeutet eine spezifische Verkleidungsaufgabe. Man muss dann das aus der Kiste heraus suchen, was zu der Aufgabe passt. So in eine sachliche Aufgabe integriert gelingt es vielen Kindern, nun doch die stereotypen Grenzen ein wenig zu überschreiten. Gerade weil verschiedene Bedeutungen möglich sind, die mehr den männlichen oder mehr den weiblichen Mustern entsprechen, kann es den Kindern gelingen, ohne Sorge um ihren Ruf als echter Junge oder echtes Mädchen ab und zu die Grenzen zu überschreiten.

Muster für derartige Karten wären:

a) Gegenstände

Lokomotive	Berg	Blume	Hütte	Pferd
Mädchen	Boot	Fisch	Engel	Junge
Einkaufskorb	Auto	Schiff	Vogel	Tisch
Pflanzenkübel	Haus	Drachen	Fahrrad	Baum
Computer	Bahnhof	Ziege	Strandkorb	Torte

b) Eigenschaften

gemein	behäbig	aufgeblasen	elegant
wild	sicher	wild	feinsinnig
hinterlistig	treu	überheblich	gutmütig
großzügig	freundlich	feindselig	freiheitlich
ängstlich	zuverlässig	arrogant	stolz
dümmlich	beständig	herablassend	frech
bösartig	dauerhaft	hochmütig	chic
gehässig	vertrauenswürdig	großspurig	tiefsinnig
boshaft	harmlos	anmaßend	romantisch
furchtsam	beschützt	durcheinander	gutherzig
schreckhaft	geborgen	eingebildet	lieb
gerissen	schwerfällig	streng	gütig
feige	gewissenhaft	stark	gutherzig
schüchtern	robust	entschieden	angenehm
listig	ehrlich	eisern	verträumt
lauernd	träge	wichtigtuerisch	traurig

Es kommt bei diesem Spiel also nicht darauf an, androgyne Muster zu zeigen, sondern spielerisch verschiedene Alternativen zu erproben und sich beim Verkleiden nicht allein von den rigiden Geschlechterstereotypen einschränken zu lassen.

2.14 Carnival der Kulturen als Anlass für interkulturelles Lernen

2.14.1 Was ist Carnival der Kulturen?

Carnival der Kulturen ist eine aus Trinidad stammende Form des kulturellen Ausdrucks der als Sklaven arbeitenden farbigen Bevölkerung. Die von den Kolonialherren eingeführte Karnevalstradition wurde von der unterdrückten Bevölkerungsmehrheit aufgegriffen und gewendet (vgl. Dresing 1997).

Sozialarbeiter in London hatten in den 1960er Jahren die Idee, zur Integration der von karibischen Inseln stammenden Einwanderer, ein ähnliches Event, wie den Carnival in Trinidad, im Stadtviertel Notting Hill einzuführen (Cohen 1980). Dieses Festival mit Parade wurde im Laufe der nächsten Jahre mehrfach konzeptionell modifiziert bis es sich als Form des künstlerischen Wettbewerbs der

Kostümbildner und Musikbands im multikulturellen Austausch fest etablierte und in vielen Städten Europas aufgegriffen wurde. Jede Stadt hat allerdings eigene Rituale und Formen entwickelt. Die englische Schreibweise des Wortes Carnival nimmt auf den Ursprung in England Bezug. Allerdings wird in jeder Stadt ein spezifisches Konzept umgesetzt.

So ist es für den Bielefelder Carnival bezeichnend, dass auch Gruppen von Menschen mit Beeinträchtigungen aus den Betheler Kliniken und verschiedenen Schulen teilnehmen.

So bunt und vielfältig der Carnival ist, so bunt und vielfältig sind auch die Sichtweisen der Zuschauenden. Die Zahl der Zuschauenden steigt von Jahr zu Jahr – ob in Berlin, Wien oder Bremen. Was ist es, was so viele Menschen so fasziniert, dass es sie jedes Jahr wieder dorthin zieht, um am Straßenrand die Parade des Carnival mit zu erleben?

Ist es die Kreativität der Kostüme?
Ist es die Fröhlichkeit auf beiden Seiten – der Akteure und der Zuschauenden?
Ist es die Aufbruchstimmung, die dort zu spüren ist?
Ist es das Multidimensionale zwischen Gestalten, Musikerleben, Tanz und Bewegung, das Ansprechen aller Sinne?
Ist es die lebendige Interkulturalität?
Ist es die Integration aller Menschengruppen?
Ist es der Überschwang der Gefühle?
Ist es die ungewöhnliche Umgestaltung der Straßen der Stadt?
Ist es die Vielfalt der Stile?

Ist es die enorme Farbigkeit, die sich in unsere Erinnerung einprägt?
Ist es das Erleben vielfältiger Brücken zwischen den Menschen?
Ist es die mythologische Symbolik in vielen Kostümen?

Alle diese Fragen treffen zu – und es gibt noch viel mehr Gründe, warum der Carnival so faszinierend ist und jährlich immer mehr Menschen in den Bann zieht.

Der Carnival der Kulturen ist für mich eine Antwort aus der Zukunft für die Fragen der Gegenwart – und auch der Zukunft. Es ist ein Kulturevent von außerordentlicher Dichte und Eindrücklichkeit. Und gleichzeitig ist es ein Prozess, an dem immer mehr Menschen der Stadt beteiligt sind.

Carnival ist kein eindeutiges Ereignis, es ist dynamisch – und nicht nur weil der Zug sich immer weiter durch die Straßen der Stadt zieht. Der Carnival verändert die Stadt und die Menschen in ihr.

Wichtig ist dabei, dass Kunst nicht zu einer elitären Elfenbeinveranstaltung wird, sondern die Beteiligung von allen Bevölkerungsschichten und Nationen erwartet und ermöglicht. Damit bekommen viele Menschen kreative Gestaltungsanregungen, die ihnen in ihrer Biografie und in ihrem Alltag noch nicht begegnet sind.

Unterrichtsbeispiele 135

Die ästhetische Qualität der Kostüme und Präsentationen ist faszinierend. Und gerade das Faszinierende des Ästhetischen ist ein wesentlicher Impuls, über etwas nachzudenken und damit aus dem Alltagstrott heraus zu steigen. Schon Schiller wies auf die besonderen Potenziale des Ästhetischen für die Welterkenntnis hin.

Im Carnival wird der hohe Anspruch einer inklusiven Pädagogik Realität, d. h. alle sind gemeinsam an einer Aufgabe bzw. einem Ereignis beteiligt ohne Ansehen der Person oder der besonderen Fähigkeiten. Jede Gruppe kann auf der Straße sichtbar und erlebbar sein. Vertreter verschiedener Kulturen nehmen an dem Gemeinsamen, der Parade durch die Stadt, teil. Die Verschiedenheit ist nicht das Besondere, sondern jede Verschiedenheit ist Teil der gemeinsamen Parade. Und genau das ist es, was mit dem Ruf nach sozialer Integration gemeint ist: Gleichwertigkeit und Gemeinsamkeit der Verschiedenen.

Da gibt es Gruppen von Menschen mit Beeinträchtigungen, die nicht ausgegrenzt sind, sondern als gleichberechtigter Teil des Umzugs mit Stolz die eigenen Kostüme präsentieren, auch wenn ein Rollstuhl als Bewegungshilfe erforderlich ist. Auch die Grenze zwischen den Generationen ist im Carnival gefallen. Gerade in dieser Hinsicht ist Bielefeld weiter als viele Städte, die mittlerweile auch einen Carnival der Kulturen veranstalten. Hier sind Menschen mit Behinderungen selbstverständlich an der Parade beteiligt und entwickeln Jahr für Jahr neue kreative Kostüme. Schulen oder Schulklassen sind ebenso wichtige Gruppen wie die verschiedenen Erwachsenen. Die Stadt ist in Bewegung, mit allen ihren Schattierungen und Gruppierungen. Es entsteht eine Einheit in der Vielfalt, oder es entwickelt sich immer mehr Vielfalt, ohne dass die Gemeinsamkeit des Vorhabens Carnival der Kulturen fällt.

Es geht beim Carnival natürlich auch darum, aus der eigenen Rolle zu fallen und sich zu verkleiden, also Neues und Zukünftiges schon mal vorweg zu nehmen.

Jeder Mensch – ob teilnehmend oder zuschauend – hat genug Anregungen, sich zu entwickeln, über sich selbst hinaus zu steigen oder sich mit anderen und anderem zu identifizieren. Die Grenzen zwischen Eigenem und Fremdem schwinden. Es ist die eigene Stadt und doch ist sie im Carnival eine andere geworden.

Aber auch die Vorbereitungszeit birgt wichtige Erfahrungen der kreativen Zusammenarbeit. Damit werden die Personen in ihrer Identität gestärkt – auch und gerade wenn sie im Carnival in andere Identitäten schlüpfen. Da diese Paraden sich nicht aus Einzelindividuen, sondern aus Gruppen zusammensetzen, wird dabei auch Kooperation und soziale Kompetenz geübt.

Die Darstellung auf der Parade hängt von den Leistungen der gesamten Gruppe ab. Die Menschen einer Gruppe lernen voneinander und miteinander in der Vorbereitungszeit.

2.14.2 Schritte für die Arbeit im Sachunterricht zum Carnival der Kulturen

An erster Stelle geht es beim Carnival darum, die eigene Lebensfreude auszudrücken, in Farben zu schwelgen und sich zu starken Rhythmen zu bewegen. Die Akteure vieler Carnival-Events betonen immer wieder, dass es darum geht, alle Altersstufen zu beteiligen, um dadurch eine neue Gemeinsamkeit, wie auch die Präsentation verschiedener Stilrichtungen und Kulturen, zu erreichen. Gerade in kreativen Prozessen ist Nähe, Intensität des Erlebens und die Öffnung für Neues möglich.

Wichtig ist, dass die Klasse sich gemeinsam ein Motto der eigenen Teilnahme ausdenkt und gemeinsam im Vorfeld entscheidet, an einer echten Carnival-Parade auch mitzumachen.

Für Kinder ist darin eine besondere Chance gegeben, sich wirklich mit allen Sinnen auszudrücken.

Dazu sind folgende Handlungsanregungen sinnvoll:

1) Steeldrums bauen

In der Tradition des Carnival in Trinidad wurden Steel Pan Bands gegründet. Es ging darum, aus verfügbaren metallischen Alltagsmaterialien, klangvolle Schlaginstrumente zu schaffen. Dies ist auch in der Grundschule erreichbar.

Erforderliches Material: Holzlöffel und Holzstöcke als Schlegel, Plastikstäbe als Schlegel, Wolle zum Umwickeln des Schlegelkopfes, Kochtöpfe, Deckel, Metalldosen, Metalltonnen, Salatsiebe als Metall.

So wird es gemacht:

Jeder Metallkörper wird daraufhin überprüft, wie er klingt, wenn er mit den Fingern oder einem Schlegel aus verschiedenem Material angeschlagen wird. Dann werden drei Klangkörper gesucht, die in verschiedenen Tonlagen klingen und ein gemeinsames Konzert improvisiert.

Für die Carnival-Performance gilt es, Calypso, Reggae oder Soca-Rhythmen zu imitieren, zu üben und dann auch in Bewegung zu präsentieren.

2) Gesichtsbemalung

Die einfachste Variation der Gestaltung des Gesichts ist das Bemalen.

Man braucht: Fettcreme, Toilettenpapier, Schminkfarbe, Lippenstifte, Lidschatten, Glitter für die Haut, Spiegel.

So wird es gemacht:

Zunächst werden Paare gebildet, die sich wechselseitig das Gesicht bemalen. Es wird besprochen, wer wo welche Farbe im Gesicht haben will. Das Gesicht wird zuerst zum Schutz der Haut sorgfältig mit Fettcreme eingerieben. Danach wird mit der Schminkfarbe das Gesicht bemalt.

3) Maskenbau

Man braucht: zerschnittene Gipsbinden, Wassergefäße, Fettcreme, Haarreifen, Hutgummi, Toilettenpapier, raue Schwämme, sowie zur dekorativen Gestaltung der fertigen Masken: Fingerfarbe, Krepppapier, Wolle, Strumpfhosen, Knöpfe, Bonbonpapiere, Muscheln, Alufolie, Federn, Schnüre und weitere Materialien.

So wird es gemacht:

Es werden Partnergruppen in der Klasse gebildet, die gut miteinander auskommen. Gemeinsam wird überlegt, wie die eigene Maske wohl später aussehen soll.

Ein Kind legt sich bequem hin, das Partnerkind bereitet alles vor. Das Gesicht wird vorsichtig vom Partner mit Fettcreme eingecremt. Die Gipsbinden werden in lauwarmes Wasser gelegt und aufgeweicht. Danach werden die Gipsbinden besonders vorsichtig aufs Gesicht aufgelegt. Dann muss etwa 20 Minuten gewartet werden bis die Masken trocknen. Dabei kann der aktive Partner Geschichten erzählen.

4) Kostümbau

Man braucht: einen stabilen alten Rucksack, viel Stoff, Bambusstangen, Gardinenstangen, Schaumstoff, Schere, Klebstoff, Nadel, Faden, Sicherheitsnadeln, Säge, Krepppapier, Wolle, Haarreifen, Hutgummi, Verpackungen jeder Art.

So wird es gemacht:

Zunächst schauen die Kinder das vorhandene Material an und überlegen, was man für Kostüme daraus machen kann. Dann werden Stoffstücke mit Sicherheitsnadeln drapiert, um einen Eindruck vom zukünftigen Kostüm in der Planungsphase zu bekommen. Die jeweiligen Ergebnisse werden der gesamten Gruppe zur Diskussion gestellt. Die Tipps und Hilfen der anderen sollten ausführlich überprüft werden, ob sie sinnvoll zur Realisierung der eigenen Vorstellungen sind. An den Rucksack können mit Stangen Stofffahnen befestigt werden. Es lohnt sich, in dieser zweiten Planungsphase Fotos von anderen Kostümen in der zweiten Phase als Anregung anzuschauen (http://astrid-kaiser.de/gallery/carnivalbielefeld).

Ausführliche Anleitungen zum Bauen von Kostümen für Schulklassen sind über das Welthaus (http://www.welthaus.de/) in Bielefeld zu bestellen.

Im Anschluss an den Kostümbau sollen die Kinder weitgehend in die Planungs- und Organisationsaktivitäten der echten Parade einbezogen werden.

2.14.3 Links Karneval/Carnival

http://visittnt.com/ToDoEvents/Carnival/default.htm Trinidad
http://www.thecarnival.tv/index.htm Notting Hill
http://www.karneval-berlin/ Berlin
http://www.carnival-bielefeld.de/index.html Bielefeld
http://www.shademakers.de/index.php Shademakers
http://www.carnival-der-kulturen.de/2002/info/info_start.htm Essen
http://www.carnival-der-kulturen.de/2002/info/info_bilder.htm Essen
http://astrid-kaiser.de/gallery/carnivalbielefeld Webfotos verschiedener Carnivals
Karneval in Venedig:
http://www.a-schnabel.de/Venedig.htm verschiedene private Fotos zum Karneval in Venedig
http://www.venedig-karneval.de/index.html historische Masken, aktuelle Fotos, Informationen zu den jährlichen Karnevalveranstaltungen
http://www.carnivalofvenice.com/ italienische und englische Karnevalseite mit vielen historischen Bildern

2.15 Alltägliche Sachunterrichtsthemen mit interkulturellen Aspekten

Wirklich inklusiver Sachunterricht orientiert sich bei der Themenwahl nur an relevanten Inhalten für alle. Die Schlüsselprobleme von Klafki sind dazu eine zentrale Orientierung (vgl. Kaiser 2006). Gleichzeitig ist dieser Unterricht sensibel für bestimmte kulturelle Tabus und Vorstellungen. Es wird also beim Thema „Gesunde Ernährung" vermieden, muslimische oder jüdische Ernährungsvorschriften zu übergehen (vgl. Glumpler 1996). Wenn Kinder bestimmter Kulturkreise oder religiöser Ausrichtungen in der Klasse sind, müssen die sie verletzenden allgemeinen Rituale der Klasse überdacht werden. So ist es bei den Zeugen Jehovas nicht akzeptabel, wenn der Geburtstag besonders gefeiert wird (vgl. Glumpler 1996, 143). Da muss in der Klasse nach Lösungen gesucht werden, die allen Kindern gerecht werden. Zusätzlich kann in jedem Sachunterricht der Horizont kulturellen Wissens erweitert werden, indem wichtige interkulturell relevante Aspekte einbezogen werden. Beispiele für Handlungsanregungen werden hier für einige besonders häufig in der Praxis durchgeführte Themen des Sachunterrichts vorgestellt.

Zeit

- Kulturen übergreifender Kalendervergleich

Simone Seitz (2005) hat empirisch belegt, dass für Kinder aller Begabungsebenen beim Thema „Zeit" die subjektive und die biografische Zeit ungleich wichtiger sind als die kognitiv zu erfassende Zeiteinteilung. Dennoch sind damit Themen wie Kalender nicht unwichtig. Für interkulturellen Sachunterricht ergibt sich die Möglichkeit, die Kalendermaßstäbe je nach kultureller Regelung zu vergleichen. So ist das jüdische Neujahrsfest (Rosh Haschana) im September oder Oktober, das römische Kalenderjahr begann am 1. März (deshalb hatte der Februar als letzter Monat im Jahr weniger Tage als die übrigen), am 20. oder 21. März wird das altiranische Neujahrsfest gefeiert. Der muslimische Kalender richtet sich nach reinen Mondjahren, so dass das Jahr um elf Tage kürzer ist als nach Sonnenjahren orientierte Kalenderkonzepte (Glumpler 1996, 141 ff.). Auch die Neujahrsfeste der Chinesen haben andere Zeiten als in unserem Kulturraum, nämlich zwischen dem 21. Januar und 19. Februar. Zwei Wochen lang gibt es in China Feiern mit Lampions und Straßenumzügen. In Japan wird ebenfalls zwei Wochen lang das neue Jahr gefeiert, hier ist der Beginn des neuen Jahres allerdings vom 1.–3. Januar. Wesak, das buddhistische Neujahrsfest, wird wiederum bei Vollmond in der Zeit zwischen April bis Mai gefeiert.

Diese und andere Kalendervarianten können – je nach kultureller Zusammensetzung der Klasse bzw. der Schule – in zwei Varianten praktisch umgesetzt werden. Die erste Variante ist die Umsetzung der Rituale zur entsprechenden Zeit.

Die zweite Variante wäre, vergleichende Kalenderfriese herzustellen. Besonders interessant ist der Vergleich mit dem muslimischen Kalender, weil dort das neue Jahr versetzt in jedem Jahr etwas früher beginnt.

Wasser

- Wasser tragen

Man benötigt: zwei Eimer mit Henkeln, eine große stabile Stange, feste Seile zum Befestigen der beiden Eimer an beiden Seiten der Stange.

In vielen Ländern sind die Wasserstellen weit weg von den Wohnungen und Kinder haben die Aufgabe, dies in großen Krügen oder anderen Gefäßen zu tragen. Dazu reichen als Anregung Fotos von Ortschaften in Asien, wo in vielen Dörfern die Wasserstellen noch weit außerhalb liegen. Anstelle dieses Thema im Sinne hierarchischer Abwertung nur informativ zu bringen, um Mitleid zu erwecken, ist es viel sinnvoller, die Kinder einmal selbst einen Kilometer lang zwei Gefäße von je zehn Litern Wasser tragen zu lassen. Besonders kompliziert ist es, wenn beide Eimer an einer Stange aufgehängt werden, um durch die Hebelwirkung die Anstrengung beim Tragen zu reduzieren. Mit einem Kilometerrad kann die Entfernung gemessen werden. So bekommen Kinder Vorstellungen vom Zahlbegriff und von Entfernungen. Gleichzeitig wird deutlich, wie viel Kraft man haben muss, um einen Eimer so weit mit Wasser gefüllt zu schleppen, ohne etwas vom kostbaren Nass auszuschütten.

Auch Kinder tragen Wasser im Eimer von der Wasserstelle ins Dorf, Laos

Familie

• Das Stammbäume-Buch der Klasse (nach Röber-Siekmeyer 1989)

In diesem Unterrichtsmodell tragen alle Kinder ihre Familienbiografie grafisch zusammen, es können ergänzend Interviews mit Großeltern und anderen Verwandten geführt werden, um nähere Informationen zu bekommen. Dazu kann gemalt oder gezeichnet werden. Auch Fotos sind erlaubt. Der Stammbaum jedes Kindes wird zunächst der Klasse vorgestellt und danach gemeinsam in das Stammbäume-Buch der Klasse eingeheftet.

Ernährung

• Kochen und Essen

Gerichte aus verschiedenen Regionen zubereiten und probieren, dabei auch Gerichte aus den Herkunftsregionen der Migrantenkinder, wenn diese für sie subjektiv relevant sind und sie ihnen schmecken.

Spielen

• Spiele erfinden

Angeregt durch ein Foto, dass Kinder in Vietnam mit einfachen Materialien, wie Erde, Plastikmüll oder Steinen, intensiv spielen, sollen die Kinder in Gruppen überlegen, welche Spiele mit welchen Regeln wohl mit Erde erfunden werden können.

Anschließend stellen die Gruppen ihre Spielideen vor und gemeinsam werden diese Spiele auf dem Schulhof gespielt. Abschließend werden die verschiedenen Spielvorschläge von einer Jury der Kinder bewertet, welches am interessantesten, spannendsten oder spaßigsten ist.

Diese Spiele können auch mit anderen Materialien erfunden werden. Steine oder Stöcke eignen sich ebenfalls zum Erfinden neuer Spiele.

• Spielekartei herstellen

Spiele aus verschiedenen Regionen und von früher ausprobieren, dabei auch Spiele aus den Herkunftsregionen der Migrantenkinder, wenn sie sich an besondere erinnern und erklären können, d. h. wenn diese für sie relevant sind.

Unterrichtsbeispiele 143

Mädchen in Vietnam spielt mit Erde

Boden

- Tonziegel herstellen

Auf der Website http://www.lesa21.de/ sind beim Thema Bauen unter den Bildern fünf, die die Tonziegelherstellung in Nepal zeigen.

Rohziegel werden geformt

Die Rohziegel werden zum Trocknen aufgestapelt

Vom manuellen Formen, über das Trocknen bis hin zum Brennen sind alle Phasen bildlich dargestellt. Wenn eine alte Tonkuhle in der Nähe der Schule zu finden ist, empfiehlt es sich, bei einem Unterrichtsgang dorthin, rohen Ton abzustechen und mit Holzbrettern in Form zu kneten. Diese Rohziegel können dann wieder zur Schule transportiert werden, damit sie dort getrocknet werden. Wenn ein Tonbrennofen in der Schule vorhanden ist, können dann die getrockneten Ziegel gebrannt werden und als Umrandung, etwa für die Gartenbeete, auf dem Schulgelände verwendet werden. Wenn in der Schule kein eigener Brennofen zur Verfügung steht, ist es sinnvoll, bei anderen Schulen zusammen mit den Schülerinnen und Schülern anzurufen und das Brennen der getrockneten Ziegel zu organisieren.

Die vielen Mühen in der eigenen Erfahrung zeigen, dass die Arbeit in Nepal keineswegs primitive Arbeit ist, sondern viel Koordination und Präzision verlangt.

Mädchen in Laos verkaufen allein die Produkte der Eltern im Marktdorf

Arbeiten

- Arbeitende Kinder können viel

Wenn von Kinderarbeit in anderen Ländern die Rede ist, wird dies meist dramatisiert als Verletzung der Rechte der Kinder. Damit wird gleichzeitig eine Hierarchie zur hiesigen Situation hergestellt, obgleich auch in Deutschland Verletzungen der Kinderrechte feststellbar sind.

Hier soll Kinderarbeit von einer anderen Perspektive betrachtet werden, nämlich von der Kompetenz der arbeitenden Kinder. Dazu gilt es, verschiedene Bilder von Kinderarbeit im Internet anzuschauen. Einige sind zu finden bei http://www.lesa21.de/ unter Arbeiten/Bilder, sowie unter Kinder in anderen Ländern/Bilder.

Um die Leistung dieser sehr jungen Mädchen einschätzen zu können, müssen alle Kinder beim nächsten Wandertag der Klasse, auf einer Rückentrage mehrere Kilogramm an Waren transportieren und am Rastplatz/Stand versuchen, mit freundlichen Worten diese Waren an Passanten zu verkaufen.

Angst

Es gehört zum menschlichen Leben, Angst zu haben und Angst zu empfinden. Das äußert sich auch in der Kultur und Religion. Zum symbolischen Ausdruck von Angst gibt es diverse Figuren in den Religionen und Kulturen. Aber auch Kinder haben die Fähigkeit, Angst auszudrücken.

Als Praxisanregung sollten Figuren, wie Dämonen, Drachen, Teufel oder diabolische Gottheiten in Bildern gezeigt werden. Dazu gibt es bei www.lesa21.de unter Angst/Bilder einige Beispiele.

Nach einem Gespräch darüber, was so Furcht erregend ist und auf die verschiedenen Kinder besonders schrecklich wirkt, beginnt die eigene gestalterische Arbeit zum Thema „Angst". Die einfachste Variante ist das Malen bzw. Zeichnen. Es geht aber auch schon im Grundschulalter, die Anforderung zu stellen, aus Ton Angst erregende Figuren zu formen. Besonders wirkungsvoll ist es, wenn sie mit brennbaren Farben bemalt werden. Wenn ein Brennofen in der Schule verfügbar ist, können diese Figuren auch auf Dauer verwendet werden. So können die in einer Vitrine ausgestellten Angstfiguren nach längerer Zeit angeschaut werden und es kann gefragt werden, ob sie noch genauso schrecklich wirken oder ob die Angst vor diesen Ausdrucksweisen mittlerweile geringer geworden ist.

Ich und die Anderen

- Bilder malen lassen

Kinder können Erfahrungen und Emotionen sehr gut in Bildern ausdrücken. Sie zum Malen und Zeichnen zu animieren, ist keine anspruchsvolle Aufgabe, oft machen die Kinder dies von sich aus, wenn ihnen nur Papier und Stifte zur Verfügung gestellt werden. Wichtig ist allerdings, dass jedes Kind weiß, dass die eigene bildliche Darstellung geschätzt wird, dass im Kreis darüber gesprochen wird und dass hinterher jedes Bild gut sichtbar für alle präsentiert wird. Eine Bilderwäscheleine im Klassenraum schafft zusätzlich Platz.

- Geschichten des Verlassens und Ankommens hören und bearbeiten

Die emotionalen Erfahrungen von Migration gibt es in der Literatur zuhauf. Es ist eine große Auswahl an für Grundschulkinder verständlichen Fabeln, Geschichten, Märchen oder Sagen in Lesebüchern, wie auch in online-Datenbanken von Texten zu finden. Besonders gut ausgebaut ist die vom Spiegel angebotene Gutenberg-Datenbank (http://gutenberg.spiegel.de/info/genre.htm), die zu jedem Genre eine umfassende Volltextsammlung anzubieten hat. Es sollte vorher durch Analyse der Lernvoraussetzungen (Bilder malen lassen) versucht werden, nähere Informationen über die emotionale Befindlichkeit der einzelnen Kindern zu bekommen. Dann ist es einfacher, die Texte herauszufinden, die zum Spiegeln der Erfahrungen der jeweiligen Kinder besonders gut einsetzbar sind.

- Freie Texte schreiben lassen

Freie Texte sind möglich, wenn Kinder schreiben können. In diesen drücken sie sehr genau emotionale Befindlichkeiten und Erfahrungen, wie auch Wünsche aus. Allerdings ist zu erwarten, dass Kinder dabei erst einmal für längere Zeit stereotype Muster reproduzieren. Wichtig ist, dass diese Texte nicht vorweg bewertet werden, sondern als subjektive Aussage angenommen werden. Besonderen Wert bekommen diese freien Texte, wenn sie gesammelt in ein selbst erstelltes Buch geheftet werden. Besonders beeindruckend sind die verschiedenen Drucktechniken, so dass am Ende jedes Kind ein eigenes Buch hat. Vom Stempelkasten bis zum Milchtütendruck gibt es verschiedene Möglichkeiten (vgl. www.lesa21.de unter Bücher/Schriften).

- Tandemsprachkurse

Für den Fall, dass Kinder aus der Klasse die Sprache ihrer Herkunftskultur beherrschen, ist es wichtig, diese Sprache nicht zu verlieren. Hier bietet sich an, in der Klasse quasi im Tandemsystem wechselseitigen Fremdsprachenunterricht im Sinne des Voneinander-Lernens der Kinder zu etablieren. Dadurch werden gerade Kinder zu Experten, die noch nicht gut Deutsch können und lernen gerade durch das Lehren besser Deutsch. Besonders attraktiv ist der Umgang mit fremder Sprache, wenn es erlaubte und Tabu-Räume gibt. So kann ein bestimmter Platz, eine bestimmte Ecke in der Klasse als Nur-Deutsch-Sprechraum deklariert werden. Durch dieses (paradoxe) Sprechverbot wird die Motivation gesteigert, es doch einmal in der fremden Sprache an diesem Ort zu versuchen.

- Imaginäre Reise

Ein produktiver Weg der wechselseitigen Anerkennung ist möglich, wenn alle Kinder überlegen, wie sie sich die Heimat der anderen vorstellen. Dazu lässt sich eine Kombination aus gemalten Bildern, Fotos, Erzählungen und gedachten Vorstellung verwenden. Abwechselnd steht ein anderes Kind im Mittelpunkt, es soll zunächst möglichst viel über die eigene Herkunft bzw. die der Familie erzählen oder bildlich zeigen, dann folgt die imaginäre Reise der anderen, diese wird wiederum von dem im Mittelpunkt stehenden Kind kommentiert.

Diese Beispiele sind nur punktuell herausgegriffen worden. Sie lassen sich beliebig für den gesamten Sachunterricht erweitern und ergänzen.
Die Grundregel für inklusiven interkulturellen Sachunterricht lautet dabei:
Der Unterrichtsinhalt ist für alle gut und wichtig, verletzt oder diskriminiert nicht Kinder mit Migrationshintergrund und erweitert für alle den Horizont interkulturellen Wahrnehmens.

Dies muss auf einer positiven emotionalen Basis erfolgen. Von daher ist es wichtig, dass jedes Kind zunächst als Person von seiner Lehrerin/seinem Lehrer angenommen wird.

Flankierend ist es wichtig, dass soziale Kontakte der Kinder untereinander in jeder Hinsicht gefördert werden, so dass jedes Kind möglichst schnell in die Klasse integriert wird und Freunde findet. Denn nichts ist in der Schule wichtiger für Kinder als Freundschaft.

Aber auch die konfliktfreie Geborgenheit ist unschätzbar, auch wenn Kinder diese nicht so bewusst wahrnehmen. Ein kontinuierlicher Elternkontakt durch die Schule ist unerlässlich für interkulturellen Unterricht, denn nur so kann eine Lehrperson den kulturellen Hintergrund der Kinder verstehen und gleichzeitig um Verständnis und Ausgleich mit der Schule ringen. Es kommt darauf an, miteinander nicht gegeneinander im Verhältnis Schule-Elternhaus zu handeln.

Weil Motivation der Schlüssel für alles Lernen ist, gilt es gerade für den interkulturellen Unterricht, gemeinsame positive Erfahrungen zu schaffen. Dies fängt an mit einem stabilen festen Schatz an Büchern und anderen Lernmitteln in der Klasse bis hin zu Eigentumsfächern für jedes Kind. Die Erfahrung, nicht unter- und überfordert zu werden, ist ein wichtiger Schlüssel zum erfolgreichen Lernen. Von daher ist eine differenzierte Diagnose des Lernstandes jedes einzelnen Kindes unerlässlich.

2.16 Das Thema Ausländer

Zu diesem Thema gibt es in diesem Buch bewusst keine Vorschläge. Denn damit wird strukturell eine Sondersituation für Kinder mit anderem kulturellen Hintergrund geschaffen. Sie werden entweder als bemitleidenswerte Individuen oder als Helden gefeiert. Beides sind separierende Richtungen, die dem inklusiven Sachunterricht widersprechen.

Dies heißt nicht, dass in jedem Unterricht Gespräche auftreten, die diese Frage thematisieren und zu Reflexion Anlass geben.

Aber als separates Thema ist die Thematik Ausländer nicht angemessen für inklusiven Sachunterricht. Die Kategorisierung von Kindern in „wir" und „sie" bzw. „Ausländerkinder" und „Deutsche" entspricht weder der sozialen Wirklichkeit noch den integrativen Zielen. Gerade durch die Betonung des Fremden – oft vorwiegend bezogen auf die Gruppe der türkischen Kinder – werden diese auch zum Problem erklärt. So wird für „Schwarz-weiß-Malerei" Tor und Tür geöffnet.

2.17 Methodenelemente für interkulturell-emotionales Lernen
2.17.1 Entspannungsübungen
2.17.1.1 Zur Funktion von Entspannungsübungen

Kinder mit Migrationshintergrund sind immer mehr oder weniger stark zwischen zwei Welten „hin- und hergerissen". Dies erzeugt notwendig Spannung. Deshalb sind für diese Kinder Entspannungsübungen ein erster Schritt zur Stabilisierung. Entspannungsübungen sind über den Atem oder den Druck lösende Körperbewegungen zu erreichen. Dabei werden durchaus sehr wirksame psychophysiologische Prozesse der Entspannung in Gang gesetzt. Wird eine besondere Entspannungsmethode regelmäßig wiederholt, dann zeigen sich deutlich wahrnehmbare Entspannungseffekte, die sowohl auf der physiologischen, wie auch auf der psychischen Ebene zu erkennen sind.

Physiologisch am auffälligsten sind neuromuskuläre Veränderungen. Der Spannungszustand der Muskulatur wird deutlich verringert. Dies zeigt sich darin, dass die Arm-, Bein- und Rumpfmuskulatur erschlafft. Subjektiv macht sich das als Schwereempfinden bemerkbar. Physiologisch bleiben aufsteigende Reize von äußeren Körperteilen zum Zentralnervensystem aus. Durch diese reduzierten eingehenden Reize sinken auch die Impulse des Gehirns an den Körper. Dadurch erschlafft die gesamte Arm-, Bein- und Rumpfmuskulatur. Dies wird in der subjektiven Wahrnehmung als Schwere erlebt und manche Personen nehmen ihre Arme und Beine aufgrund der ausbleibenden Reize nicht mehr wahr.

Eine weitere Form von Entspannungsübungen bezieht das Herz-Kreislauf-System mit ein. Bestimmte Reize, wie Entspannungsinstruktionen, führen zu einer Erweiterung der Blutgefäße – insbesondere in den Armen, Händen, Beinen und Füßen (kardiovaskuläre Veränderungen). Die Menschen nehmen dies als Wärme-Empfinden wahr.

Entspannungsübungen können auch die Pulsschlagfrequenz verringern. Dies kann bis zu fünf Herzschlägen weniger in der Minute führen. Sogar der arterielle Blutdruck ist bei regelmäßigen Entspannungsübungen niedriger. Die Atmung wird flacher, die Atemfrequenz nimmt ab.

Auch die Haut reagiert sehr sensibel auf derart einfache Vorgänge wie Entspannungsübungen. Die Hautleitfähigkeit verringert sich, es wird weniger Schweiß erzeugt, der Hautwiderstand nach außen nimmt deutlich zu. Selbst die Hirnströme verändern sich unter dem Einfluss von Entspannungsübungen.

Noch gravierender für pädagogische Perspektiven sind die psychischen Auswirkungen von Entspannungsübungen. Sie beeinflussen Emotionen und Kognitionen, wie auch das menschliche Verhalten. So werden emotionale Reaktionen, wie Wut, Angst, Ärger oder Hass, reduzierter wahrgenommen. Angenehme Gefühlslagen, wie Zufriedenheit, Gelassenheit, Glück oder Freude, werden durch derartige Übungen in der Ausprägung gesteigert.

Für kognitives Lernen schaffen Entspannungsübungen die erforderliche geistige Frische und Aufmerksamkeit für wichtige Details. Die Wahrnehmungsschwelle bleibt erhöht und entsprechend wächst das Konzentrationsvermögen wie auch die Gedächtnisleistung.

2.17.1.2 Konkrete Beispiele für Entspannungsübungen

Entspannungsübungen müssen in das Schulleben eingeplant werden und einen festen Ort in den Ritualen des Tagesablaufs bekommen. Bevor eine Entspannungsübung beginnt, muss für bequeme Haltung und eine ruhige Atmosphäre gesorgt werden. Es muss ausreichend Zeit vorhanden sein, damit die Entspannungsübungen ohne Zeitdruck und Anspannung durchgeführt werden können. Die Kinder müssen Vertrauen haben, das Verhältnis der Lehrerin zur Klasse muss „stimmen". Auch die räumlichen Arrangements müssen angenehm und einladend gestaltet sein.

Da diese Übungen der Entspannung dienen, wäre es widersinnig, wenn Kinder zum Mitmachen gezwungen werden. Freiwillige Teilnahme ist dringend geboten. Die Regeln der Teilnahme müssen klar vereinbart werden. So darf während der Entspannungsübungen nicht geredet oder gelacht werden.

1) Am einfachsten ist es zu entspannen, wenn beim Sitzen die Anspannung abgebaut wird. Die Kinder sollen ihre Arme nach unten hängen lassen und mit gerundetem Rücken sitzen. Diese Haltung wird auch als Droschkenkutschersitz bezeichnet. Es empfiehlt sich, diesen Sitz immer vor einer anspannenden Aktivität, wie Diktatschreiben oder Beginn eines neuen Themas oder Beginn des Durchlaufens bei einem Stationsaufbau von Experimenten, einzunehmen.

2) Eine weitere einfache Entspannungsübung ist durch intensives Ein- und Ausatmen zu erreichen. Auch diese Übung lässt sich zu Beginn einer Stunde oder vor dem Zeigen eines Bildes rituell dauerhaft in den Unterricht einbauen.

3) Ein wichtiger Weg zur Entspannung wird durch Worte und dadurch ausgelöste Vorstellungen begonnen. In der Schulpädagogik heißt dies Fantasiereise. Diese Fantasiereisen sind außerdem sehr gut für das Sprachlernen, weil sie sehr wenige Wörter enthalten, die zudem viel wiederholt werden.

Beispiele für derartige Fantasiereisen sind:

a) *Wir sind Blumen, wir sind schön. Wir stehen auf einer Wiese. Eine Blume ist blau. Eine Blume ist rot. Eine Blume ist gelb. Eine Blume ist rosa. Eine Blume ist weiß. Eine Blume ist lila. Eine Blume ist grün. Uns geht es gut. Durch die Wiese fließt ein Bach. Wir bekommen jeden Tag Wasser. Die Sonne scheint oft. Es wird warm. Wir sind Blumen, wir können nicht gehen. Wir bleiben immer bei unseren Freunden stehen. Niemand ärgert uns. Uns geht es gut. Wir sind glückliche Blumen.*

b) *Wir sind Bäume, wir sind stark. Wir stehen in einem Park. Ein Baum ist hoch. Ein Baum ist breit. Ein Baum ist groß. Ein Baum ist hart. Uns geht es gut. Im Park ist eine Hecke. Die schützt die Bäume. Viele Vögel besuchen die Bäume und singen. Die Sonne scheint oft. Es wird warm. Wir sind Bäume, wir können nicht gehen. Wir bleiben immer bei unseren Freunden stehen. Niemand ärgert uns. Uns geht es gut. Wir sind glückliche Bäume.*

2.17.2 Elfchen als Weg, Emotionen auszudrücken

Die Gedichtsform „Elfchen" bedeutet, dass elf Wörter insgesamt das Gedicht ausmachen, in der ersten und letzten Zeile ist jeweils nur ein Wort erlaubt, in der zweiten eins mehr bis zur vierten Zeile fortlaufend. In der letzten Zeile ist wiederum nur ein Wort erlaubt. Diese formalen Vorgaben machen es möglich, dass auch Menschen mit wenig umfangreichem Sprachschatz ein Gedicht formulieren können. Erfahrungsgemäß werden in dieser Form auch ohne große Übung sehr intensive emotional bedeutungsreiche Aussagen ausgedrückt. In Grundschulklassen kann diese Form zu sehr verschiedenen Themen eingesetzt werden. Als Anregung seien an dieser Stelle nur Beispiele gezeigt, die von Oldenburger Studierenden formuliert wurden.

Grundlage dieser Elfchen war das Buch: Kusterer, Karin/Richter, Julia: Von Russland träum' ich nicht auf deutsch. Stuttgart / Wien: Hoch-Verlag 1989.

fremd
verstehe nichts
kann nichts erzählen
ich fühle mich stumm
allein

Winter
schönes Schneemädchen
wir alle lachen
Onkel ist Väterchen Frost
fröhlich

russisch
schleicht herein
in deutsche Sprache
ich bin nicht ich
Mama!

Dschambul
buntes Treiben
ein reicher Bazar
wir schauen und lachen
früher

Bruder
meine Brüder
ich hatte fünf
ich war nicht allein
schade

niedlich
mein Häschen
russisch ist lieb
ich spreche nicht mehr
wohin?

Oma
mein Omachen
du erzählst schön
ich hab dich lieb
Deutschland

Heimat
weites Land
Haus mit Garten
kann Deutschland besser sein?
hoffentlich

Weg
unser Haus
meine liebste Wiese
Deutschland ist unser Ziel
warum?

glitzernd
unser Zuhause
mit blauem Zaun
Mama Papa Bruder Schwester
glücklich

Unterrichtsbeispiele

Schule
matschiger Weg
grüne saftige Wiese
meine Freunde und ich
rennen

Weite
unser Dorf
Kühe Schweine Hühner
es ist schön hier
Träume

Hier.
Bin ich
Weg geh ich
Was will ich dort
Bleib

Fernweh!
Soll ich?
Warum geh ich?
Was will mein Herz?
Heimweh

Fernweh!
Soll ich?
Warum geh ich?
Was will mein Herz?
Sehnsucht

Heimat
Endlose Weite
Aufbruch nach Deutschland
Träume sind wie Seifenblasen zerplatzt
Sehnsucht

spielen
mit Geflügelwirbelknochen
das macht Spaß.
Wir brauchen keine Murmeln
Oder?

Haus
ist blau
wie Berge auch
wo kommt das her?
blau?

Mensch
bisschen vertraut
aber auch nicht
sind die glücklich jetzt? …
früher?

Russland
Ist Heimat
Deutschland wahrscheinlich auch.
Wo ist richtiges Zuhause?
Jetzt

Herz
alles vertraut
aber auch fremd
sind sie oder wir?
Freund

Enttäuschung
Wieso nur?
Mir fehlt alles
Gibt es einen Weg?
Zurück

Hoffnung
wird erweckt
auf neue Heimat
dann im Nichts zerschlagen
Enttäuschung

Gestorben
Leeres Zimmer
Foto des Toten
Ein Zimmer zum Trauern
Trauer

2.17.3 Rituale im interkulturellen Sachunterricht

Rituale haben in der Schule die Funktion, einen Rahmen für soziale Entwicklung der Klasse zu bieten. Rituale sind mehr als nur Regeln, sie sind symbolische Konkretion eines szenischen Handlungszusammenhanges. Damit werden schulische Rituale mehr in ihrer sozialen Dimension gesehen und vom religiös-kulturellen Ritus-Verständnis deutlich abgegrenzt. Rituale sind in spezifische Zeitstrukturen eingebunden, was an Tagesanfangs- oder Wochenabschlussritualen besonders deutlich wird. Rituale können auch in der Schule räumlich ausgestaltet werden in Form eines Plakates der Klasse an der Tür oder eines Ausstellungstisches zum Thema der Woche. Neben den zeitlichen und räumlichen Dimensionen lassen sich Rituale aber auch hinsichtlich ihres emotionalen Bedeutungsgehaltes unterscheiden. So betrachtet gibt es für den interkulturellen Sachunterricht vor allem Rituale der Angstbewältigung, Rituale der Gemeinschaftsherstellung und der Solidarisierung.

Zwischen Regeln und Ritualen gibt es fließende Übergänge. In allen Ritualen stecken Regeln, aber Rituale sind mehr als Regeln, sie schaffen einen kulturellen Kontext des Regeleinhaltens, sind also nicht nur regelhafte Norm, sondern zugleich auch Kontext.

Im pädagogischen Kontext kursieren verschiedene Definitionen. Insbesondere sind pädagogische Rituale gekennzeichnet durch:

- die vereinheitlichende Wirkung von Ritualen
- den wiederholenden Charakter von Ritualen mit festgelegter Handlungsfolge
- eine symbolische Ausdrucksweise
- ein aufmerksam vollzogenes Geschehen
- den nicht sofort durchschaubaren Sinn
- einen im sozialen Zusammenhang vollzogenen Prozess der Interaktion
- eine Mischung aus festgelegten Handlungen und gewissem Gestaltungsraum

Rituale können in der Schule u. a. eine Quelle der Geborgenheit und eine Möglichkeit, Sicherheit und Orientierung zu gewinnen sein. Sie bieten die Chance, überschaubare konkrete Sozialräume zu schaffen.

In schulischen Ritualen wird die Verbindung zwischen den verschiedenen einzelnen Kindern und der gesamten Klasse hergestellt. Sie werden zwar gemeinsam geplant, entfalten ihre Wirkung aber auf der unterbewusst-symbolischen Ebene. Gerade dies macht sie so bedeutsam für die Integration im interkulturellen Sachunterricht, weil die Verschiedenheit der einzelnen Kinder gewahrt bleibt, aber gleichzeitig aus der symbolisch-ästhetischen Ebene Gemeinsamkeit hergestellt wird.

Für die Praxis interkulturellen Sachunterrichts lassen sich die folgenden Rituale integrieren:

Rituale der kulturellen Bereicherung

- Begrüßungslied in verschiedenen Sprachen
- Begrüßungslied jede Woche in einer anderen Sprache
- Tanz der Woche für den Wochenabschluss
- Musikstück der Woche aus den verschiedenen Kulturen der Kinder
- Lied der Woche aus den verschiedenen Kulturen der Kinder
- Märchen der Woche aus verschiedenen Kulturen
- Geschichte der Woche aus verschiedenen Kulturen / Regionen
- Gemeinsame Traditionen und Feste in den Wochen- bzw. Jahresrhythmus der Klasse aufnehmen
- Anfangsformel für Freiarbeitsphasen oder Gesprächskreise wochenweise wechselnd jeweils in anderen Sprachen
- Land des Monats, auf das bezogen im Sachunterricht zum jeweiligen Thema recherchiert wird
- Rhythmische Wiederholung von Sprachmustern zu Beginn des Gesprächskreises

Wenn Rituale, Lieder, Tänze, Musikstücke, spezielle Geschichten/Mythen oder Märchen für Feste/Feiern aus verschiedenen Regionen ausprobiert werden, ist es sinnvoll, auch solche aus den Herkunftsregionen der Migrantenkinder zu wählen, wenn sie besondere erinnern und erklären können, d. h. wenn diese für sie relevant sind. Dies muss allerdings vorerst im Gespräch mit Kindern und Eltern geklärt werden. Viele Migrantenkinder haben explizit keine Erinnerung an ihre ursprüngliche Herkunftsregion und entsprechend auch keine emotionalen Bezüge.

Rituale der Stabilisierung

Wichtig ist es, dass gerade die Migrantenkinder durch den ritualisierten zeitlichen und räumlichen Ablauf des schulischen Geschehens Sicherheit bekommen. So ist es wichtig, dass der Tagesablauf fest strukturiert ist. Für den Sachunterricht ist ein kontinuierlicher Wechsel von Gesprächskreis und differenzierter Arbeit nicht nur für den Erkenntnisprozess, sondern auch für die Integration aller Kinder sinnvoll.

Zur Stabilisierung sind vor allem Rituale sinnvoll, die Körperkontakt der Kinder untereinander und die Beachtung eines jeden Kindes betonen. Beispiele für derartige Rituale sind:

- Ausstellungstisch / Wandzeitung: die Kinder der Klasse
- Schatzkistenmauer der Klasse (aus Schuhkartons, die je mit dem Namen eines Kindes beschriftet sind) wird zu jedem Sachunterrichtsthema von

jedem Kind etwas in seine Schatzkiste gelegt; dies können Bilder, Wörter, Objekte oder Fragen sein
- Ausstellung von Versuchsvariationen, an denen alle Kinder der Klasse beteiligt waren mit Namen der Versuchserfindenden
- Ausstellungstisch mit verschiedenen von den Kindern gefundenen Objekten (z. B. Steine), die von jedem Kind mit einem Fantasienamen und/oder dem geologischen Namen beschriftet werden
- Handgeben aller zur Begrüßung
- Ein sachlich zum Thema passendes wichtiges Wort jeweils einem anderen Kind mit dem Finger auf den Rücken schreiben

Diese und viele weitere Rituale sind geeignet, um jedem Kind Geborgenheit in der Klasse zu signalisieren. Dies braucht jedes Kind. Aber insbesondere brauchen Kinder, die sich im Umbruch zwischen Kulturen befinden, dieses Aufgenommenwerden im Kreise der anderen Kinder. Diese allgemeine soziale Integration ist der Kern der interkulturellen Integration. Jeder Mensch braucht das Aufgenommensein und von daher ist das soziale Zusammenwachsen eine allgemeine Aufgabe für alle.

2.17.4 Interaktionsspiele für interkulturellen Sachunterricht

Interaktionsspiele haben die Funktion, spielerisch neues soziales Verhalten zu erproben und Erfahrungen mit alternativen sozialen Interaktionsmöglichkeiten aufzubauen. So kann eine Basis gelegt werden, um diese Kompetenzen in der sozialen Realität auch schrittweise aufzubauen.

Für interkulturellen Sachunterricht bietet es sich vor allem an, Interaktionsspiele zu entwickeln und zu erproben, die zwischen Verschiedenheit und Gemeinsamkeit ausgleichen, sowie Geborgenheit in der Gruppe als Gefühl hervorrufen.

Hier sei nur eine kleine Auswahl möglicher Interaktionsspiele vorgestellt, sie lassen sich beliebig erweitern:

- Die Klasse der roten Füße (Kaiser 1998)

Man braucht: Waschschüsseln, alte Handtücher, Seife, Tapetenrolle, Fingerfarbe, Pinsel

Alle Kinder ziehen Schuhe und Strümpfe aus. Jedes Kind darf seine Fußsohlen abtasten, die Gelenke und Zehen bewegen. Es soll versucht werden, die Zehen einzeln zu bewegen. Wer mag kann andere bitten, über den Fußrücken zu streichen. Es wird nach Ähnlichkeiten und Verschiedenheiten bei den Füßen der Kinder der Klasse gesucht und darüber im Gesprächskreis gesprochen

Anschließend wird eine große Tapetenrolle mit der Rückseite aufgerollt in die Mitte des Sitzkreises gelegt. Die Kinder bilden Partnergruppen und bemalen sich gegenseitig mit Fingerfarbe die Fußsohlen. Es kann auch der Pinsel benutzt werden. Dann wird die Tapetenrolle dicht zu jedem Kind mit fertig bemalten Fußsohlen geschoben. Jedes Kind darf dann mit beiden Füßen einen Fußabdruck auf der Tapetenrolle machen.

Anschließend wird jedem Kind die Waschschüssel gereicht, damit die Füße gründlich gesäubert werden. Die anderen Kinder helfen beim Rubbeln mit dem Handtuch.

Die fertige Tapetenrolle wird mit den roten Fußabdrücken in der Klasse aufgehängt. Gemeinsam wird darüber gesprochen, wie ähnlich die Kinder in ihren Fußabdruckbildern sind.

- Der Prinzessinnen- und Prinzenthron (nach Wigger 2001)

Ziel dieser Übung ist es, einmal individuell Hochachtung der anderen zu spüren.

Man braucht: einen besonders erhöhten Stuhl, der mit Stoffresten (am besten Samt und Seide) und goldenen oder silbernen Bordüren, glänzenden Perlenketten (z. B. Weihnachtsbaumschmuck), Lametta, Schleifen und anderem Dekor geschmückt ist.

Auf den dekorierten hohen Stuhl, der für diese Übung Thron genannt wird, darf jeden Tag ein anderes Kind steigen. Vorher sollte es sich überlegt haben, was es selber besonders gut kann. Dabei ist es sehr klug, sich vorher mit anderen Kindern abzustimmen, ob sie das auch finden. Dann muss es von der Höhe des Thrones sagen: „Ich kann gut ..." Hierbei ist es egal, ob das Kind sagt, Flöte spielen, Bücher lesen, Salat zubereiten, türkisch sprechen, anderen nicht gleich böse sein, wenn sie mich beleidigt haben oder Fußball spielen.

Die anderen applaudieren diesem Kind wie einem Prinzen oder einer Prinzessin.

- Ich kann Eis zum Schmelzen bringen (nach Vopel 1994)

Dies ist eine Atemübung und wird von der Lehrperson eingeführt und geleitet. Ihre Wirksamkeit kennt man bei dieser Übung aus dem autogenen Training (s. o.). Sie sollte erst begonnen werden, wenn alle Kinder ruhig und entspannt stehen. Dann könnte etwa mit der folgenden Instruktion die Atemübung angeleitet werden:

„Stellt euch locker in den Kreis und schließt, wenn ihr mögt, die Augen. Stellt euch vor, es ist im eiskalten Winter. Es ist so kalt, dass euch draußen die Nasenspitze schon ganz rot wird. Leider seid ihr ohne Handschuhe nach draußen gegangen und nun sind eure Hände zu Eis gefroren. Aber euer Zauberatem ist wie ein kleiner Ofen. Atmet tief durch die Nase ein und blast die Luft so kräftig und lange ihr könnt in eure erfrorenen Hände. Spürt ihr die Hitze eures Atems? Der Atem ist so heiß, dass ihr sogar den Schnee damit zum Schmelzen bringen könntet. Blast so lange mit eurem heißen Zauberatem, bis eure Hände wieder aufgetaut sind."

- Babywiege

Nach einer Gesprächsrunde über die eigene Säuglingszeit und Vorstellungen über die Geborgenheit, die jedes Kind als Säugling erleben durfte, wird das Interaktionsspiel Babywiege eingeführt. Es geht so, dass sechs oder acht Kinder der Klasse paarweise gegenüber knien und sich auf dem Boden anfassen. Das erste Kind der Klasse, das Baby spielen will und darf, legt sich in dieses „Babybett" und spürt die Nähe des Atems der anderen wie auch das sanfte Schaukeln und Wiegen. Die Wirkung kann verstärkt werden, indem die anderen Kinder leise melodisch summen.

- Die Erinnerungskiste (nach Kaiser 1998)

Man braucht einen Karton mit verschiedenen Gegenständen, wie Muscheln, Cola-Flasche, Kerze, Skat-Karte, Stoff, Würfel, Knopf, Plastik-Schildkröte, verschiedene Figuren aus Überraschungseiern, sowie verschiedenen Aufgabenkärtchen (Themen: Spaß, Angst, Ärger, Streit, Spannung, Freundschaft, Glück).

Die Kinder werden aufgefordert, die in der Kiste liegenden verschiedenen Gegenstände anzuschauen und zu überlegen, ob ihnen dazu Erlebnisse einfallen. Sie dürfen diese Erlebnisse den Nachbarinnen oder Nachbarn im Sitzkreis erzählen. Danach wird eine Aufgabenkarte gezogen. Nun dürfen die Erlebnisse im Sitzkreis erzählt werden, die zu diesem Thema, also Spaß, Angst, Ärger etc., passen. Anschließend kann diese Geschichte auch aufgeschrieben oder ein Bild dazu gemalt werden.

- Schatztruhe (nach Kaiser 1998)

Man braucht einen Karton, der zu einer Schatztruhe umgestaltet wurde (besser: gemeinsam mit den Kindern mit buntem Papier und Klebstoff gestaltet), viele leere Namenszettel

Bei dieser Übung geht es darum, dass jeder aus der Klasse ein symbolisches Geschenk der anderen bekommt.

Die Instruktion dazu könnte lauten:

„Schreibt alle euren Namen auf einzelne Zettel und knickt sie! Mischt die Zettel in der Kiste! Nun zieht jedes Kind einen Zettel mit einem Namen drauf. Geht nun hinaus in die Natur und sucht einen Schatz für das Kind, dessen Name auf eurem gezogenen Zettel steht! Was würde besonders gut zu ihm passen? In ein paar Minuten treffen wir uns wieder und übergeben die Geschenke. Erzählt euch, warum Ihr gerade dieses Geschenk für das Kind ausgewählt habt!"

Die Interaktionsübungen lassen sich aus verschiedenen Sammlungen (Wigger 2001; Kaiser 1998), die unter anderer Perspektive entwickelt wurden, auf interkulturellen Sachunterricht übertragen.

2.18 Differenzierung im interkulturellen Unterricht

Eigentlich ist die Differenzierung der Schlüssel zu integrativem Unterricht. Damit ist schon einmal deutlich gesagt, dass äußere Differenzierung nicht gemeint ist, sondern verschiedene Formen innerer Differenzierung, bei der Kinder mit besonderem Förderbedarf – und nichts anderes sind Kinder, die vor dem Hintergrund ihrer Migrationsgeschichte Probleme haben – diese Förderung erhalten und doch nicht ausgesperrt werden.

Bönsch (2000) hat eine Reihe von produktiven Differenzierungsmöglichkeiten vorgestellt, die sich auf interkulturellen Unterricht anwenden lassen. Insbesondere die Varianten der Inneren Differenzierung (2000, 113 ff.) sind allesamt auf interkulturellen Sachunterricht anwendbar. Hier seien nur einige genannt:

Differenzierung nach Arbeitsweise (Bönsch 2000, 123), Differenzierung nach Schwierigkeitsgraden (Bönsch 2000, 124), Differenzierung aus sozialen Motiven (Bönsch 2000, 125) und Differenzierung nach zeitlichem Umfang (Bönsch 2000, 126). Wichtig insbesondere für interkulturellen Sachunterricht ist, dass immer wieder das gemeinsame Gespräch nach jeder Differenzierungsphase erfolgt. Denn nur der gemeinsame Austausch führt zu produktiver Integration. Allerdings ist die individuelle Qualifizierung zur Sache, indem differenziert gearbeitet wird und dabei Erfahrung und Wissen aufgebaut wird, eine entscheidende Voraussetzung für die Integration. Denn nur Menschen, die etwas einzubringen haben, können auch Aufnahme erwarten.

Hier seien nun einige für die interkulturelle Arbeit besonders produktive Formen der Differenzierung vorgestellt:

a) Methodische Differenzierung: Zeichnen

Zeichnen ist im Sachunterricht eine hervorragende Methode, um nonverbal komplizierte Zusammenhänge auszudrücken. Im Sachunterricht gibt es vielfältige Anlässe zum Zeichnen. Sei es, dass eine Fantasielandschaft oder das Innere eines Gerätes, das menschliche Knochengerüst oder ein Gefühl abstrakt ausgedrückt wird. Auch Entwicklungen (Wie sieht es in der Schmetterlingspuppe aus?) oder Zusammenhänge (Was brauchen Pflanzen zum Leben?) lassen sich grafisch ausdrücken. Das Zeichnen als Methode kann in vielen verschiedenen Stadien des Sachunterrichts eingesetzt werden, beim Planen von Handlungsaufgaben, beim Entwurf von Versuchen, bei der Antizipation von möglichen Ergebnissen von Versuchen oder Konstruktionsaufgaben, beim Erfassen von inneren Funktionen, beim Fantasieren von Alternativen oder beim Darstellen von Aspekten eines Problems in Form von Concept Maps. Methodisch bietet der Tageslichtprojektor gute Möglichkeiten des Vergleichs von verschiedenen Zeichnungen der einzelnen Kinder an. Dabei stellt es für Kinder mit geringerer Sprachkompetenz der deutschen Sprache eine besondere Chance dar, differenziert ihre eigene Sachkompetenz durch Zeichnungen grafisch zu präsentieren. Im kommunikativen Austausch erwerben sie dann durch die anderen Kinder die sprachlichen Muster.

b) Didaktische Differenzierung

Bei dieser Differenzierungsform geht es darum, qualitativ zu diagnostizieren, welche Inhalte und Zugangsweisen welchen Kindern eher zur Thematik gelungen sind und welche weniger. Somit werden Kindern dann in Übungsphasen verschiedene Lernangebote gemacht, die ihrem eigenen Fähigkeitsprofil angepasst sind, ohne dabei die gemeinsame Lernsituation aufzulösen.

Beispiele für didaktische Differenzierung wären, dass zu einem Thema in verschiedenen Sprachen im Internet recherchiert wird, dass Kinder für die Ausstellung der Klasse zum Thema entweder Texte erstellen, Säulen für einzelne Exponate anfertigen, Fotos zur Veranschaulichung entwickeln oder Testaufgaben für die Besuchenden formulieren. Alle diese Aufgaben können entsprechend dem jeweiligen Förderbedarf vergeben werden und dienen doch dem gemeinsamen Ziel einer Ausstellung.

c) Das Gruppenpuzzle (Jigsaw-Methode)

Das Gruppenpuzzle (Jigsaw-Methode) ist in Austin/Texas 1971 von Elliot Aronson (1978) entwickelt worden, um Probleme innerhalb einer kulturell gemischten Schülerpopulation (Afroamerikaner, Hispanics, Weiße) zu lösen. Der Grundgedanke war dabei, wie mit einer Laubsäge ein größeres Inhaltsgebiet zu zersägen ist, um es dann wieder zusammen zu fügen. Dabei ging es vor allem um einen methodischen Ansatz, der Kommunikation und Verantwortung fördern sollte, indem jeder am gemeinsamen Vorhaben mit einer Aufgabe beteiligt wurde. Die Klasse wird in kleine Gruppen aufgeteilt, bei der jede Gruppe eine spezifische Aufgabe zu bearbeiten hat. Die wesentlichen Ergebnisse der Gruppen werden für alle dokumentiert und präsentiert. Auch die Präsentation muss selbstständig vorbereitet werden. Gemeinsam wird entschieden, welches Gruppenmitglied für welchen Aspekt als Experte auftritt.

Dann werden die Gruppen neu zusammengestellt. Nun wird eine neue Aufgabe den Gruppen gegeben. Dafür erklärt jeder Experte den neuen Gruppenmitgliedern sein spezielles Ergebnis der bisherigen Aufgabenstellung. Wechselseitig wird von den verschiedenen Experten gelernt. Nun wird versucht, das Wissen auf die neue Aufgabe anzuwenden.

Alle diese Differenzierungsmethoden im interkulturellen Sachunterricht sind nur dann sinnvoll, wenn die verschiedenen Lernvoraussetzungen und Lernwege zwar jeweils in differenziertes Arbeiten münden, dies allerdings nicht in Zerfaserung des Unterrichts endet. Zentral ist, dass die gemeinsame Zielvorstellung oder Aufgabe für alle sichtbar wird und dass das differenzierte Arbeiten immer wieder zusammengefasst wird. Integration verlangt integratives Handeln. Dazu gehört, dass alle etwas einbringen können, aber auch der gemeinsame Rahmen, in den etwas eingebracht werden kann.

Die wichtigste integrative Maßnahme ist allerdings die warmherzige Aufnahme durch die Lehrperson. Nur wenn die eigene Lehrerin / der eigene Lehrer aus ganzem Herzen will, dass jedes Kind möglichst umfassend lernt, wird es auch den Mut entwickeln und kann auf der Basis der Zuwendung wachsen.

3 Unterrichtshilfen

In diesem Kapitel werden verschiedene Materialien dokumentiert, die für die Praxis interkulturellen Sachunterrichts nützlich sein können. Sie beziehen sich auf die jeweiligen Abschnitte des 2. Kapitels. Hier sind sie zum leichteren Nachschlagen nur tabellarisch ohne didaktische Begründungen aufgezählt.

3.1 Lieder. Liedersammlung zum Deutschlernen

Lieder sind nicht nur sinnvoll und wichtig, um gemeinsame positiv gestimmte Erlebnisse zu schaffen und Harmonie zu erfahren, sondern auch, um dabei wiederholend Sprachmuster einzuüben und um sich bestimmter Sachinhalte von der musikalisch-ästhetischen Seite anzunähern.

Es bedarf keiner besonderen didaktischen Begründung ihres Einsatzes in der Grundschule. Aber dafür ist umso genauere Sorgfalt erforderlich, um nicht Lieder auszuwählen, die auf der textlichen Seite Kinder mit Migrationshintergrund überfordern oder sprachlich verwirren.

In der folgenden Sammlung sind aus der Vielzahl denkbarer hergebrachter Lieder diejenigen herausgesucht worden, die nicht untypische sprachliche Wendungen aufweisen oder durch Umstellung der Satzglieder geradezu kontraproduktiv fürs Sprachlernen sind.

Die Auswahlkriterien sind dabei im Einzelnen:
1) minimaler Wortschatz,
2) Lieder haben ein häufig gebrauchtes Satzbaumuster aus der Alltagssprache,
3) keine antiquierten Wörter, keine Sprachspielwörter,
4) semantisch an der Alltagssprache orientiert,
5) keine Verkürzungen oder Umformungen, die falsche grammatikalische Formen suggerieren,
6) Lieder passen thematisch in handelnden Unterricht,
7) kein Anknüpfen an schon vorhandenes Sinnverständnis durch Auslassen bestimmter Wörter.

Beispiele für Liedtexte und Kriterien:

zu 1)

Ein sehr positives Beispiel für einen geringen Wortschatz ist der folgende dialogisch zu singende Liedtext: „Löwe, Löwe, komm, komm, komm. Kommst du jetzt? Nein. Kommst du bald? Ja. Um eins? Nein. Um zwei? Nein. Um drei? Nein. Um vier? Nein. Um fünf? Nein. Um sechs? Nein. Um sieben? Nein. Um acht? Nein. Um neun? Ja! (Angstgekreische der Kinder, der Löwe kommt.)" (Kassette zum Lehrwerk „Komm, bitte" des Hueber-Verlages in Ismaning bei München).

zu 2)

Sehr viele Liedtexte verstoßen aus rhythmischen Gründen gegen Regeln des Satzbaus. Insbesondere einzelne Satzglieder werden aus der Mittelstellung des Satzes herausgegliedert („Nun wollen wir singen das Abendlied."). Gerade weil die Stellung im Satzbau eine so wichtige Rolle spielt, sind derartige Liedtexte für den Anfangsunterricht ungeeignet.

zu 3)

Es ist keineswegs sinnvoll, an den Anfang des Sprachlernens Vokabeln zu stellen, die in der Alltagssprache nicht mehr vorkommen („die Peitsche knallt"; „miau, ich will dich freien"). So macht es zwar deutschsprachigen Kindern große Freude, Nonsenswörter gerade zur Relativierung der rigiden sprachlichen Normen zu singen, aber für Kinder ohne Deutsch als Muttersprache ist der Witz bei Wörtern, wie „Zizibe" oder „Quack widiwack" nicht gegeben. Auch Textpassagen, wie „Ich ging in den Busch und brach mir einen Mai" oder „wie der muntre Fink im Hagedorn", fördern nicht gerade ein leichtes Verständnis des Textes. Auch „jetzo" mag in einem Wanderlied gut klingen, ist aber für Kinder, die noch nicht die Vokabel „jetzt" beherrschen, eine Überforderung.

zu 4)

Nicht nur die Satzstellung und die einzelnen Vokabeln sind bei der Auswahl von Liedtexten von Bedeutung. So kann ein Morgenlied („Der Morgenstern mit hellem Schein lässt sich frei sehen wie ein Held") zwar von der Satzstellung her nicht unüblich sein, aber durch metaphorische Wendungen und eine wenig in der Alltagssprache gebräuchliche Wortwahl für den ersten Fremdsprachenunterricht nicht geeignet sein.

zu 5)

So muss beispielsweise das Partizip bei der Perfektbildung formgenau auch im Liedtext vorkommen und nicht verkürzt werden („Das neue Jahr ist kommen"). Aber auch die dichterische Freiheit („... Kuh, weil ich sie hüten tu") sollte nicht im Anfangssprachunterricht Verwirrung schaffen.

zu 6)

Für das Thema Herbst bei „Falle, falle, gelbes Blatt": ganz einfache Grundstruktur mit vielen Wiederholungen, leichte handelnd darzustellende Variationen und gleichzeitig weiterführende Satzmuster für Kinder mit fortgeschrittenem Lernstand.

zu 7)

Bei einem Geburtstagslied wird etwa das Wort Jahr („Das alte ist vergangen") in der Erwartung, dass alle Mitsingenden dies aus ihrem eigenen Sinnverständnis fiktiv ersetzen, ausgelassen. Diese fiktive Ergänzung können Kinder mit anderer

Erstsprache aber nicht leisten. Von daher sind auch derartige „Insider-Texte" für den Anfangssprachunterricht ungeeignet.

Anmerkung zur Liedersammlung

Die Lieder sind zumeist nur wegen ihrer 1. Strophe aufgenommen worden. Manchmal sind minimale Korrekturen beim Text vorgenommen worden, damit er optimal im Sinne der Sprachförderung eingesetzt werden kann (z. B. „Ein Schneider fing eine Maus" statt „...fing 'ne Maus"). Bei den weiteren Strophen muss im Einzelfall geprüft werden, ob sie sinnvoll in den Unterricht einbezogen werden können. In Klammern stehen die Quellen abgekürzt (vgl. Quellenverzeichnis im Anschluss an das Liedverzeichnis, aus denen die Lieder stammen).

Ausgewählte Liedbeispiele für den Anfangssprachunterricht von Aussiedlerkindern an der Grundschule – Inhaltsverzeichnis mit Stichwortangabe von Lernschwerpunkten

1) Begrüßung und Abschied

– Guten Morgen-Lied (Kb)
– Jetzt ist die Schule aus (Kb 6)
– Wann und wo (* „Wann und wo, wann und wo, sehen wir uns wieder und sind froh?"; Fragesatz)
– Alle Leut' gehn jetzt nach Haus, große Leut' ... (MJ 42) (Adjektive)
– Guten Morgen (Zu)
– Ich schreibe meinen Namen (KQ) (Akkusativobjekt kombiniert mit Dativobjekt)

2) In der Schule

– Was machen wir so gerne hier im Kreis? (Ls; Zu) (Verben in Infinitivform)
– Lydia, was ist denn los? (kB 18) (Fragesätze; Negationssätze)
– Da ist der Mann / da ist die Frau (kB 18) (Relativsatz; Schullernverben)
– Wenn du glücklich bist, dann klatsche * (Konditionalsatz)
– Der Anfang ist nicht schwer (KuZ 64) (Negation)
– Ach du Schreck (kb 46) (Akkusativobjekt)
– Wenn ich könnte wie ich wollte (Lk 3) (Konjunktiv)

3) Ich

– Ich bin hier, hier bin ich (einfache Nominalsätze mit „sein") (WWW)
– Kopf, Schulter, Knie und Zeh *
– Bruder Jacob, Schwester Maria, Onkel Arthur ... (Wi1 4; MmS 110; MJ 7)
– Ich reibe meine Nase (Ls 6) (Akkusativobjekt)
– Bim bam, Dimi ist krank (kb 26)

Unterrichtshilfen 165

- Wir werden immer größer * (Komparativform)
- Ist mein Hemd nicht da? (Sch 39) (Fragesatz)
- Keine Bohnen in dem Topf (Lk 4) (Negation)
- Heute bin ich viel zu faul (Lk 5)
- Wenn ich mal ein Vogel bin (Lk 38)
- Wo mag denn nur mein Christian / Dimitrij sein (MmS 62)
- Ich mag die Blumen * (Akkusativobjekt)
- Wenn du glücklich bist, dann ... * (Konsekutiv-Satzgefüge)
- Wozu sind unsere Hände da? * (Plural)

4) Ampel und Farben / Verkehr
- Grün, grün, grün sind alle meine Kleider (Farben; Prädikatsnomen betont an 1. Stelle, neues Satzbaumuster) (UL, 74; Wi1 74; MJ 21)
- Hol dein Fahrrad aus dem Keller (Lk 13) (Imperativ)
- Ich fahr mit meinem Auto (Dativobjekt) (*)
- Eisenbahn, Eisenbahn (Wi1,64) (Imperativ)
- Wir fahren mit der Eisenbahn; 1. Strophe (Ls 26) (Imperativ, Dativobjekt fem.)
- Mein Roller hat Räder; 1. Strophe (Wi2 91)
- Wir fahren mit dem Omnibus (Wi2 105) (Dativobjekt)
- Die Feuerwehr (Wi2 110)

5) Rohkost / Obst essen: Gesundes Schulfrühstück
- Rote Kirschen ess' ich gern (Wi1 32) (einfache Nominalsätze)
- In meinem kleinen Apfel (Ls 46)
- Wir kochen heute Brei (Wi1 66) (Attributbildung mit Adjektiven)
- Der Bauer baut mit Müh und Not (MJ 21)
- Zum Kaufhaus geh ich gerne mit (Wi2 112)
- Kaufmannslied (BZ 9)

6) Das Wetter / Herbst
- Es regnet (Wi1 50; Lf 8; MmS 13) (einfache Sätze mit konjugiertem Verb)
- Falle, falle, gelbes Blatt (Q1 7) (Imperativ)
- Guten Morgen, lass die Sonne herein (*)
- Liebe Sonne, komm aus dem Versteck (MmS 14)
- Ich höre was, ich höre was (kb 49)
- Da ist eine Wolke (kb 49)
- Was ist das für ein Wetter heut (Regenwetter) Str. 1,2,4 (Wi2 35)

7) Besuch im Tierpark / auf dem Bauernhof / Tiere
- Löwe, Löwe (kB 38) (Imperativsätze; Numerale, temporale Adverbien)
- Hört ihr den Vogel schrein (Q1 24) (Fragesatz)
- Ein Elefant wollt(e) bummeln gehn (Q2 47; Ls 22; Zu)

- Der Elefant, der ist uns allen wohlbekannt (Wi1 101; Ls 27; BZ 111) (Relativsatz)
- Lauf, Jäger, lauf; nur Refrain (UL 48) (Imperativ)
- Seht die große Riesenschlange (Re 41)
- Die kleine Schlange geht jetzt aus (Re 44)
- Heut(e) ist Tierkonzert (kb2)
- Der Hahn ist tot (Sch 50)
- Fuchs, du hast die Gans gestohlen (Lf 26)
- Kuckuck, Kuckuck, ruft's aus dem Wald (Wi1 14; Lf 14)
- Alle mein Entchen (Wi1, 88; Lf 6)
- Die Bären brummen (MmS 24)
- Es war einmal ein Pudelhund (MmS 24)
- Das Pferd, das Pferd, das geht daher (MU 61)
- Ich bin ein kleiner Esel (Ls 6) (Satzgefüge)
- Täubchen und Wolf (Wi1, 37) (Frage und Antwort)
- Der kleine Frosch (Anlauf ...) (Imperfekt)

8) Alte Stadt – neue Stadt
- Lauf mein Pferdchen (Q2, 5; MJ 13) (Personalpronomina; Imperativ)
- Wir bauen eine neue Stadt (UL 92) (bZ) (Dativobjekt)
- Wir reisen durch Europa [ergänzen durch russische Städtenamen und russ. Grußformel] (Q3 42)
- Komm wir fahren in die Stadt (Sch 111)
- In London brennt es (Imperativ) (Quelle: Kaiser Praxisbuch handelnder Sachunterricht 2005)
- Der Onkel in Amerika (Q2 43) (Fragesatz)
- Ich weiß eine schöne Stadt, die lauter grüne Häuser hat (Wi2 70) (attr. Ergänzung)
- Wohin willst du fahren? (Lk 29) (Fragesatz, Imperativ)
- Wenn du von oben herabblickst (Lk 9) (Konditionalsatz)
- Ich möchte gern mal Blumen sehn (Lk 11) (Relativsatz)

9) Tag – Woche – Jahr – Feste
Kalender
- Natascha, liebe Natascha mein (Wochentage)
- Wer hat heute Geburtstag? (kb 82)
- Und wer im Januar geboren ist? (Wi1 8; Ls 37) (Monate)
- Es war eine Mutter ... (UL 12; Q1 45; Wi1 12; MJ 1) (Jahreszeiten, Akkusativobjekt)

Weihnachten
- Morgen kommt der Weihnachtsmann (MmS 108)
- Bald nun ist Weihnachtszeit (Wi1 138)

- Kommt herein! Freut euch alle! (MJ 52) (Weihnachten; Imperativ)
- Oh Tannenbaum * (Fragesatz)
- Morgen, Kinder, wird es was geben * (vorgestellte temporale Adverbiale)
- Lasst uns froh und munter sein (Wi1 139) (Imperativ)
- Lieber guter Nikolaus (Wi1 141) (Imperativ)

Zeit

- Zeit für Ruhe (KQ)
- Große Uhren (Wi1 6; MmS 49; Lf 34)
- Hört ihr vom Turm das Glockenspiel (UL 8; Sch 109) (Fragesatz)

Tagesablauf, Morgen

- Jetzt steigt Hampelmann (Dimitrij); bis zur 5. Strophe (UL 72; Q1 47)) (Akkusativobjekt)
- Wenn die Sonne früh aufsteht, dann … (MJ 7) (Konditionalsatz)

Abend

- Schlafe ein, mein liebes Kind (MJ 45)
- Nun sagen wir euch allen gute Nacht (Wi1 113) (temporale Adverbien)
- Schlaf, Kindchen, Schlaf (Lf 32) (Possessivpronomina)
- Der Mond ist so rund wie die Uhr (UL 9; Sch 67) (Akkusativobjekt)
- Ich geh mit meiner Laterne (Wi1 109; Ls 15) (Dativobjekt)

10) Spiele und Tanz

- Wir gehen jetzt im Kreise (MC 8)
- Jacob hat kein Brot / Geld im Haus (Wi2 53; Ls 20)
- In dem Wald da steht ein Haus (MJ 63)
- Kommt und lasst uns tanzen, springen (Wi2 80; Sch 6; KuZ 45) (Imperativ)
- Der Fuchs geht um, dreht euch nicht um (Ls 34) (Imperativ; Futur I)
- Häschen in der Grube (Wi1 30)
- Ringlein, Ringlein (Wi1 24) (Imperativ)
- Mein Hut, der hat drei Ecken (Sch 29; MU 62; MmS 65) (Satzstellungsvariation)
- Jetzt übe ich, Gespenst zu sein (bsv2 60)
- Macht auf das Tor (Wi1; 35) (Imperativ, Frage)
- Gehe durch die Goldene Brücke (Wi1 36) (Textvariation: „Gehe durch")
- Zehn kleine Zappelmänner (Wi1 41) (lokale Adverbien)
- Wo ist der Mann, der alles kann? (Wi1, 30) (Relativsatz; Bewegungsverben)
- Dornröschen *
- Ein Schneider fing ne Maus (MJ 31; Ls 38; Wi1 34; bZ) (Fragesätze; Präposition mit „mit")
- Brüderchen, komm tanz mit mir (Ls 20; Wi1 40)

11) Frühling, Sommer und Winter – Blumen und Schnee

- Die Sonne scheint (Sch 63) (Aussagesatz-Fragesatz)
- Heute ist das Wasser warm (Wi 1 59; Ls) (temporale Adverbien)
- Jetzt fängt das schöne Frühjahr an (MJ 3)
- Wir Rosen sind durstig (Wi1 59) (Farben; vorangestellte modale Adverbiale)
- Kommet all und seht (Schneemann) (Wi2 143; MJ 47; Ls 19)
- Unser Schneemann (MJ, 47)

12) Arbeiten, Berufe

- Wer will fleißige Handwerker sehn" (MJ 29) (Akkusativobjekt)
- Ich bin der Tischler (Wi2 49)
- Zeigt her eure Füße [ausgewählte Strophen](Wi1 20; Q1 46) (Imperativ; Verben variieren)
- Wollt ihr wissen, wie der Bauer? (Ls 11) (Fragesatz)

13) Adjektive, attributive Ergänzungen

- Drei Chinesen mit dem Kontrabass (Q2, 26)
- Ich habe einen Ball, der ist rund (kb 46)
- Eins-zwei-drei, alt ist nicht neu (kb 72; Wi1 43)

Liedersammlung aus den folgenden Quellen, aber häufig im Text variiert:

- Quartett 1/2 und 3/4 [Q 1, Q2, Q3, Q4]
- Bunte Zaubernoten [BZ]
- Willkommen lieber Tag I und II (Wi1; Wi2)
- Kreusch-Jacob: Liederspielbuch . Ravensburger Verlag [Ls]
- H. u. E. Schuh: Komm bitte Schülerbuch 1. Hueber München [Kb]
- Musik im Jahreslauf (1/2), Diesterweg Verlag (MJ)
- H. Lemmermann (Hrsg.): Die Zugabe. Bd. 1 Grundschule Fidula 1968 [Zu]
- H. u. J. Grüger: Die Liederfibel [Lf]
- Unser Liederbuch für die Grundschule, Klett Stuttgart 1972 [UL]
- Unser Liederbuch Schalmei. Klett Stuttgart 1980 [Sch]
- Resonanzen. Arbeitsbuch für den Musikunterricht. Diesterweg Frankfurt (Re)
- bsv Musik 2. München 1977 (bsv2)
- M. Küntzel-Hansen: Die Liederkommode. Schroedel Hannover 1976 (Lk)
- Musik macht Spaß. Hirschgraben Frankfurt (MmS)
- Klang und Zeichen. Schwann Düsseldorf 1973 (KuZ)
- Mc 1,2,3 im Sauseschritt. Menschenkinder Musikverlag Münster (MC)
- Komm mit zur Quelle. Impulse Musikverlag (KQ)
- andere Quellen *

3.2 Kinderbücher. Bücherliste für Migrantenkinder (mit ausgewählten Kommentaren)

A) Einfache Sprachstrukturen

- B. Martin/E. Carle: Brauner Bär, brauner Bär, siehst du wen? Gerstenberg Verlag, Hildesheim 1984
  Verschiedenfarbige Tiere sind von Seite zu Seite zu sehen.
- L. Fromm: Mima-Mäuschen. Ellermann Verlag, München 1980
  Eine Maus führt ein schönes Leben in ihrem Haus. Plötzlich wird sie von einer Katze bedroht, kann aber noch entkommen und wartet vom Versteck aus auf das Verschwinden der Katze.
- E. Carle: Die Raupe Nimmersatt. Gerstenberg Verlag, Hildesheim 1984
  Eine Raupe frisst jeden Tag andere Lebensmittel bis sie sich verpuppt und schließlich zum Schmetterling wird; Sprachelemente: Zahlen von eins bis fünf, Wochentage, Bezeichnungen für Obstsorten und beliebte Süßigkeiten.
- E. Lindgren-Enskog/E. Eriksson: Max und der Puppenwagen. Oetinger Verlag, Hamburg 1986
  Ein Junge transportiert immer mehr verschiedene Sachen in seinem Puppenwagen, verliert sie Stück für Stück, der Hund bringt alle Dinge wieder zurück – nur den Keks nicht. Warum?
- E. Lindgren-Enskog/E. Eriksson: Max und der Teddy. Oetinger Verlag, Hamburg 1982
- R. Buckley/E. Carle: Die Riesenschlange Sansibar. Gerstenberg Verlag. Hildesheim 1986
  Eine gierige Schlange verschlingt ein Tier nach dem anderen und am Ende sich selbst.
- E. Carle: Die kleine Spinne spinnt und schweigt. Gerstenberg Verlag. Hildesheim 1984
  Viele verschiedene Tiere kommen und versuchen, die Spinne aufzuhalten. Sie vollendet aber Stück für Stück ruhig ihr Netz, kann dann Insekten fangen und schläft nachts bereits, so dass die Eule sie nicht fressen kann.
- J. Burningham: Die Kahnfahrt. O. Maier Verlag, Ravensburg 1973
  Immer mehr verschiedene Tiere mit stereotypen Eigenschaften wollen auf einen Kahn bis der Kahn umkippt. Alle retten sich ans Ufer und wollen gemeinsam essen.
- W. Holzwarth/Ch. Bretschneider: Fünf Kinder hatte Mama Maus. Tivola-Verlag, Berlin 2000
  „Fünf Kinder hatte Mama Maus, vier sahen gleich – eins anders aus". Über das Anderssein und darüber, die eigenen Stärken zu entdecken.
- Ch. Raschka: Hey! Ja? Hanser, München [u. a.] 1997
  Zwei Jungen begegnen sich.
  Der eine in Baseballschuhen.
  Der andere nicht.
  Der eine ruft: »Hey!«
  Der andere unsicher: »Ja?«
  Dann, Schritt für Schritt,
  gehen sie aufeinander zu …
  Eine Freundschaftsgeschichte fast ohne Worte.
- E. Battut/D. Heufemann: Ei, Ei, Ei! Zürich, Bohem-Press 2005
  Aus drei verschiedenen Eiern schlüpfen drei verschiedene Vögel. Wie kommen sie wohl miteinander aus? Ein Buch über Toleranz, schon für ganz kleine Kinder geeignet.
- J. Ruillier/D. Heufemann: Einfach farbig. Nach einer afrikanischen Geschichte. Zürich, Bohem-Press 2005.

Ich bin ich und du bist anders.
Weil anders für viele auch schlechter bedeutet, lässt sich das Gespenst des Rassismus nur schwer vertreiben. Dieses fröhlich-farbige Kinderbuch vermittelt einen äußerst verblüffenden Blick auf alte Vorurteile.

B) Emotional das Aussiedeln / Haussuchen / Hausfinden thematisierend

U. Scheffler/S. Brix-Henkö: Krähverbot für Kasimir. A. Betz Verlag, Wien – München 1986
Eine alte Bäuerin lebt in enger Verbindung mit ihren Tieren. Neue Nachbarn beschweren sich über das laute Krähen des Hahnes. Der Hahn wird vor Gericht gestellt und zum Nicht-Krähen verurteilt. Der Druck auf die Bäuerin, der es nicht gelingt, den Hahn zum Schweigen zu bringen, wird größer. Schließlich entschließt sie sich, mit Sack und Pack und allen Tieren zu einer entfernten Scheune „auszusiedeln". Auf ihrem ehemaligen Hof wird eine Lärm verursachende Diskothek eröffnet.

L. Murschatz: Der Maulwurf Grabowski. Diogenes, Zürich 1972

R. Hürlimann: Stadtmaus und Landmaus. Pro Juventute, Zürich 1982
Eine Stadtmaus lernt auf einem Ausflug eine Landmaus kennen und nimmt sie mit, um ihr die Verlockungen der Stadt mit den gefüllten Speisekammern anzubieten. Das Glück wird jäh unterbrochen durch herannahende Menschen und Katzen. Die Landmaus flieht wieder zum einfachen, aber sicheren Landleben. Schließlich folgt ihr die Stadtmaus und sie leben einfach und zufrieden zusammen.

R. Buckley/E. Carle: Die Schildkröte Miracula. Gerstenberg-Verlag, Hildesheim 1985
Eine Schildkröte verlässt ihren Panzer, um freier zu sein und wird durch verschiedene Tiere oder Naturgewalten bedroht. Am Ende findet sie glücklicherweise ihr altes „Schildkrötenhaus".

T. Ungerer: Die drei Räuber. Übers. Tilde Michels. Diogenes, Zürich 1983

L. Fromm: Mima-Mäuschen (s. o.)

Ch. Wormell/S. Birkenstädt [Übers.]: Blaues Kaninchen sucht ein Zuhause. Carlsen, Hamburg 2000
Weil ihm seine Höhle zu groß ist, macht sich das blaue Kaninchen auf die Suche nach einer neuen Bleibe. Der Bär, die Gans und der Hund schließen sich ihm an – auch sie sehnen sich nach einem schönen Zuhause. Doch was ist schön? Was dem blauen Kaninchen nicht passt, ist genau das richtige für den Bären …
Große Schrift, dadurch nur wenig Schrift auf einer Seite, aber z. T. sehr schwere Wörter

J. MacQuade: Teddy Tom zieht um. Coppenrath, Münster 2000

J.-P. Jäggi/A. Clarke: Pirat Wirbelwind zieht um. Nord-Süd-Verlag: Gossau, Zürich 2003
Umziehen? Unser kleiner Held ist von dieser Idee gar nicht begeistert. Wie gut, dass er nicht nur ein Junge, sondern auch noch „Pirat Wirbelwind" ist!
Denn wenn man den Umzug als ein verwegenes Piratenabenteuer betrachtet, sieht die Sache gleich ganz anders aus.

G. Bydlinski/B. Antoni: Hier ist alles irgendwie anders: Stefan zieht um. Betz, München 2005
Stefan zieht mit seinen Eltern in eine andere Stadt und fühlt sich ziemlich einsam. Doch dann freundet er sich mit einer kleinen Katze an, die einem netten Mädchen gehört – und schon sieht die Welt gleich ganz anders aus.

Unterrichtshilfen 171

C) Spannende Geschichten

L. Fromm: Mima-Mäuschen s. o.

R. Zimnik: Billys Ballonfahrt. Diogenes. Zürich 1979
Ein Junge möchte gern fliegen und wünscht sich viele Luftballons. Er hebt tatsächlich in seinem Bett in die Luft ab und sieht die Welt von oben. Schließlich landet er, nachdem ihn der Hunger zu sehr plagt und wird von seinen Eltern abgeholt.

F. Michels/A. Fechner: Xandi und das Ungeheuer. A. Betz Verlag, Wien – München 1986

T. Ungerer: Die drei Räuber. Übers. Tilde Michels. Diogenes, Zürich 1983

T. Ungerer: Der Hut. Diogenes, Zürich 1972

T. Ungerer: Crictor, die gute Schlange. Diogenes, Zürich 1977

Brüder Grimm: Der Wolf und die sieben jungen Geißlein. Nord-Süd-Verlag, Hamburg 1984

Brüder Grimm: Rotkäppchen; mit Bildern von Bernadotte Watts; Nord-Süd-Verlag, Mönchaltorf / Hamburg 1968

S. Prokofjew/J. Palecek: Peter und der Wolf. Neugebauer Verlag, Salzburg-München 1987

D) Bücher, die besondere Probleme von Migrantenkindern thematisieren

M. Rettich: Die Geschichte von Elsie. A. Betz Verlag, Wien – München 1981
Sechs Geschwister vergnügen sich beim Baden, das einzige Mädchen will es den Jungen gleichtun und steigt auf den Toilettenrand. Sie rutscht nackt hinein und friert, weil der Abfluss der Toilette nach draußen in eisige Kälte führt. Viele Rettungsversuche scheitern bis am Ende der jüngste Bruder seine Schwester befreit.

H. Olbrich/S. Bochem: Wie Micha die Angst verliert. Ernst Kaufmann Verlag, Lahr 2003
Micha ist aus Kasachstan nach Deutschland gekommen und vieles in seinem neuen Leben macht ihm Angst. Außerdem fühlt er sich von „Supermann" und dessen Bande bedroht. Da lernt er Julia im Rollstuhl kennen. In der Freundschaft mit ihr gewinnt er Selbstvertrauen und kann schließlich sogar seine Angst überwinden.
Kurze Kapitel, große Schrift, z. T. schwere Wörter

H. Ellermann: Der dritte Bär. Lappan Verlag, Oldenburg 2003
Zwischen einem Haufen Gerümpel fristen zwei alte braune Teddybären ihr Dasein auf dem Dachboden. Es ist zwar nicht besonders schön dort oben, aber wenn sie gemeinsam in Erinnerungen an die guten und schlechten Zeiten in ihrem Teddybärenleben schwelgen, lässt es sich schon aushalten. Da bekommen sie eines Tages Gesellschaft von einem ausrangierten Pandabären. Sofort reagieren die beiden braunen Bären mit Abneigung auf den Fremden mit dem komischen Namen.

S. Wiemers: Vimala gehört zu uns. Kerle, Freiburg 2002
Vimala ist neu in der Klasse. Henri, Ida und die anderen bestaunen ihr exotisches Aussehen, integrieren die clevere Inderin aber schnell in die Klassengemeinschaft. Als eine Clique älterer Kinder Vimala verspottet und beschimpft, trauen sich die Kleinen zunächst nicht, ihrer Freundin beizustehen.

U. Scheffler/E. Spanjardt: Weihnachtspost für Ayshe. Kerle bei Herder, Freiburg [u. a.] 2005
Ayshe möchte gerne ein Weihnachtspäckchen bekommen, so, wie ihre Freundinnen im Kindergarten. Aber Ayshes Eltern kommen aus der Türkei und sind Muslime, sie feiern andere Feste. Doch zum Glück hat Ayshe einen richtig guten Freund, Herrn Jakob, den Postboten. Er erzählt Ayshe die Legende vom Heiligen Nikolaus, der vor langer Zeit in der Türkei lebte. Außerdem hat Herr Jakob offenbar gute Verbindungen zum Weih-

nachtsmann, denn täglich verteilt er viele Weihnachtspäckchen in der Straße, in der Ayshe lebt. Ob für Ayshe wohl einmal ein Päckchen dabei sein wird?

U. Scheffler/J. Lieffering: Welche Farbe hat die Freundschaft? Gabriel-Verlag, Stuttgart [u. a.] 2005
Keine Angst vorm Anderssein. Max, Mira und Joshua gehen zusammen in den Kindergarten. Mira kommt eigentlich aus der Türkei und Joshua aus Afrika. Das sieht man an ihrer dunkleren Haut und merkt es daran, dass sie manchmal nicht genau wissen, wie man etwas auf Deutsch sagt. Am Anfang hat Max Mira deswegen ausgelacht, aber jetzt sind sie Freunde. Und heute darf Max sogar mit zu Mira nach Hause und erfährt, warum Miras Mama fastet, ihre Familie nicht in die Kirche, sondern in eine Moschee geht, und was das Zuckerfest ist. Ab 4 Jahren

E) Vertrautes ländliches Milieu, vertraute Erfahrungen

U. Scheffler/S. Brix-Henkö: Krähverbot für Kasimir. A. Betz Verlag, Wien-München 1986

U. Wensell: Das Honigdorf. Peters Bilderbuch, Hanau 1985

T. Fontane/K. Blume: Herr von Ribbeck auf Ribbeck. Coppenrath Verlag, Münster 1985

M. Majewska/J. Majewski: Oskar Maus geht aus. Boje Verlag, Erlangen 1988

R. u. M. Rettich: Neues vom Hase und Igel. Otto Maier Verlag, Ravensburg 1981
Verschiedene Tier-Bildgeschichten, die auch ohne Text dramatische oder lustige Geschichten wiedergeben.

R. Hürlimann: Stadtmaus und Landmaus. s. o.

J. Burningham: Mit dem Korb in der Hand … Verlag Sauerländer, Aarau – Frankfurt – Salzburg 1981

Brüder Grimm: Der Wolf und die sieben jungen Geißlein (s. o.)

Brüder Grimm: Rotkäppchen (s. o.)

A. Steinwart/P. Eisenbarth: Sei nicht traurig, kleiner Riese. OZ-Verlag, Velber 2001
Weil Jaschek im Gegensatz zu den anderen Riesen klein ist, eine leise Stimme hat und das ständige Kräftemessen untereinander ablehnt, wird er von allen verspottet. Schließlich hält er es nicht mehr aus im Land der Riesen und geht zu den „kleinen Leuten" …
z. T. schwere Wörter

C. Fries/A. Sarkiss [Übers.]: Ein Schwein zieht ein! Baumhaus Medien, Frankfurt am Main [u. a.] 2000
Fuchs, Hase und Henne sind entsetzt, als ein Schwein in ihr Haus einzieht. Jeder weiß ja, dass Schweine schmutzig sind! Misstrauisch beobachten sie Schwein, der jedoch alles andere als ein Ferkel ist. Langsam beginnen sie, den Nachbarn in ihr Herz zu schließen und ihre Vorurteile zu vergessen …

R. Schami/O. Könnecke: Wie ich Papa die Angst vor Fremden nahm. Hanser, München [u. a.] 2003
Die kleine Tochter versteht ihren Papa nicht. Der ist nämlich groß und stark und kann fast alles, sogar zaubern, aber vor Fremden hat er trotzdem Angst. Ihre Freundin Banja stammt aus Tansania, was Papa allerdings nicht weiß. Was wäre, wenn sie ihn einfach zu Banjas Geburtstag, zu dem all ihre Verwandten kommen, mitnimmt?
Das Bildmaterial verstärkt allerdings stereotype Muster.
Wenig Text

A. Greder: Die Insel: eine tägliche Geschichte. Sauerländer, Frankfurt am Main 2002
Auf der Insel taucht ein Fremder auf, den die Bewohner nicht haben wollen. Sie

schieben ihn ab, umgeben sich mit einer hohen Mauer, damit niemand mehr zu ihnen gelangen kann …
Die Bilder sind etwas „gruselig"

M. Ramos/A. Rak [Übers.]: Der kleine Soldat, der den Krieg wieder finden wollte. Oetinger, Hamburg 2000
Wo ist nur der Krieg geblieben? Keiner da, der ihm einen Befehl gibt? Dem kleinen Soldaten wird angst und bange. Eilends marschiert er los, um den Krieg wieder zu finden. Doch keiner, den er danach fragt, will etwas darüber hören. Nur der Blinde gibt ihm Auskunft: „Der Krieg ist da, wo du bist. Der Krieg ist überall da, wo die Soldaten sind." Langsam beginnt der kleine Soldat zu begreifen … Ein Bilderbuch für den Frieden. Wenig Text, auch anhand der Bilderfolge teilweise erschließbar.

F) Konträre Anregungen

J. Burningham: Was ist dir lieber? Sauerländer Verlag, Frankfurt – Salzburg 1984

G) Weitere vom Bildaufbau geeignete Bücher

Janosch: Ich bin ein großer Zottelbär. Parabel Verlag, München 1972

I. Sawai: Mein roter Stiefel. Wittig Verlag, Hamburg 1988

J. MacQuade: Teddy Tom zieht um. Coppenrath, Münster 2000

E. Dietl/Ch. Schöne: Max Maus im Zoo: das lustige Such-Wimmelbuch; mit geheimer Mäuseseite Oetinger, Hamburg 2005
Auf den Wimmelbildern gibt es viel zu sehen, was als Gesprächsanlass dienen kann

E. Dietl/Ch. Schöne: Max Maus in der Stadt: das lustige Such-Wimmelbuch; mit geheimer Mäuseseite. Oetinger, Hamburg 2004

U. Enders/D. Wolters: Sooooo viele Kinder in der Stadt. Ed. Anrich im Beltz-Verlag, Weinheim 2001
Wimmelbilder

H. Bieber: Guck mal, was hier passiert! Ein Wimmelbilderbuch. Coppenrath, Münster 2000

M. Waddel/B. Firth: Kleiner Hase Tom. Betz, München 2001
Der Mond steigt auf und Schmusehase Tom sitzt immer noch auf der Mauer. Ihm ist ganz bang zumute. Sein Besitzer Jakob wird ihn doch hoffentlich nicht vergessen haben?

H) Interessante Sachbücher – weitgehend aus Bildern

M. Reidel: Die zwölf Monate. Sellier Verlag, Freising 1979(2)

E. Carle: 1,2,3 ein Zug zum Zoo. Gerstenberg Verlag, Hildesheim 1985

A. Mitgutsch: Auf dem Lande. Ravensburg 1996

A. Mitgutsch: Bei uns im Dorf. Ravensburg 1994

Anregungen zur Weltorientierung

P. Sis: Madlenka. Hanser, München 2001
Wenn man in New York einmal um den Block läuft, ist das wie eine Reise um die Welt. Jedenfalls für Madlenka, die allen von ihrem Wackelzahn erzählen will, dem französischen Bäcker, dem italienischen Eisverkäufer, dem indischen Zeitungsmann …

3.3 Spielanregungsbücher zum Erlernen von Deutsch als Fremdsprache

Viele Kinder mit Migrationshintergrund können weder die kulturelle Herkunftssprache noch Deutsch richtig. Gezielte Förderung in Sprachkompetenz ist deshalb ein wichtiges Ziel. Dies kann in einer heterogenen Klasse aber nicht als gemeinsamer Unterricht für alle erfolgen. Deshalb ist es sinnvoll, Materialien zum eigenaktiven motivierten Lernen von sprachlichen Mustern und Strukturen anzubieten. Besonders Spiele sind in diesem Kontext sehr attraktiv für Kinder. Deshalb seien hier einige Bücher vorgestellt, die vielfältige Spiele präsentieren, die Kinder zum Spielen herausfordern. Wenn Kinder selbst organisiert in kleinen Gruppen diese Spiele spielen, kommen durch die Anregungen vieler Spiele klare Impulse zum Üben sprachlicher Strukturen und Muster zum Tragen.

Hier sei eine Auswahl von Spielbüchern vorgestellt, die m.E. besonders viele Sprachübungsanregungen, manchmal gezielt auf Deutsch als Fremdsprache bezogen, anbieten:

Christiani, R./Metzger, K. (Hrsg.): Die Grundschul-Fundgrube für Vertretungsstunden. Berlin 2004

Evans, M. u. a.: 10 Minuten Training. Lernspiele für viele. Deutsch-Mathematik-Sachunterricht. Mülheim 2004

Friedrich, T./ Eduard, J. von: Lernspielekartei. Spiele und Aktivitäten für einen kommunikativen Sprachunterricht. Ismaning 1985

Petillon, H.: 1000 tolle Spiele für Grundschulkinder. Würzburg 2001

Piel, A.: Sprache(n) lernen mit Methode. Mülheim 2002

Portmann, R./Schneider, E.: Mit Sprache spielen. München 1997

Spier, A.: Mit Spielen Deutsch lernen. Berlin 1999 (10. Aufl.)

Trautmann, H./Trautmann, T.: 50 Unterrichtsspiele für Kommunikation und Kooperation in der Grundschule. Donauwörth 2003

Weinrebe, H.: Spiele für Schule und Unterricht. 1. bis 6. Jahrgang. Donauwörth 2001

3.4 Sachunterrichtlicher Sprachunterricht. Kleines Curriculum Deutsch als Fremdsprache für Migrantenkinder

Im folgenden Abschnitt soll der Sachunterricht im Kontext einmal in systematischer Übersicht von der Perspektive des Sprachlernens her betrachtet werden. Dabei werden die Elemente des Schullebens, wie Begrüßung oder Unterrichtsgang, dahingehend überprüft, was sie für Kinder an Lernmöglichkeiten in sprachlicher Hinsicht bieten. Insgesamt wird diese Übersicht nach dem folgenden Schema vollzogen:

a) Lerninhalt
b) Sprachmuster
c) Sprachliches Lernziel aktiv
d) Sprachliches Lernziel passiv
e) Sachinhalt
f) Lieder
g) Geschichten
h) Materialien

1) Begrüßen
a) Begrüßungsformeln
b) Guten Tag, auf Wiedersehen
f) Guten Morgen – Lied

2) Kennenlerndialoge
a) Einfache Fragen und Antworten
b) Ich bin …
d) Wer ist das?
e) Vorstellen

3) Einfache Nominalsätze mit „sein"
b) „Da sind die Spiele", da ist die Toilette
e) Schulumgebung
f) Jetzt ist die Schule aus
f) Ich bin hier, hier bin ich
g) Mi-Ma-Mäuschen (Ellermann)

4) Farben in Adverbialform
a) Rot-gelb-grün
b) Das Auto ist rot.
e) Ampel
f) Grün, grün, grün

5) Farben dekliniert
b) Ich will rote Paprika kaufen / waschen / schneiden / essen
e) Grüne, rote, gelbe Paprika kaufen, waschen, schneiden und essen

6) Nominalsätze mit Ergänzung (Akkusativobjekt / adverbiale Bestimmung)
b) Dimi kommt aus Frunse
b) Ich möchte eine rote Paprika
f) Ich fahr mit meinem Auto
f) „Wir bauen eine neue Stadt"
g) „Die Sonne scheint – ein neuer Tag ist da"
h) Stadtspiel
h) Fotobilderwand der ersten Schulerlebnissen mit Text versehen
7) Verben in Infinitivform
b) „Ich möchte lesen"
e) Tätigkeiten in der Schule
f) Was machen wir so gerne hier im Kreis
f) Da ist der Mann, der alles kann
8a) Possessivpronomina 1. und 2. Pers. mask., neutr.
a) mein – dein
b) Das ist mein Elefant, das ist dein Krokodil
h) Geben-und-Nehmen-Spiel mit Stofftieren
8b) Possessivpronomina fem.
8c) 3. Pers. Singular
b) meine, seine, ihre, deine
8d) Plural
b) unser, unsere
9) Negationssatz
b) Nein, ich möchte nicht rechnen
f) Paul, was möchtest du lernen
10) Farben erweitert
a) Farbadjektive in deklinierter Form
b) Da ist ein blaues Auto
a) Blau, schwarz, braun, orange, lila, weiß passiv
e) Blaue Früchte / Beeren essen
f) Weiß, weiß, weiß ...
g) E. Carle: Brauner Bär
11) Numerale
b) Drei Apfelsinen
f) Lied: Löwe, Löwe, komm, komm, komm
g) E. Carle: Raupe Nimmersatt
h) Sammlungen verschiedener konkreter Objekte
12) temporale Adverbien
b) jetzt – bald
f) Löwe, Löwe
13) Personalpronomina
b) Ich, du, er, sie, wir

Unterrichtshilfen

14) Frage- und Antwortsätze zu vorbereiteten Wortschatzfeldern
a) Verben konjugiert
b) Oma, ich wohne in Bielefeld. Ist es schön?
c) Einfache Telefondialoge
15) orange
e) Orangensalat, im Geschäft orangefarbene Schilder, Verpackungen, Schriftzeichen etc. finden
16) Schwarz, blau, weiß, bunt, golden aktiv
a) Autos im Straßenverkehr
f) Schwarz, schwarz, schwarz …
h) Auf Blatt vorgezeichnete Kreise nach Anweisung farbig anmalen
17) Braun
e) Verschiedene Säugetiere mit braunem Fell benennen
e) Braune Brötchen kaufen und essen
17) Lila (einfache Analogie zur russischen Sprache)
e) Knetaufgabe zur Farbmischung von rot und blau
18) Adjektive
f) „Ich habe einen Ball, der ist rund"
h) Bildkarten, Pantomimenspiel
19) Komparativform
20) Präpositionen I (wohin? mit Akkusativ)
h) Figurenlegespiel
21) Perfekt I
c) Erlebnisse berichten (Gang in den Park, zum Geschäft …)
22) Plural
b) Bildkarten in Singular und Plural herstellen
23)
a) Plural Feminina (Tasche -n)
Plural ohne Endung (Fenster)
Plural mit -e (Berg -e)
Plural mit -er (Bild-er)
Plural mit -en
Plural mit -s (Autos)
Plural mit Umlaut
24) Perfekt II (Hilfsverb sein)
e) Bewegungspantomime
25) Präpositionen II
h) Postspiel
26) Futur I
a) Planung eines Vorhabens

3.5 links

3.5.1 Allgemeine Seiten zum Globalen Lernen

„Eine Welt" in der Schule:
http://www.weltinderschule.uni-bremen.de/
Ein umfassendes Projekt mit Serviceangebot für Materialien. Die regelmäßig erscheinende Zeitschrift „Eine Welt in der Schule" ist ab 1996 komplett als Download verfügbar, ab 1994 ist das Inhaltsverzeichnis auf dieser Seite einsehbar.
Viele der im Ausleihservice angebotenen Kisten sind ausführlich auf dieser Website beschrieben. Auch eine Übersicht über (als pdf-Datei gespeicherte) Unterrichtseinheiten ist sehr hilfreich für die Praxis.
Ferner sind theoretische Grundlagen klar und verständlich als Artikel auf dieser Seite zu finden.
Dieses Projekt wird vom Bundesministerium für wirtschaftliche Zusammenarbeit und Entwicklung gefördert.

Zentrale Einstiegsseite zum Globalen Lernen:
http://www.eine-welt-netz.de/
„Eine Welt im Internet" ist die Eingangsseite der „Eine Welt Internet Konferenz (EWIK)" (www.globales-lernen.de/EWIK/index.htm).
Die Erstellung der Einstiegsseite „Eine Welt im Internet" wurde durch das „Bundesministerium für wirtschaftliche Zusammenarbeit und Entwicklung (BMZ)" (www.bmz.de)gefördert.

Bildungsangebot im Welthaus Bielefeld:
http://www.welthaus.de
Hier finden sich auch Materialien für die Grundschule. Zudem werden Materialkisten zum Ausleihen und Quellen für AV-Medien angeboten. Ferner sei auf die umfangreiche Publikationssammlung für die Grundschule verwiesen.

Datenbank entwicklungsbezogener Unterrichtsmaterialien für die Grundschule:
http://www.Eine-Welt-Unterrichtsmaterialien.de
Angebot für Hamburger Schulen: Globales Lernen: Entwicklung für die „Eine Welt":
http://www.globales-lernen.de/

Angebot für Hessische Schulen: Globales Lernen: Entwicklung für die „Eine Welt":
http://www.globlern21.de/ Hier finden sich viele Unterrichtsthemen; für die Grundschule allerdings nur links.

Angebot des Hessischen Bildungsservers:
http://lernen.bildung.hessen.de/eine_welt
Große umfassende Link-Liste für „Eine-Welt" Pädagogik.

http://lernen.bildung.hessen.de/bilingual/interkulturelle/iklverweise
Große umfassende Link-Liste für interkulturelles Lernen mit vielen weiteren Verweisen.

Medienhinweise „Eine Welt":
http://www.eine-welt-medien.de/
Hier finden sich eine Themenübersicht, eine Datenbank und eine Übersicht über Verleihadressen. Allerdings keine spezifischen Grundschulangebote.
Die Datenbank „Eine-Welt-Medien" ist ein Projekt der Eine Welt Internet Konferenz (EWIK), Hamburg (www.eine-welt-netz.de).

http://www.unicef.de/mediathek_liste.html?kat=all
Medienangebot für Unterricht von UNICEF.

http://www.nibis.ni.schule.de/ikb/
Große umfassende link-Liste für interkulturelles Lernen auf dem niedersächsischen Bildungsserver.
http://www.tu-dresden.de/sulifg/daf/landesku/inhaltr.htm
Hier lässt sich ein theoretischer Text zum Interkulturellen Lernen finden.

3.5.2 Wichtige Schuladressen und Adressen für Unterrichtsmaterial

Die „Peter Petersen Schule" in Köln hält eine Vielzahl unterschiedlicher Schul- und Klassentiere:
http://www.kbs-koeln.de/peter-petersen-schule/index.html
http://gutenberg.spiegel.de/inof/genre.htm
Eine umfassende Sammlung von Geschichten, Fabeln, Märchen, Sagen, Gedichten u.v.a.m. Die Volltexte geben einen reichhaltigen Fundus gerade für Unterricht zum Aufarbeiten der eigenen biografischen Erfahrungen an die Hand.
http://www.lesa21.de/
Diese von der Oldenburger Arbeitsgruppe Sachunterricht entwickelte Lernumgebung gibt für mehr als 90 Themen im Sachunterricht Versuchsanregungen, Geschichten, Bilder und weiterführende Informationen. Die Versuchsanregungen sind allesamt in Englisch übersetzt, seit 2006 ist über die Hälfte auch auf Spanisch verfügbar.

4 Literatur

4.1 Unterrichtsbeispiele zur Aussiedlerthematik

Glumpler, E./Sandfuchs, U. u. a.: Mit Aussiedlerkindern lernen. Braunschweig: Westermann-Verlag 1992

Kaiser, A.: Da wohnen Dimitrij und Natascha. Geschichtsbuch für Aussiedlerkinder. In: päd. extra & demokratische erziehung. 2. Jg. 1989b, Heft 10, 11–15

Kaiser, A.: Aussiedeln, einsiedeln, ansiedeln, umsiedeln. Heinsberg 1989a

Kaiser, A.: Ostaussiedler im Kulturschock. In: Hessische Lehrerzeitung 43. Jg. 1990b, H. 2, 9–11

Kaiser, A.: Federn wärmen, Federn fliegen, Federn schmücken – eine Projektwoche mit Aussiedlerkindern im ersten Schuljahr. In: Sachunterricht und Mathematik in der Primarstufe 18. Jg. 1990a, H. 4, 162–176

Kaiser, A.: Armreifenhandel in der Grundschule – ein Projekt zur Integration von Aussiedlerkindern. In: Sachunterricht und Mathematik in der Primarstufe 19. Jg. 1991a, H. 9, 415–420

Kaiser, A.: Snegurotschka – das Schneemädchen als Weihnachtsritual. In: Grundschule 23. Jg. 1991b, H. 12, 25–27

Kaiser, A.: Bücher für Aussiedlerkinder im Anfangsunterricht. In: Glumpler, E./Sandfuchs, U. u. a.: Mit Aussiedlerkindern lernen. Westermann-Verlag Braunschweig 1992a, 100–105

Kaiser, A.: Pädagogische Probleme der Geschlechterdifferenz bei Aussiedlerkindern. In: Luca, R. u. a. (Hrsg.): Frauen bilden – Zukunft planen. Bielefeld 1992b, 178–184

Kaiser, A: Statt Sendung mit der Maus – viele Stunden mit Wüstenrennmäusen für Aussiedlerkinder. In: Sachunterricht und Mathematik in der Primarstufe 22. Jg. 1994, H. 5, 228–231

Carstens, A.: Kinderrechte aus der Sicht von Aussiedlerkindern. In: Carle, U./Kaiser, A. (Hrsg.): Rechte der Kinder. Baltmannsweiler 1998, 146–149

4.2 Literatur zur Aussiedlerthematik

Althammer, W./Kossolapow, L. (Hrsg.): Aussiedlerforschung. Köln – Wien 1992

Aus Politik und Zeitgeschichte. Beilage zur Wochenzeitung Das Parlament. Dezember 1988

Baaden, A.: Aussiedler-Migration. Historische und aktuelle Entwicklung, Institut für berufliche Bildung und Weiterbildung e.V.. Göttingen / Berlin 1997

Bade, K. J. (Hrsg.): Deutsche im Ausland- Fremde in Deutschland. Migration in Geschichte und Gegenwart. München 1992

Bade, K. J./Oltmer, J. (Hrsg.): Aussiedler: deutsche Einwanderer aus Osteuropa. Osnabrück 1999

Bade, K. J.: Aktuell Kontrovers 1994. Ausländer / Aussiedler / Asyl in der Bundesrepublik Deutschland. Hannover 1994 (3. Auflage)

Bahlmann, M.: Aussiedlerkinder – ein (sonder-)pädagogisches Problem? Band 9. Beiträge zur Welt der Kinder Münster: Lit Verlag 2000

Fleischhauer, I./Pinkus, B.: Die Deutschen in der Sowjetunion. Baden Baden 1987

Fleischhauer, I.: Die Deutschen im Zarenreich. Stuttgart 1986

Graudenz, I./Römhild, R. (Hrsg.): Forschungsfeld Aussiedler. Ansichten aus Deutschland. Frankfurt am Main 1995

Gugel, G.: Ausländer-Aussiedler-Übersiedler. Fremdenfeindlichkeit in der Bundesrepublik Deutschland. Tübingen 1994 (5. Auflage)

Gündisch, K.: Im Land der Schokolade und Bananen. Weinheim / Basel 1990

Gündisch, K.: In der Fremde und andere Geschichten. Weinheim / Basel 1993

Hager, B.: Probleme soziokultureller und gesellschaftlicher Integration jungen Migranten, dargestellt am Beispiel der oberschlesischen Übersiedler in der Bundesrepublik Deutschland. Dortmund (Forschungsstelle Ost-Mitteleuropa der Universität Dortmund) 1980

Informationen zur politischen Bildung 222. 1. Quartal 1989, Thema: Aussiedler

Kaiser, A.: Aussiedeln – umsiedeln – ansiedeln – einsiedeln. Pädagogisches Tagebuch einer Anfangsklasse mit Kindern aus Osteuropa, Kirgisien und Kasachstan. Heinsberg 1989

Kaiser, A.: Bücher für Aussiedlerkinder im Anfangsunterricht. In: Glumpler, E./Sandfuchs, U. u. a.: Mit Aussiedlerkindern lernen. Braunschweig: Westermann-Verlag 1992, 100–105

Kossolapow, L.: Aussiedler-Jugendliche. Weinheim 1987

Kosubek, S.: „Asylanten" und Aussiedler. Handbuch für Helfer. Weinheim 1992

Kusterer, K./Richter, J.: Von Russland träum' ich nicht auf deutsch. Stuttgart / Wien 1989

Lantermann, E.-D. u. a. (Hrsg.): Aussiedler in Deutschland. Leverkusen 1998

Malchow, B. u. a.: Die fremden Deutschen. Aussiedler in der Bundesrepublik. Reinbek 1990

Merkens, H.: Schulschwierigkeiten von Aussiedlerkindern. In: Zeitschrift für Pädagogik, 25.Jg./1990, 265–266

Otto, K. A.: Westwärts – heimwärts? Bielefeld 1989

Pinkus, B./Fleischhauer, I.: Die Deutschen in der Sowjetunion. Baden Baden 1987

PZ (Politische Zeitschrift der Bundeszentrale für politische Bildung) Nr. 102 (Fremd und doch vertraut. Junge Aussiedler in Deutschland) Juni 2000

Szekely, G.: Lasst sie selber sprechen. Berichte russlanddeutscher Aussiedler. Frankfurt – Berlin 1990

4.3 Literatur zur Thematik türkischer Migrantenkinder

Brockhaus – Die Enzyklopädie in 24 Bänden. Leipzig, Mannheim, 19. Aufl. 1993

Çerçi, F.: Jugendliche türkischer Herkunft zwischen Möchtegern-Integration und Rückzug, in: Kinder- und Jugendarzt 34, 2003, H. 7
URL: http://www.kinderaerzte-lippe.de/jugendl.tuerkischer.herkunft.html (18.05.2006)

David, M.: Aspekte der gynäkologischen Betreuung und Versorgung von türkischen Migrantinnen in Deutschland. Habilitationsschrift, eingereicht am 14. März 2001

Der Fischer Weltalmanach 2005. Frankfurt am Main 2004

Ermagan, I.: Die gesellschaftliche Integration der türkischen Migranten in Deutschland. Magisterarbeit, eingereicht am 01.02.2005

Gluszcznski, A.: Selbstwahrnehmung, Sexualwissen und Körpergefühl von Mädchen und Jungen der 3. bis 6. Klasse aus Migranten- und Aussiedlerfamilien, Ausgewählte Teilergebnisse einer Untersuchung der BZgA. In: Wissenschaftliche Grundlagen, Teil – Kinder, Forschung und Praxis der Sexualaufklärung und Familienplanung, 1999, 61–102

Göhler, G.: Die Stellung und die Probleme der türkischen Frauen in der Bundesrepublik Deutschland. In: Türkische Migranten in der Bundesrepublik Deutschland: Stellungnahmen der türkischen Wissenschaftler, Intellektuellen, Gewerkschafter und Sozialberater zu Ausländerfragen und Ausländerpolitik Bd. 2. Hrsg. von Sami Özkara. Köln 1990, 106–118

Johé-Kellberg, H.: Sprachkompetenz im Visier. Migrantenkinder und die „PISA"-Studie. In: AiD Ausländer in Deutschland 2/2002, 18. Jg., 30. Juni 2002, 7

Kaiser, A.: Mütterarbeit in der Schattenschule. In: Meltzer, W. (Hrsg.): Eltern – Schüler – Lehrer. München 1985, 310–316

Kaya, S.: Ramadan im Dom. Türkische Migranten in Köln. In: AiD Ausländer in Deutschland 4/2001, 17. Jg., 15. Dezember 2001, 8

Kühne, N.: „Wenn man etwas erreichen will, muss man die Kinder lieben.". Von der schwierigen Arbeit mit Migrantenkindern. In: Textor, M.R. [Hrsg.]: Kindergartenpädagogik. Online Handbuch
URL: http://www.kindergartenpaedagogik.de/1199.html (12.05.2006)

Nauck, B./Kohlmann, A.: Verwandtschaft als soziales Kapital-Netzwerkbeziehungen in türkischen Migrantenfamilien. In: Verwandtschaft. Sozialwissenschaftliche Beiträge zu einem vernachlässigten Thema. Reihe Der Mensch als soziales Wesen. Stuttgart 1998, 203–233

Nauck, B./Özel, S.: Erziehungsvorstellungen und Sozialisationspraktiken in türkischen Migrantenfamilien. In: Zeitschrift für Sozialisationsforschung und Erziehungssoziologie 2/1986, 285–312

Özkara, S.: Bildungs- und Berufsvorstellungen türkischer Eltern – Bildungsprobleme türkischer Kinder in der Bundesrepublik Deutschland. In: Türkische Migranten in der Bundesrepublik Deutschland: Stellungnahmen der türkischen Wissenschaftler, Intellektuellen, Gewerkschafter und Sozialberater zu Ausländerfragen und Ausländerpolitik Bd. 2. Hrsg. von Sami Özkara. Köln 1990, 139–169

Schülerduden. Erdkunde I. Mannheim 2001

Sezer, A.: Die Rolle der Religion in der Türkei und in der Bundesrepublik Deutschland, in: Türkische Migranten in der Bundesrepublik Deutschland: Stellungnahmen der türkischen Wissenschaftler, Intellektuellen, Gewerkschafter und Sozialberater zu Ausländerfragen und Ausländerpolitik Bd. 2. Hrsg. von Sami Özkara. Köln 1990, 200–214

Türkische Gemeinden in Schleswig-Holstein e.V.: „Probleme türkischer Kinder in deutschen Schulen und Lösungsvorschläge", in: Stellungnahme für die Anhörung im Landtag am 1. März 2001 zur „Weiterentwicklung der Hauptschule". Kiel 2001

Uslucan, H.-H.: Interkulturalität in Erziehung und Familie: Risiken und Chancen. Magdeburg 2003

Weidacher, A. (Hrsg.): In Deutschland zu Hause. Politische Orientierung griechischer, italienischer, türkischer und deutscher Jugendlicher im Vergleich. Opladen 2000

Zekri, S.: Ausländer gegen Inländer. Bloß nicht werden wie die Deutschen! In: Süddeutsche Zeitung vom 12.09.2005, 15

4.4 Literatur

Akpinar, Ü./Zimmer, J. (Hrsg.): Interkulturelle Erziehung in der Grundschule. Weinheim 1986

Albrow, M.: Abschied von der Heimat. Gesellschaft in der globalen Ära. Frankfurt a.M. 1998

Allen, J.: Tolle Sachen aus Naturmaterial. Ravensburg 1977

Aronson, E.: The Jigsaw classroom. Beverly Hills – London 1978

Auernheimer, G. u. a. (Hrsg.): Interkulturalität im Arbeitsfeld Schule. Opladen 2001

Auernheimer, G.: Einführung in die interkulturelle Erziehung. Darmstadt 1995

Balibar, E./Wallerstein, I.: Rasse, Klasse, Nation. Ambivalente Identitäten. Hamburg 1990

Barber, B. R.: Dschihad versus McWorld – Globalisierung, Zivilgesellschaft und die Grenzen des Marktes. In: Lettre internacional, (36), (1997), http://www.lettre.de/020archiv/010ausgaben/040ausg97/040_li36/barber.htm

Baumann, Z.: Schwache Staaten. Globalisierung und die Spaltung der Weltgesellschaft. In: Beck, U.: Kinder der Freiheit. Frankfurt a.M. 1997, 315–332

Baumert, J./Schümer, G.: Familiäre Lebensverhältnisse, Bildungsbeteiligung und Kompetenzerwerb. In: Deutsches PISA-Konsortium (Hrsg.): PISA 2000. Basiskompetenzen von Schülerinnen und Schülern im internationalen Vergleich. Opladen 2001, 323–410

Beck, U.: Kinder der Freiheit. Frankfurt a.M. 1997

Beck, U.: Was ist Globalisierung? Irrtümer des Globalismus – Antworten auf Globalisierung. Frankfurt a.M. 1998

Bönsch, M.: Intelligente Unterrichtsstrukturen. Baltmannsweiler 2004 (2)

Bönsch, M: Zum pädagogischen Sinn des Projektunterrichts in der Grundschule. In: Die Grundschulzeitschrift 3. Jg. 1989, H. 29, 29–33

Borgmeier, Ch./Fölling-Albers, M./Nilshon, I.: Situation Schulanfang: Erfahrungen, Analysen, Anregungen. Stuttgart [u. a.] 1980

Bourdieu, P.: Das Elend der Welt. Zeugnisse und Diagnosen alltäglichen Leidens an der Gesellschaft. Konstanz 1997

Braun, K.: „Karnevalisierung des Geschlechts – Auflösung sexualbiologischer Sicherheit und die Inszenierung von Gender" unveröffentlicher Vortrag

Braun, K.: „Karneval? Karnevaleske! Zur volkskundlich-ethnologischen Erforschung karnevalesker Ereignisse". In: Zeitschrift für Volkskunde, 98. Jg. 2002, 1. Halbjahr, 1–15

Brown, R. u. a.: Federn, Spuren & Zeichen. Hildesheim 1988

Bundeszentrale für politische Bildung (Hrsg.): Interkulturelles Lernen. Bonn 1998

Burton, J.: Karlo das Küken. Stuttgart 1990

Carle, U.: Was bewegt die Schule? Baltmannsweiler 2000

Chomsky, N.: La Globalización en Latinoamerica. Porto Alegre 2002

Cohen, A.: Drama and politics in the development of a London carnival: In: Strathern, Marilyn (ed.): Royal Anthropological Institute 1980

Cohen, P.: Verbotene Spiele. Theorie und Praxis antirassistischer Erziehung. Hamburg 1994

Dewey, J./Kilpatrick, W. H.: Der Projekt-Plan. Weimar 1935

Dittrich, E./Radtke, F.-O. (Eds): Ethnizität. Wissenschaft und Minderheiten. Opladen 1990

Dresing, U.: Play Mas. Carnival der Kulturen. Bielefeld 1997

Dritte Welt Haus Bielefeld (Hrsg.): Eine Welt im Grundschulunterricht. Bielefeld 1997

Emer, W./Lenzen, D.: Projektunterricht gestalten – Schule verändern. Basiswissen Pädagogik Band 6. Baltmannsweiler 2005 (2. Aufl.)

Engelhardt, W.: Auch ich bin anders – aus der Sicht des anderen, in: Sache – Wort – Zahl, 27.Jg./2000, 35–42

Evans, M.: Meerschweinchen, So sorgst du für dein Meerschweinchen. Fellbach 1993
Faust-Siehl, G. u. a.: Die Zukunft beginnt in der Grundschule. Frankfurt a.M. 1996
Fölling-Albers, M. (Hrsg.): Veränderte Kindheit – Veränderte Grundschule. Frankfurt 1989
Fountain, S.: Leben in der Einen Welt. Braunschweig 1996
Fountain, S.: Leben in einer Welt. Anregungen zum globalen Lernen. Braunschweig 2000
Fritzsche, H.: Igel als Wintergäste. München 1983
Gansberg, F.: Streifzüge durch die Welt der Großstadtkinder. Berlin 1905
Gerstmeier, R./Romig, T.: Die Süßwasserfische Europas für Naturfreunde und Angler. Stuttgart 1998
Giddens, A.: Der dritte Weg. Die Erneuerung der sozialen Demokratie. Frankfurt a.M. 1999
Glende, M.: Floristischer Zimmerschmuck mit dekorativen Vögeln. Stuttgart 1988
Glumpler, E.: Interkultureller Sachunterricht. Bad Heilbrunn 1996
Glumpler, E.: Interkulturelle Bildung- Interkulturelle Erziehung. Interkulturelle Pädagogik und Didaktik. In: Nyssen, E./Schön, B. (Hrsg.): Perspektiven für pädagogisches Handeln: eine Einführung in Erziehungswissenschaft und Schulpädagogik. Weinheim 1995, 199–225
Glumpler, E.: Sachunterricht zum Thema „Ausländer" – ein Weg zur Erschließung der multikulturellen Lebenswirklichkeit von Grundschulkindern? Ergebnisse einer Pilotstudie. In: Sachunterricht und Mathematik in der Primarstufe 18. Jg. 1990, 233–238
Gomolla, M.: Fördern und Fordern allein genügt nicht! In: Auernheimer, G. (Hrsg.): Schieflagen im Bildungssystem. Die Benachteiligung der Migrantenkinder. Opladen 2003, 97–110
Gudjons, H.: Was ist Projektunterricht? In: Westermanns pädagogische Beiträge. 36. Jg. 1984, 260–266
Haarmann, D.: Der sogenannte Ernst des Lebens. In: Horn, H. A. (Hrsg.): Kindergarten und Grundschule arbeiten zusammen. Weinheim – Basel 1982, 34–45
Hannerz, U.: Transnational Connections. London 1997
Hänsel, D.: Das Projektbuch Grundschule. Weinheim 1986
Hansen, E.: So lebt die Schildkröte. Oberentfelden – Luzern 1989
Heim, H.: Interkulturelle Pädagogik. In: Pädagogische Rundschau, 52.Jg. 1998, H. 4, 421–436
Heitmeyer, W. (Hrsg.): Das Gewalt-Dilemma. Gesellschaftliche Reaktionen auf Fremdenfeindliche Gewalt und Rechtsextremismus. Frankfurt a.M. 1994
Henning, A. S.: Wasserschildkröten. Ruhmannsfelden 2002
Hilldén, N.: Tiere sind ganz anders. In: GR. Witte, (Hrsg.): Zoo – Pädagogik – Unterricht. 1. Jg. 1991, Bd. I
Ingenhorst, H.: Die Rußlanddeutschen: Aussiedler zwischen Tradition und Moderne. Frankfurt/Main 1997
Johann, E./Michely, H./Springer, M.: Interkulturelle Pädagogik. Berlin 1998
Jouhy, E.: Bleiche Herrschaft – Dunkle Kulturen. Essays zur Bildung in Nord und Süd. Frankfurt a.M. 1985
Kahlert, J.: Der Sachunterricht und seine Didaktik. Bad Heilbrunn 2002
Kaiser, A.: Aussiedeln, umsiedeln, ansiedeln, einsiedeln. Pädagogisches Tagebuch einer Anfangsklasse mit Kindern aus Osteuropa, Kirgisien und Kasachstan. Heinsberg 1989a

Kaiser, A.: Einführung in die Didaktik des Sachunterrichts. Baltmannsweiler 2004 (9)

Kaiser, A.: Geschlechtsneutrale Bildungstheorie und Didaktik. In: Hansmann, O./ Marotzki, W.: Diskurs Bildungstheorie – Systematische Markierungen. Weinheim 1988, 364–376

Kaiser, A.: Interkulturelle Dimensionen des Lernens mit neuen Medien. Zum Diskurs von Bildung, Sachunterricht und Interkulturellem. In: Richter, D. (Hrsg.): Sozial- und kulturwissenschaftliches Lernen im Sachunterricht. Bad Heilbrunn 2004, 119–133

Kaiser, A.: Neue Einführung in die Didaktik des Sachunterrichts. Baltmannsweiler 2006

Kaiser, A.: Praxisbuch handelnder Sachunterricht. Band 1. Baltmannsweiler 2005 (10)

Kaiser, A.: Praxisbuch handelnder Sachunterricht. Band 2. Baltmannsweiler 1998 (1)

Kaiser, A.: Zeichnen und Malen als produktive Zugänge zur Sache. In: Kaiser, A./Pech, D. (Hrsg.): Unterrichtsplanung und Methoden. Baltmannsweiler 2004, 96–103

Kalpaka, A./Rähtzel, N. (Hrsg.): Die Schwierigkeit, nicht rassistisch zu sein. Berlin 1986

Kasper, H.: Lernen in Projekten mit Grundschülern. In: Müller, E. (Hrsg.): Sozialkunde und soziales Lernen in der Grundschule. Ulm 1974

Kern, P./Wittig, H.-G.: Pädagogik im Atomzeitalter. Wege zu innovativem Lernen angesichts der Ökokrise. Freiburg 1982

Kiper, H. (Hrsg.): Sachunterricht – kindorientiert. Baltmannsweiler 1997

Kiper, H.: Sachunterricht kindorientiert. Baltmannsweiler 1997

Kiper, H.: Und sie waren glücklich: Alltagstheorien und Deutungsmuster türkischer Kinder als Grundlage pädagogischer Arbeit im Sachunterricht. Hamburg-Rissen 1987

Klafki, W.: Neue Studien zur Bildungstheorie und Didaktik. Weinheim 1985

Klafki, W.: Allgemeinbildung in der Grundschule und der Bildungsauftrag des Sachunterrichts. In: Lauterbach, R. (Hrsg.): Brennpunkte des Sachunterrichts. Kiel 1992

Klafki, W.: Neue Studien zur Bildungstheorie und Didaktik. Weinheim 1985

Klippert, H.: Projektwochen. Arbeitshilfen für Lehrer und Schulkollegien. Weinheim 1985

Koch, M.: Fröhliche Arbeit in der Grundschule. Bochum 1950 (3)

Krohn, I.: Gestalten mit Naturmaterialien. Niedernhausen 1982

Kultusminister Nordrhein-Westfalen (Hrsg.): Empfehlungen für den Unterricht ausländischer Schüler. Deutsch als Zweitsprache. Düsseldorf 1982

Kultusminister Nordrhein-Westfalen (Hrsg.): Handreichung Sprachunterricht mit ausgesiedelten Kindern und Jugendlichen. Düsseldorf 1990

Kultusminister NRW (Hrsg.): Richtlinien und Lehrpläne für die Grundschule in Nordrhein-Westfalen. Sachunterricht. Köln 1985

Kultusministerkonferenz: Empfehlung Interkulturelle Erziehung und Bildung in der Schule. Beschluss v. 25.10.1996. Bonn 1996

Kultusminster NRW (Hrsg.): Richtlinien und Lehrpläne für die Grundschule in Nordrhein-Westfalen. Köln 1985

Landesinstitut für Curriculumentwicklung, Lehrerfortbildung und Weiterbildung (Hrsg.): Ausländer in Schule und Weiterbildung. Neuss 1981

Landesinstitut für Curriculumentwicklung, Lehrerfortbildung und Weiterbildung (Hrsg.): Kindgerechter Schulanfang. Neuss o. J. (1980)

Lange, D.: Sachunterricht aus interkultureller Perspektive. In: Kaiser, A./Pech, D. (Hrsg.): Integrative Zugangsweisen für den Sachunterricht. Baltmannsweiler: 2004, 130–135

Leopold, J.: Kulturdidaktik und Sachunterricht. In: Päd. Forum 30. Jg. 2002, 128–131

Letschert, U.: Der Igel: Verhalten, Pflege, Überwinterung. Düsseldorf 1986

Letschert, U.: Mein Meerschweinchen, Verhalten, Pflege, Ernährung und Krankheiten. Düsseldorf 1986

Lichtenstein-Rother, I.: Schulanfang. Pädagogik und Didaktik der ersten beiden Schuljahre. Weinheim 1969 (7)

Lichtenstein-Rother, I.: Modell „Erstes Schuljahr". Frankfurt 1975

Lichtenstein-Rother, Ilse: Sachunterricht und elementare Weltkunde. In: Schwartz, E. (Hrsg.): Von der Heimatkunde zum Sachunterricht, Braunschweig 1977, 63–80

Lohmann, M.: Das praktische Igel-Buch. München 2001

Ludwig-Uhland-Institut für empirische Kulturwissenschaft (Hrsg.): Wilde Masken. Begleitband zu einer Ausstellung im Haspelturm des Tübinger Schlosses. Tübingen 1989

Luhmann, N.: Weltgesellschaft. In: Luhmann, N.: Soziologische Aufklärung 2. Opladen 1975, 9–71

Mayland, H.J.: Das Süßwasseraquarium. Niedernhausen 2001

Meiers, K.: Anfangsunterricht. Eine Einführung. In: Meiers, K. (Hrsg.): Schulanfang – Anfangsunterricht. Bad Heilbrunn 1981, 184–211

Meschenmoser, H.: Lernen mit Multimedia und Internet. Baltmannsweiler 2002

Meyer, H.: Was ist guter Unterricht? Berlin 2004

Milhoffer, P.: Wie sie sich fühlen, was sie sich wünschen: eine empirische Studie über Mädchen und Jungen auf dem Weg in die Pubertät. Weinheim 2000

Mitzlaff, H.: Computer – eine Herausforderung für die Grundschule. In: Die Grundschulzeitschrift, 12.Jg. 1989, H. 114, 6–13

Müller, K. E./Treml, A. K. (Hrsg.): Ethnopädagogik – Sozialisation und Erziehung in traditionellen Gesellschaften: eine Einführung. Berlin 1992

Murschetz, L.: Der Maulwurf Grabowski. Zürich 1972

Nieke, W.: Interkulturelle Erziehung und Bildung. Wertorientierungen im Alltag. Opladen 2000 (2. Aufl.)

Olesen, J.: Das Huhn und das Ei. Hanau 1989

Pfeiffer, S.: Perspektiven auf Sachunterricht in Ost und West. In: Cech, D./Fischer, H.-J./Holl-Giese, W./Knörzer, M./Schrenk, M. (Hrsg.): Bildungswert des Sachunterrichts. Bad Heilbrunn 2006, 305–316

Pommerin, G. (Hrsg.): „Und im Ausland sind die Deutschen auch Fremde..." – Interkulturelles Lernen in der Grundschule. Frankfurt 1995 (2. Aufl.)

Preissing, C./Wagner, P.: Kleine Kinder – Keine Vorurteile? Interkulturelle und vorurteilsbewusste Arbeit in Kindertageseinrichtungen. Freiburg 2003

Prengel, A.: Mädchen und Jungen in Integrationsklassen an Grundschulen. In: Horstkemper, M./Wagner-Winterhager, L.: Mädchen und Jungen, Männer und Frauen in der Schule. Weinheim 1990, 32–43

Prengel, A.: Pädagogik der Vielfalt. Opladen 1993

Prengel, A.: Pädagogik der Vielfalt. Verschiedenheit und Gleichberechtigung in Interkultureller, Feministischer und Integrativer Pädagogik. Opladen 1993

Ramseger, Jörg: Welterkundung. In: Kaiser, Astrid/Pech, Detlef (Hrsg.): Die Welt als Ausgangspunkt des Sachunterrichts. Basiswissen Sachunterricht Band 6. Baltmannsweiler 2004, 54–63

Rauschenberger, H.: Wenn ein Kind auf dem Schrank sitzen bleibt ... Über den tiefgreifenden Wandel in der Grundschule und die unzureichenden Antworten der Politiker. In: Die Grundschulzeitschrift 3. Jg. 1989, H. 4, 28–30

Rauterberg, M.: Bibliographie Sachunterricht. Baltmannsweiler 2005

Reinmann-Rothmeier, G./Mandl, H.: Wissensvermittlung: Ansätze zur Förderung des Wissenserwerbs. In: Klix, F./Spada, H. (Hrsg.): Wissenspsychologie. Göttingen 1996, 457–500

Richter, D.: Sachunterricht – Ziele und Inhalte. Baltmannsweiler 2002

Röber-Siekmeyer, C.: Das Stammbäume-Buch der Klasse 3a. In: Sachunterricht und Mathematik in der Primarstufe 17. Jg. 1989, 506–511

Röber-Siekmeyer, C.: Sprachlicher Anfangsunterricht mit Ausländerkindern. Bielefeld 1983

Robertson, R.: Globalization: Social Theory and Global Culture. London 1992

Röhner, Ch. (Hrsg.): Erziehungsziel Mehrsprachigkeit. Weinheim 2005

Rolff, H.-G.: Kindheit heute – Leben aus zweiter Hand. Herausforderung für die Grundschule. In: Faust-Siehl, G. u. a. (Hrsg.): Kinder heute – Herausforderung für die Schule. Frankfurt 1990, 61–71

Rösch, H.: Mitsprache – Deutsch als Zweitsprache: Grundlagen – Übungsideen – Kopiervorlagen. Hannover 2005

Scheller, I.: Szenische Interpretation. In: Praxis Deutsch 136. Jg. 1996, 1–74

Schmidt, H.: Rennmäuse und Tanzmäuse. Lehrmeister-Bücherei Nr. 697. Minden 1980

Schmidtke, H.-P.: Ein Thema 'Ausländer' genügt nicht: der Ausländerfeindlichkeit durch kulturoffenen Unterricht vorbeugen. In: Ausländerkinder in Schule u. Kindergarten, 4. Jg. 1983, H. 1, 14–24

Schmitt, R. u. a.: Soziale Erziehung in der Grundschule. Frankfurt: 1976

Schmitz, S.: Kleintiere, Meerschweinchen, Hamster, Zwergkaninchen, Mäuse, Streifenhörnchen, Chinchillas. München 1992

Schneider, G.: Färben mit Naturfarben. Ravensburg 1979

Scholz, G.: Kinder lernen von Kindern. Baltmannsweiler 1996

Schwartz, E.: Vom pädagogischen Sinn des Schulanfangs. In: Wacker, H. (Hrsg.): Bedeutung und Aufgabe des Schulanfanges. Hannover – Berlin – Dortmund – Darmstadt 1964, 14–27

Schwier, V./Jablonski, M.: Legowelten und Lebenswelten – warum der Sachunterricht heimatlos sein sollte. In: Engelhardt, W./Stoltenberg, U. (Hrsg.): Die Welt zur Heimat machen? Bad Heilbrunn 2002, 124–136

Seitz, S.: Zeit für inklusiven Sachunterricht. Baltmannsweiler 2005

Sinnwell, F.: Ostereier mit Naturfarben. Freiburg 1987

Soll, W.: Heimat – modischer Begriff oder aktuelle Aufgabe? In: Beck, G./Soll, W. (Hrsg.): Heimat, Umgebung, Lebenswelt: regionale Bezüge im Sachunterricht. Frankfurt 1988, 9–23

Speck-Hamdan, A.: Wie gut, dass wir verschieden sind – Lust und Last der Differenz. In: Sache – Wort – Zahl, 27.Jg., 2000, 11–17

Stengel-Rutkowski, S.: Vom Defekt zur Vielfalt. Ein Beitrag der Humangenetik zu gesellschaftlichen Wandlungsprozessen. In: Zeitschrift für Heilpädagogik, 52.Jg. 2002, H. 2, 46–55

Stichweh, R.: Die Weltgesellschaft. Frankfurt a.M. 2000

Stoklas, Katharina: Interkulturelles Lernen im Sachunterricht. Historie und Perspektiven Frankfurt (www.widerstreit-sachunterricht.de, Beiheft 1) 2004

Stolk, A.: Sprache der Fische. Hannover 1980

Sünker, H. (Hrsg.): Kindheitspolitik international. Opladen 1993

Tiere in der Schule. Themenheft. Die Grundschulzeitschrift. 5. Jg. 1991, H. 44

Treml, A. K.: Die Pädagogisierung des „Wilden" oder. Die Verbesserung des Wilden als pädagogische Fiktion. In: Müller, K. E./Treml, A. K. (Hrsg.): Ethnopädagogik – Sozialisation und Erziehung in traditionellen Gesellschaften: eine Einführung. Berlin 1992, 83–112

Ulich, M./Oberhuemer, P. (Hrsg.): Es war einmal, es war keinmal ... Ein multikulturelles Arbeitsbuch. Weinheim / Basel, 1994

Unterbrunner, U./Meier, R.: Verantwortungsbewußte Umwelterziehung durch lebendiges Lernen. In: Die Grundschulzeitschrift 3. Jg. 1989, H. 26, 8–14

Vrande, van de L.: Wolle färben mit Naturfarben. Ravensburg 1982

Vopel, K.: Die Reise mit dem Atem. Salzhausen 1994

Weusmann, B.: Projektbuch Streuobstwiese. Baltmannsweiler 2006

Wigger, M.: „Da sind wir mal ganz unter uns". In: Kaiser, A. (Hrsg.): Praxisbuch Mädchenstunden und Jungenstunden. Baltmannsweiler 2001, 84–166

Witte, G. R.: Staunen – Ästhetik – Freude. Kinder begegnen Tieren in der Grundschule. In: Die Grundschulzeitschrift. 5. Jg. 1991, H. 44, 4–6

Zuckowski, R.: Vogelhochzeit. Ravensburg 1988

Basiswissen Grundschule – Neuerscheinungen

Eberhard Meier

Lernen an Stationen im Deutschunterricht der Grundschule
Grenzen und Möglichkeiten
2006. VI, 169 Seiten. Kt. ISBN 3834000663. € 16,—

Das *Lernen an Stationen* bietet die Möglichkeit, einen Unterricht zu realisieren, der fachdidaktisch, pädagogisch und lernpsychologisch viele Vorteile bietet. Angefangen vom Mehrkanallernen über bessere Möglichkeiten der Beobachtung der individuellen Lernprozesse durch die Lehrkraft bis hin zu den notwendigen Formen der Differenzierung und Etablierung von produktionsorientiertem und in hohem Maße selbstverantwortenden Lernen reicht die Palette der sich eröffnenden Chancen. Das Lernen an Stationen wird in den Kerncurricula oder Kernlehrplänen vieler Bundesländer ausdrücklich als eine sinnvolle, auf das Erreichen der Bildungsstandards im Fach Deutsch ausgerichtete Lernform genannt.

Die aus unterschiedlichen Lernbereichen des Deutschunterrichts in der Grundschule ausgewählten Lerneinheiten sind so aufbereitet, dass sie sowohl Studierenden, Referendaren und Referendarinnen als auch praxiserfahrenen Lehrkräften viele Anregungen fachlicher und didaktisch-methodischer Art geben.

Simone Seitz

Zeit für inklusiven Sachunterricht
2005. VIII, 207 Seiten. Kt. ISBN 3896769405. € 18,—

Integrativer Unterricht wird in Grundschulen seit mittlerweile dreißig Jahren praktiziert. Zentrale Gedanken der Integrations-/ Inklusionspädagogik finden in den aktuellen Heterogenitätsdebatten um PISA und IGLU wie auch um die Flexible Schuleingangsphase neue Bestätigung. Dennoch stehen Lehrer/innen in der Praxis bis heute keine lernbereichsdidaktischen Konzepte oder Praxismaterialien für inklusiven (Sach-)Unterricht zur Verfügung.

Mit diesem Buch legt Simone Seitz anhand einer Bearbeitung des Lernfelds Zeit einen ersten Baustein für eine inklusive Sachunterrichtsdidaktik vor. Ihre Erhebung der Sichtweisen verschiedener Kinder – von 'schwerbehindert' bis 'schwerbegabt' – zum Phänomen Zeit zeigt nicht nur, dass Kinder einen weit umfassenderen Blick auf Zeit werfen, als ihnen dies bislang zugetraut wurde, sondern auch, dass separate Konzepte für 'normale' und 'besondere' Kinder didaktisch ins Leere greifen. Im Ergebnis wird daher eine theoretische Fundierung einer inklusiven Didaktik des Sachunterrichts geliefert und zugleich das Lernfeld Zeit für den Sachunterricht neu erschlossen. Die Konsequenzen werden in konkrete didaktische Ratschläge und Praxisideen überführt.

Damit bietet dieses Buch sowohl theoretische Hintergründe für das (Selbst-)Studium wie auch unmittelbar in der Praxis anzuwendende didaktische Hilfen.

Schneider Verlag Hohengehren
Wilhelmstr. 13; D-73666 Baltmannsweiler

Basiswissen Grundschule

Reinhard Stähling

„Du gehörst zu uns"

Inklusive Grundschule. Ein Praxisbuch für den Umbruch der Schule
2006. VIII, 183 Seiten. Kt. ISBN 3834001090. € 18,—
Basiswissen Grundschule Band 20

In keinem vergleichbaren Land haben die Kinder der Armen so geringe Chancen, einen guten Bildungsabschluss zu erlangen wie in Deutschland. Die Aussonderung der „Schwachen" in unseren Schulen trägt entscheidend zu diesem alarmierenden Befund bei.

An einer Grundschule im sozialen Brennpunkt werden Wege zur so genannten „inklusiven" Pädagogik beschritten, die grundsätzlich alle Kinder in der Schule willkommen heißt und ihnen einen verlässlichen Rahmen gibt.

Reinhard Stähling schreibt als Lehrer dieser Schule aus der Praxis für die Praxis.

Das Buch ist eine Fundgrube für pädagogische Fachleute und bildungspolitisch Interessierte. Eine konkrete Anleitung für bessere Schulen. Es appelliert an die Verantwortlichen, die deutsche Schule endlich aus dem Abseits zu holen und Anschluss an die internationale Entwicklung zu bekommen.

Olga Graumann

Fordern und Fördern

„Problemkinder" im Alltag der Grundschule
Basiswissen Grundschule Band 17
2004. VII, 238 Seiten. Kt. ISBN 3896768530. € 18,—

„Problemkinder" – es gibt sie in unseren Schulen. Doch was sagen wir über Kinder aus, wenn wir sie als „Problemkinder" bezeichnen und was geschieht in unseren Grundschulen mit diesen „Problemkindern"? Wie können sich Lehrerinnen und Lehrer aktiv am Auf- und weiteren Ausbau einer Förderkultur in der Grundschule beteiligen? Das sind die Grundfragen, auf die in diesem Buch Antworten gesucht werden.

Fordern und Fördern von „Problemkindern" macht nicht nur fachdidaktische Kenntnisse erforderlich, sondern vor allem das kritische Hinterfragen von Alltagstheorien und Vorurteilen. Auf diesem Hintergrund werden pädagogische und allgemeindidaktische Handlungsmöglichkeiten des Fordern und Förderns anhand von Beispielen aus dem Unterrichtsalltag im Bereich der Sozialkompetenz (u.a. Mediation, „Runder Tisch", Kinder stärken) sowie des Wissenserwerbs (u.a. bezüglich Schriftsprache, Deutsch als Zweitsprache, Mathematik) gezeigt. Lehrerinnen und Lehrer sowie Kinder selbst kommen zu Wort und zeigen ihre Sichtweise des Umgangs mit „Problemen". Studierende des Lehramts berichten von ihren Erfahrungen in der individuellen Lernförderung.

Probleme gibt es immer, daher ist nicht die Existenz von Problemen das Problem, sondern wie damit umgegangen wird.

Schneider Verlag Hohengehren
Wilhelmstr. 13; D-73666 Baltmannsweiler

Basiswissen Grundschule

Harald Ludwig
Montessori-Schulen und ihre Didaktik
2004. VIII, 240 Seiten. Kt. ISBN 3896767488. € 19,—
Basiswissen Grundschule Band 15.

Der vorliegende Band befasst sich mit der Schulpädagogik Maria Montessoris (1870-1952). Die Pädagogik der italienischen Reformpädagogin darf nicht auf eine „Methode" verkürzt werden. Für Montessori stehen Schule und Unterricht vielmehr im Horizont einer umfassenden Neukonzeption von Erziehung und Bildung. Entsprechend werden in diesem Buch die schultheoretischen und didaktischen Überlegungen Montessoris in den Gesamtkontext ihres pädagogischen Denkens gestellt.

In diesem Rahmen entwickeln erfahrene Montessori-Experten mit vielen praktischen Beispielen die Didaktik einzelner Fächer, wie sie in heutigen Montessori-Grundschulen in Deutschland umgesetzt wird. Der Bogen spannt sich von Muttersprache, Englisch und Mathematik über den Sachunterricht, der in Montessoris hochaktuellem Konzept einer „Kosmischen Erziehung" aufgehoben ist, bis hin zu Kunst, Musik, Sport und Religion. Der Band bietet vielfältige Anregungen zur Unterrichtsgestaltung nicht nur für Montessori-Grundschulen, sondern auch für Regelschulen.

Irmela Seufert
Kinder erleben Farbe
Theoretische Grundlagen und praktische Durchführung einer Unterrichtsreihe in der Grundschule zum Thema: Farbe in der Malerei des 20. Jahrhunderts
Basiswissen Grundschule Band 16
2004. VIII, 271 Seiten. Kt. ISBN 389676831X. € 19,80

Im Zentrum der Arbeit stehen vier Fragestellungen, die zu behandeln und zu beantworten waren.
1. Was kann heute unter 'Ästhetik', 'Bildung' und, davon abgeleitet, 'Ästhetischer Bildung' verstanden werden?
2. Welche Anforderungen an die Ausbildung der Lehrer und Lehrerinnen für den Kunstunterricht lassen sich aus diesen beiden Begriffen herleiten?
3. Auf welchen Grundlagen sollte ein solcher Unterricht – in Bezug auf kunstdidaktische Konzepte und auf verschiedene Aspekte des Farbensehens – beruhen?
4. Wie kann man kunstpädagogische Methoden so anwenden, daß unter begründeten Voraussetzungen und Bedingungen die Bildungswirksamkeit dieses Unterrichts an den Bildern der Kinder deutlich wird?

Die vierte Fragestellung wird durch die detaillierte Planung und Darstellung der Unterrichtsreihe sowie der Beschreibung und systematischen Zusammenfassung aller Ergebnisse beantwortet. Zuletzt wird im Fazit der Arbeit noch einmal auf alle vier Fragestellungen eingegangen und es werden über Einzelergebnisse hinausgehende, allgemeinere Erfahrungen und Erkenntnisse dargestellt, die wiederum zur Grundlage für eine Reihe konkreter Vorschläge zur Verbesserung der Situation bzw. der Bedingungen des Kunstunterrichts an der Grundschule dienen.

Schneider Verlag Hohengehren
Wilhelmstr. 13; D-73666 Baltmannsweiler

Praxisbücher handelnder Sachunterricht von Astrid Kaiser

Praxisbuch handelnder Sachunterricht Band 1
10. Auflage, 2005. IV, 231 Seiten mit zahlr. Abb. Kt. ISBN 3834000167. € 16,—

Dieses Buch heißt nicht nur Praxisbuch, es **ist** auch ein Buch für die Praxis. Genauer: es ist ein Anregungsbuch zum Selbermachen von Sachunterrichtskisten und für handelnden Unterricht. Knapp und übersichtlich wird für 24 verschiedene Sachunterrichtsthemen (von der Steinzeit zur Luft, von Mädchen / Jungen zum Wetter, von der Verkehrserziehung zur Ölpest, von den Sinnen zum Feuer, von der Prävention sexuellen Mißbrauchs bis hin zu den Indianern ...) gezeigt, wie dazu **Handlungsmaterial** mit einfachen Mitteln kreativ hergestellt werden kann. Vor allem die Kinder sollen, anstelle belehrenden Worten zuzuhören, durch das Herstellen von Materialien sinnlich-anschauliche Erfahrungen sammeln und differenziert tätig sein. Dieses Buch eignet sich deshalb besonders für Integrationsschulen jeder Art – überhaupt: für die pädagogische Arbeit zu Zeiten „**veränderter Kindheit**".

Klare Materiallisten, kurze Unterrichtsskizzen, präzise Anregungen für die Kinder zum selbstständigen Umgang mit den Handlungsanregungen und viele Tips erleichtern die Vorbereitungsarbeit für handelnden Sachunterricht. Dieses Buch ist ein Anti-Buch zu Kopiervorlagen. Es ist aber eine wahre Fundgrube für alle Schulen, die selbst eine Lernwerkstatt aufbauen wollen.

Hier finden diejenigen, die Sachunterricht schon lange anschaulicher und mit konkreten Materialien gestalten wollen, endlich wichtige Hinweise zum Selbermachen.

Praxisbuch handelnder Sachunterricht Band 2
5. Aufl. 2004. IV, 242 Seiten mit zahlr. Abb. Kt. ISBN 3896765736. € 16,—

Dies ist das zweite Praxisbuch von Astrid Kaiser nach dem großen Erfolg von **Praxisbuch handelnder Sachunterricht Band 1**. Wieder gibt es eine Fülle an konkreten Hilfen für einen zeitgemäßen Sachunterricht. Lebendiges, handelndes Lernen soll durch vielfältige Tips und Anleitungen erleichtert werden. In diesem Band werden Anregungen für andere wichtige Themen gegeben, die Kindern Spaß machen, u. a. Fahrrad, Tod und Trauer, Sinne: Sehen und Hören, Sterne, Zeit, Zähne, Frieden und Krieg, gesunde Ernährung, Müll, Schnecken, Kinder in anderen Ländern, Dinosaurier, Vom Korn zum Brot ...

Praxisbuch handelnder Sachunterricht Band 3
3. Aufl., 2003. IV, 240 Seiten mit zahlr. Abb. Kt. ISBN 3896766325. € 16,—

Dies ist das dritte Praxisbuch von Astrid Kaiser nach den großen Erfolgen von **Praxisbuch handelnder Sachunterricht Band 1 und Band 2**. Wieder gibt es eine Fülle an konkreten Hilfen für einen zeitgemäßen Sachunterricht. Lebendiges, handelndes Lernen soll durch vielfältige Tips und Anleitungen erleichtert werden. In diesem Band werden Anregungen für andere wichtige Themen gegeben, die Kindern Spaß machen, u. a. Behindertsein, Bauwerke, Bauernhof, Bodenlos, Freundschaft, Frühlingserwachen, Geld, Gesundheit, Glück, Inuit, Rad ..

Schneider Verlag Hohengehren
Wilhelmstr. 13; D-73666 Baltmannsweiler